JN452619

인간과 공동체

저자 소개

유기선 전주대학교 수퍼스타칼리지 교수

이희중 전주대학교 사범대학 교수

전종윤 전주대학교 한국고전학연구소 교수

이 난 전주대학교 수퍼스타칼리지 교수

최혜란 전주대학교 수퍼스타칼리지 객원교수

이성자 전주대학교 수퍼스타칼리지 객원교수

정성진 전주대학교 수퍼스타칼리지 객원교수

인간과 공동체

초판 1쇄 발행 2021년 2월 26일
초판 2쇄 발행 2022년 2월 22일
초판 3쇄 발행 2023년 1월 25일
초판 4쇄 발행 2024년 2월 7일
초판 5쇄 발행 2025년 2월 20일

지 은 이 유기선, 이희중, 전종윤, 이난, 최혜란, 이성자, 정성진
펴 낸 이 이대현

책임편집 강윤경
편 집 이태곤 권분옥 임애정
디 자 인 안혜진 최선주 강보민
기획/마케팅 박태훈

펴 낸 곳 도서출판 역락
주 소 서울시 서초구 동광로46길 6-6 문창빌딩 2층(우06589)
전 화 02-3409-2055(대표), 2058(영업), 2060(편집)
팩 스 02-3409-2059
이 메 일 youkrack@hanmail.net
홈페이지 www.youkrackbooks.com
등 록 1999년 4월 19일 제303-2002-000014호

ISBN 979-11-6244-697-3 03370

저작권자 © 유기선, 이희중, 전종윤, 이난, 최혜란, 이성자, 정성진, 2021, Printed in Korea.
이 책은 저작권법에 의해 보호를 받는 저작물이므로 저자와 출판사의 허락 없이 내용의 일부를 인용하거나 발췌하는 것을 금합니다.

이 책에 직간접적으로 게재를 허락해 주신 모든 분께 감사드립니다. 저작권자와 연락이 닿지 않아 부득이 허가를 구하지 못한 일부 자료에 대해서는 연락 주시는 대로 적법한 절차를 따르겠습니다.

*정가는 뒤표지에 있습니다.
*잘못된 책은 바꿔 드립니다.

인간과 공동체

전주대학교 인간과 공동체
교재 출판위원회

역락

머리말

대학교육은 더 이상 엘리트 교육이 아니다!

우리사회는 세계적으로 유례없는 경제성장을 이루면서 양적으로 크게 성장했다. 대부분의 부모는 모든 자녀를 대학에 보냈다. 대학은 대중을 위한 교육이 되었고 그에 따라 대학의 교육내용도 많은 변화를 겪었고 아직도 진행 중이다.

철학에서 인성으로!

과거 대학에서는 교양필수로 모든 학생들에게 철학을 가르쳤다. 철학은 학생들로 하여금 사고와 사유를 통해 자아를 발견하고 정체성을 찾아가게 하는 중요한 학문이다. 철학이 교양필수 과목에서 사라지고 얼마 지나지 않아서 기업에서 '인성을 갖춘 사람'을 보내달라는 요구가 생겨났다. 마침내 인성교육진흥법이 국회를 통과, 2015년 공포, 시행된다. 건전하고 올바른 인성을 갖춘 시민 육성을 목적으로 하는 이 법은 인성교육을 "자신의 내면을 바르고 건전하게 가꾸며 타인, 공동체, 자연과 더불어 사는 데 필요한 인간다운 성품과 역량을 기르는 것을 목적으로 하는 교육"이라고 명시했다. 자신과 타인 그리고 공동체와 더불어 잘 살 수 있는 인간의 성품을 인성이라고 이해해야 할 것이다. 인성교육에는 권장과 금지 두 개의 영역이 존재한다. 첫째는 인간으로 갖추어야 하는 충, 효, 예 등이 이에 속한다. 둘째는 타인에게 해가 되거나 공동체의 규약에 어긋나는 비도덕적인 행동으로 수치심을 불러일으킨다. 수치심을 느끼지 못하면 인간의 세계가 아닌 야만의 상태에 머물러있는 것이다. 대학에서의 인성교육은 두 영역에 대한 올바른 가치관을 스스로 정립하는 기회가 되어야 할 것이다.

교재에서 다룰 내용을 정하기 위해 많은 토론과 자문을 구했다. 권장과 금지 두 개의 영역을 모두 만족시킬 수는 없었지만 고심 끝에 엄선했다. 교재 1장에서는 인성이란 무엇인가에 대해서 생각해보았다. 2~3장은 자아를 인식하고 정체성을 확립하는 방법을 다루었다. 4~5장은 타자에 대한 이해 그리고 올바른 인간관계와 적절한 의사소통 방법을 언급했다. 6장에서는 우정과 사랑을 넘어 소외된 이웃과 더불어 잘 살기 위한 제도의 필요성에 대해 고찰해보았다. 7장에서는 시민정신을, 8장에서는 공동체 의식을 짚어보았다. 후반부에서는 우리사회의 실질적인 문제를 다루었다. 9장은 도덕적 딜레마를 통해서 우리사회의 도덕성과 도덕성 교육의 문제와 해결책을 생각해보았다. 10~11장에서는 우리사회의 현실로 인식되는 폭력의 문제와 사회지도층의 도덕성 문제를 다루었다. 12장은 미래사회에 필요한 인간의 역량에 대해서 생각해보았다. 13장은 능동적인 독자로서 시 읽기가 인성에 많은 도움이 되기를 바라면서 이희중 시인의 글과 그가 선별한 시 그리고 집필진에서 선택한 그의 시 두 편을 실었다. 질책과 조언을 부탁하면서 모자라는 부분은 피드백을 통해서 보완하겠다는 약속을 드린다.

교재를 기획하면서 전종윤 교수님이 교재구성의 전반을 제안했고 주요 부분의 집필을 맡았다. 이난, 최혜란, 정성진 교수님이 집필부터 교정까지 큰 도움을 주었다. 이 교재가 인성교육에 도움이 되었으면 하는 바람과 함께 모든 필자 분들 노고에 감사드린다.

집필자를 대표해서 유기선

Contents

9장 사회와 가치의 딜레마

10장 폭력 예방 및 대처

11장 인사청문회 도덕성 검증사례와 우리의 미래

1장

변화하는 사회와 인성

학습목표

1. 다양한 관점의 인성에 대한 정의를 이해한 후, 인성에 대한 조작적 정의를 제시할 수 있다.
2. 인성의 구성요소로서 강조되어야 할 점 세 가지를 제시하고, 각 이유에 대한 설명할 수 있다.
3. 대학생에게 인성과 인성교육이 중요한 이유에 대하여 정리하여 발표할 수 있다.

1. 문제제기

현대사회의 눈부신 발전과 발달로 인하여 우리 사회는 다양한 사회적 이슈와 문제들을 직면하고 있다. 인간의 존엄성과 생명보다는 물질중심의 가치가 강조되기 시작하였고, 우리라는 공동체적 의식보다는 나와 개인이라는 단위가 강조되면서, 타인에 대한 무관심과 무감동으로 인한 정치적, 사회적, 문화적 이슈들이 아침에 눈을 뜨면 기사화되기 시작하여, 이제는 불감증의 시대와 사회에 직면하고 있는 것 같다. 이렇게 우리 사회가 변화된 이유가 무엇일까? 아마도 가장 기본적인 질서가 간과되고, 본질을 망각한 것으로 볼 수 있을 것이다. 구체적으로 기본적인 질서를 여기에서는 인성이라고 보고 싶다. 인성은 무엇을 의미하는가? 그리고 인성을 함양하기 위해서 실제적으로 인간의 어떤 심리적 속성이 자극되어야 하는 것일까? 사회 진입을 앞둔 대학생에게 인성이 왜 강조되어야 하며, 인성을 갖춘 인재가 되어야 하는 이유는 무엇일까? 이런 질문들에 대하여 대학생 스스로에게 던져보고, 그리고 답변을 찾아야 할 것이다.

2. 사회와 인성

최근 우리 사회가 겪고 있는 다양한 사회 이슈와 문제들은 인성에 대한 관심을 높아지게 만들었다. 인성이 우리 사회에서 두드러지게 강조되기 시작한 것은 몇 가지의 패륜 사건, 연쇄 살인사건, 부실공사로 인한 대형사고, 300여명의 생명을 바다 속으로 가라앉히게 한 세월호 사건 등의 대형사고 등이 일어나면서부터이다. 그리고 이런 사건 사고들은 지식이나 기술 부족으로 인한 것이 아니라 도덕성의 부재나 혹은 도덕성의 결핍에서 기인한 것으로 볼 수 있다. 지금껏 우리 교육이 지식중심의 교육과 과도한 입시경쟁, 불평등한 사회구조 속에서 올바른 인성을 함양할 수 있는 기회를 박탈하여 나타난 결과일 수 있다.

2012년 「학교폭력근절 종합대책」의 일환으로 시행된 '교육전반에 걸친 인성교육 실천'은 학교폭력, 게임중독, 자살 등 청소년들이 처한 암울한 현실 문제를 해결하기 위한 것이다. 하지만 청소년 인성교육의 목적과 필요성에 대한 논의는 단순히 청소년 문제에 국한되지 않는다. 이제는 새로운 차원의 패러다임을 요구하고 있다. 다시 말해 청소년 성교육의 목적이 청소년 문제의 해소라는 소극적 차원에서 벗어나 대한민국의 미래상 정립이라는 적극적이고 새로운 화두로 전환되고 있는 듯하다. 지금 대한민국 사회 전반에 만연해 있는 거짓과 기만, 갈등과 반목, 무질서와 반인륜적 현상은 지난 수십년 동안 학교 교육을 통해 이루어진 청소년 인성교육의 민낯을 명확히 드러내고 있다.

또한 정치, 종교, 법, 교육, 그리고 경제와 문화예술 등 반인성적 실태가 대부분의 사회의 각 분야에서 목격되고 있고, OECD 상위권을 링크하는 낙태율, 자살률, 이혼률, 입양률을 차치하고라도, 기회주의와 한탕주의, 물질만능주의와 극단적 이기주의의 행태가 확산되었다. 홍보나 교육의 양적 문제는 아닌 것 같다. 배려와 공존 및 상생의식에 기초한 대화와 타협의 수평적 열린 사회로서 성숙한 민주사회 실현이라는 문구는 인성교육 관련 교재나 홍보물에서 쉽게 발견할 수 있다.

그리고 사회가 고도화될수록 개인적 역량에 대한 요구가 증가 되면서 이는 개인간 경쟁을 심화시키는 결과를 만들었다. 개인간 경쟁의 강화로 집단에 대한 헌신보다 개인의 이해가 더 중요하게 인식되기 시작하여 조직과 집단의 성과에 오히려 부정적인 영향을 미치게 되었다. 즉, 역량 있는 개인이 모인 조직이지만 조직의 분위기나 성과는 이에 미치지 못하는 결과가 나타난 것이다. 이러한 문제를 인식하기 시작하면서 개인의 기술과 지식적 역량보다 인성에 대한 관심이 증가하기 시작하고 있다. 복잡해지고 다양해지는 사회에서 정신적인 풍요, 행복, 삶에 대한 만족 등의 질적인 측면을 증진하는 것은 인간 삶의 목표로서 바람직하고 건강한 인성의 함양은 지식기반사회에서 가장 중요한 핵심역량으로 간주 될 수 있다.

교육이 지식을 많이 소유한 인재를 기르는 것이 아니라 오히려 인성을 갖춘 인간다운 인간을 기르는 일에 관심을 집중해야 한다. 대학에서도 인성교육의 중요성이 부각되면서 사회봉사 활동이 강조되고 있다. 이런 사회적 변화는 인재상에서 개인이 가지는 지식과 기능의 측면과 함께 마음의 측면, 즉 인성이 중요하게 인식되고 있음을 보여준다.

전 세계가 미래사회의 인재조건 혹은 핵심역량으로서 인성과 창의성을 강조하기 시작했다. 프랑스의 경우 오전에는 수업을 하고 오후에는 체육 및 활동 중심으로 프랑스 250개교의 학교에서 시범적으로 실시하고 있으며, 호주 또한 예술가들과 협력수업을 통한 창조성 함양 수업을 실시하고 있다. 미래세대의 주역인 학생들의 전인적 성장과 공동체적인 인성 및 감성을 함양할 수 있는 교육 패러다임의 변화가 요구되면서 전 세계가 인성과 체력 및 창의력 제고를 위한 행복 교육을 강조하고 있다. 우리나라 또한 KEDI(2013)는 전국 19~75세 성인남녀 2,000명 대상으로 실시한 교육여론조사에서 국민의 48%가 학생의 인성과 도덕성의 약화를 가장 시급하게 해결해야 할 교육문제로 인식하고 있다고 발표하였으며, 학생 인성교육에 대한 중요성과 국민적 관심 증대로 장기적 비전 마련과 일관성 있는 인성교육의 정책 추진이 필요함을 강조하였다.

3. 인성의 정의와 구성요소

이렇듯 인성의 중요성이 사회적으로 강조되고 있음에도 불구하고 인성이 무엇인지에 대한 개념적 정의는 여전히 부족하다. 한국 사회에서 인성은 매우 다의적으로 사용되고 있다.

인성은 그 개념 자체가 매우 포괄적이기 때문에 연구자의 관점에 따라 인성을 성격, 인격, 인간의 성품 등으로 다양하게 정의할 수 있다. 최근의 많은 연구에서는 인성을 인간의 정의적 행동, 책임감, 인내심, 타인이해, 좌절극복, 불안감 극복, 행동하기 전에 생각하기 등 인성의 용어 대신에 표현하고 있다. 인성을 인격, 성격, 도덕, 인간본성, 인간의 본연이나 인간다운 품성으로 본다면 인성의 의미를 더 포괄적으로 접근할 수도 있다.

인성의 사전적 의미는 '사람의 성품'이며, 성품은 성격과 품격을 의미한다. 또한 성격은 정신적인 바탕 혹은 본디부터 지니고 있는 독특한 바탕으로 정의되며, 품격은 물건의 좋고 나쁨의 정도, 혹은 품위, 기품이라고 정의된다(민중 실용국어사전, 2010). 따라서 인성이란 개인의 독특한 특성을 바탕으로 길러지는 그 사람의 사람됨이라고 정의할 수 있다.

인성을 심리학 분야에서는 Personality를 의미한다. personality는 개인의 고유하고 독특한 특성으로서 사회적 환경과의 상호작용 속에서 일관되게 나타나는 반응양식 또는 행동양식이다. 즉, personality에는 바람직한 것과 바람직하지 않은 것의 구분이 없다. 누구나 자기만의 고유한 personality를 가지며 이는 개인적 반응양식인 동시에 문화적 반응양식이기도 하기 때문이다.

윤리학 분야에서 인성은 인격(character)을 의미한다. 인격은 인간 본연의 도덕적 특성이다. 즉, 인간은 다른 동물과 다르게 가치관을 가지고 있어서 도덕적이고 실천적인 선택과 행동을 한다. 인격으로서의 인성은 도덕적·윤리적으로 바람직한 덕성을 의미한다.

반면, 전통적이고 일상적으로 사용되는 인성이란 말은 사람의 성품이란 의미를 가지고 있다. 성품은 성질과 품격을 합한 말로서 성질은 마음의 바탕이며 품격은 사람 된 모습으로서 결국 인성이란 사람의 '마음'과 '사람됨'으로 정의할 수 있다. 성품으로서의 인성은 '사람다운 사람'을 의미하는 것이라고 할 수 있다.

학자	인성의 개념 정의
현주 외(2009)	보다 긍정적이고 건전한 개인의 삶과 사회적 삶을 위한 심리적, 행동적 특성

조연순(2008)	자신의 내면적 요구와 사회 환경적 필요를 지혜롭게 잘 조화시킴으로써 세상에 유익함을 미치는 인간의 특성
남궁달화(1999)	사람의 성품이며 성품은 성질과 품격, 성질은 마음의 바탕이고 사람됨의 바탕을 가리키는 말
이윤옥(1998)	다른 사람에게 주는 그 사람의 전체적인 인상으로 성품, 기질, 개성, 인격 등 가치개념의 의미를 내포
한국교육학회(1998)	사람 마음의 바탕이 어떠하며 사람된 모습이 어떠하다는 것을 말하는 개념으로 사람의 마음과 사람됨이라는 두 가지 요소로 구성
이근철(1996)	좁게는 도덕성, 사회성 및 정서(감정) 등을 의미, 넓게는 지덕체 또는 지정의를 모두 골고루 갖춘 전인성
황응연(1992)	환경에 대응함으로써 나타나게 되는 행동 및 태도, 동기, 경향성, 인생 과정들의 통합, 사람들에게 있어 시간과 상황에 걸쳐 지속되는 독특한 구조이며 인성은 어떠한 경험을 하느냐에 따라 크게 변화될 수 있다는 의미를 포함
조난심(2004)	인성은 태어나면서 지니고 있는 성격이나 특질의 개념이 아니라, 의도적 교육이나 학습에 의해 습득하거나 변화가 가능한 인간의 성품을 지칭하는 것
미교육부(2008)	존중, 공정성, 보살핌 등의 도덕적 윤리적 가치와 책임감, 신뢰, 시민성 등을 망라하는 개념으로 개인 또는 집단의 정서적, 지적, 도덕적, 자질은 물론 이러한 자질들이 친사회적 행동으로 발현되는 것을 포함하는 것

이렇듯 다양한 인성에 대한 정의를 통해 '우리 인간이 지향하고 성취해야 하는 인간다운 면모, 성질, 자질, 품성'이라는 의미가 인성의 개념에 부분적 또는 전체적으로 내포(강선보 외, 2008)되어 있으며, 인성은 개인의 총체적인 경향을 함축하고 있음을 종합해 볼 수 있다. 즉, 자신 개인의 영역과 타인의 영역, 즉 개인 간 관계를 통한 사회, 세계에서 자기를 조절·통제하고, 자신을 존중하며, 타인을 배려할 줄 알고, 자신이 속한 사회와 더불어 세계에 이로울 올바른 인간의 형성에 관심을 두고 있는 것이다. 이를 시대적 맥락과 결부지어 생각해 보면, 21세기 미래 사회는 지적 능력뿐만 아니라 타인에 대한 배려와 협력, 정직과 책임, 도전과 자율 등 사회성, 감성, 도덕성을 고루 갖춘 인재를 요구한다. 따라서 우리 사회의 전통적 강점인 예절과 질서, 유교문화 등을 내포하는 도덕성을 살리면서 21세기 글로벌 시대가 요구하는 핵심역량(사회성, 감성)을 함양하

기 위한 노력이 필요하다. 이에 교육과학기술부(2012)의 인성교육 비전수립 및 실천방안 연구를 통해, 21세기 대한민국 국민과 청소년이 갖추어야 할 인성은 도덕성, 사회성, 감성의 세 가지 차원에서 우리 청소년들에게 가장 부족한 가치로 여겨지면서도 동시에 사회에서 가치로 여겨지는 '더불어 살아갈 수 있는 품성과 역량'이라고 정의하였다.

인성은 보다 안정적이고 변화하지 않는 측면의 개인 기능과 유동적이고 변화하는 측면의 과정을 모두 포함하지만, 선천적으로 타고난 기질적 특성보다는 후천적으로 획득 가능한 특성으로 전제하고 의도적인 학습이나 반복 연습 혹은 피드백을 통해 습득시킬 수 있는 관점에서 접근해야 한다. 이에 개인의 심성, 성격 및 인격을 포괄적으로 통합하는 개념으로서 인성이란 인간이 개인적으로 갖추어야 할 바람직한 심성과 사회적으로 갖추어야 할 가치 있는 인격 및 행동특성으로 사람됨의 기초라 할 수 있다.

인성의 구인에 대해서는 다양한 관점의 의견들이 제시되고 있는데 김낙구(1997)는 인성교육을 좁은 의미로 도덕 논리교육의 한 부분으로 보았으며, 넓은 의미에서는 도덕적, 논리적 인간을 육성하는 교육으로 보았다. 이에 개인적 가치에서는 인간의 선한 인격을 키워야 한다는 것을 강조하고 있다. 조연순 외(1998)는 인성교육의 구성요소로 협동정신이나 책임감과 같은 민주시민의식, 효나 타인에 대한 배려와 같은 타인존중의식, 그리고 자아수용과 자아통제와 같은 자기존중의 식으로 표현하고 있다. Pearson & Nicholson(2000)은 인성의 구인으로서 자아와 관련된 인격특성, 타자와 관련된 인격특성, 그리고 사회와 관련된 인격특성 세 가지 영역으로 나누어 제시하였다. 자아와 관련된 인격특성으로는 책임, 자제, 용기, 자아존중감을 타자와 관련된 인격특성으로는 정직, 존중, 친절, 감정이입을 그리고 사회와 관련된 인격특성으로는 공정성, 정의, 시민의 덕을 제안하였다. 조난심 외(2004)는 인성평가 영역으로서 인성 요소를 명료화하기 위해 인성요소를 개인적 요소와 사회적 요소로 크게 두 가지로 구분하고 개인적 요소로는 생명존중, 성실, 정직, 자주, 절제, 경애, 효도, 예절, 자기주도성, 자율성, 창의성, 관용, 개방성, 사고의 유연성 등을 제시하고 사회적 요소로는 통합, 준법, 타인배려, 정의, 공동체 의식, 민족애, 인류애, 타문화 이해 등을 제시하였다.

인성이 교육에 의해 발달하는 개인의 인격적 행동적 특성으로서 교육적 경험에 따라 인성의 발달수준에 차이가 발생하는 것으로 보는 관점에서, 인성은 지식(인지적 특성), 태도(정의적 특성), 행동(심체적 특성)의 순서로 발달된다고 볼 수 있다. 교육과학기술부(2012)는 인성교육의 3가지 차원인 '도덕성', '사회성', '감성'을 기준으로 인성의 구성요소들을 분류하였다. 이때 인성을 구성하는 요소로서 도덕성, 사회성, 감성(정서성)은 각 구인에 속하는 다양한 세부요인들과 밀접한 관련을 가지면서 역동적으로 개인에게 영향을 미치게 된다. 즉 인성의 도덕성 영역은 사회성, 감성(정서성) 영역의 다양한 요인들과 관련되며 이와 마찬가지로 인성의 사회성 영역도 감성(정서성) 영역과 긴밀한 관계를 유지하면서 개인의 인성 발달적 특성을 구현해야 한다. 통합적 인격교육을 주장한 Lickona(1991)도 인성이 도덕적 앎(지식), 도덕적 감정, 도덕적 행동으로 이루어져 있으며, 다양한 하위요인으로 구성되어 있고 주장한다. 이렇듯 인성은 다양한 요소로 구성되어 있음을 여러 학자들도 동의하고 있지만 학자마다 구성요소를 각각 다양하게 제시하고 있다. 여기에서는 인성의 구성요소를 크게 자신에 대한 탐색과 존중, 타자에 대한 이해와 관계, 그리고 더불어 공동체적 삶과 사회성의 영역으로 나누어 살펴보고자 한다.

인성의 구성요소에서 가장 기초가 되는 것은 자신에 대한 탐색과 자신에 대한 존중이라 할 수 있다. 자신에 대한 존중을 자존감이라 할 수 있는데, 자존감은 자신에 대한 긍정적인 감정을 의미하는데, 이는 자존감이 있는 개인의 경우 타인의 승인에 대해 덜 의존적이고 타인을 긍정적인 태도로 대하기 때문에 중요하다고 보고, 긍정적인 자존감만이 인성교육이 내용이 될 수 있다. 자기통제는 감정이 이성을 제압하거나 자신의 방종을 구속하기 위해서 도덕 덕목에 필요한 것으로 보고 이들의 관련성을 제시하였다(최창욱 외, 2011). 미국의 조지아주에서 실시하고 있는 인성교육의 내용을 살펴보면, 시민정신(민주주의, 애국심, 자연환경에 대한 존중), 타인에 대한 존중(이타주의, 정직), 자기에 대한 존중(자아수용, 자기존중, 직업윤리)을 포함시키고 있는데(Greenawalt 1996), 특히 자기에 대한 존중의 하위요소로 자신의 행동과 그 결과에 대한 책임을 받아들이는 '자아수용'과 자신의 잠재가능성을 믿고 이에 대해 자랑스럽게 여기는 '자기존중'을 포함하고 있다. 따라서 인성교육을 실시하기 위하여 우리가 먼저 관심을 두어야 하는 내용이 바로 자신에 대한 이해와 자아존중감이 되어야 할 것이다. Lickona(1991)는 바람직한 인간상에 대한 연구를 통해 인성의 정서적인 측면으로 자존감(self-esteem), 감정이입(empathy), 자기통제(self-control) 등을 제시하였다. '자존감'은 자신에 대한 긍정적인 감정을 의미하는데, 자존감이 있는 경우, 타인의 승인에 대해 덜 의존적이고 타인을 긍정적인 태도로 대하기 때문에 중요한 요인으로 여겨진다. 그러나 높은 자존감 자체가 좋은 혹은 바람직한 인격을 의미하는 것이 아니므로 책임감, 성실, 친절 등에 근거한 긍정적인 자존감만이 인성교육의 내용이 될 수 있다고 하였다. 또한 '감정이입'은 타인의 상태를 자신의 상태와 동일시하는 것으로, 타인에 대한 이해를 증가시키는 역할을 하며, '자기통제'는 감정이 이성을 제압하거나 자신의 방종을 구속할 수 있는 능력이므로 인성에 있어서 중요시 여겨져야 할 부분이라 할 수 있다.

인성의 두 번째 요소로서는 타자에 대한 관심 및 사회성 발달을 위한 관계와 소통이다. 인간은 사회적 존재로서 사회 속에서 타자와 관계를 형성하고 유지하면서 건강함을 유지할 수 있다. 사회성은 타인과의 사회적 작용에서 대인관계의 목적을 달성하는 능력으로, 이러한 능력에는 다른 사람의 역할을 수용할 수 있는 능력, 개인 내적인 다양한 상호작용 기술을 소유하는 것 등이 포함된다. 적절한 교육적 경험에 의해 형성된 청년기의 사회성은 일생동안 사회 적응체계의 기본이 되므로, 개인의 인격 및 행동적 특성을 파악하고 진단한 결과를 기반으로 사회성 함양의 기회를 대학생들에게 제공할 필요가 있다. 이처럼 사회성은 사회적 관계의 의식으로서 사회생활에 적응하는 성질로 타인과의 관계를 주도하고 긍정적인 관계를 유지하며 적절한 방법으로 지시에 따르거나 요구하는 행동으로 사회적 환경에 효과적으로 대처하고 적응할 수 있어야 한다. 내 주변에 있는 사회적 관계를 맺는 대상에 관심을 가지고 바라보며 그들과의 원만한 관계를 형성하고 유지하기 위해 소통을 원활하게 할 수 있어야 한다. 교육과학기술부(2012)는 사회성의 핵심 덕목으로 사회적 인식과 대인관계를 설정하였는데 사회적 인식으로서 공감과 대인관계에서의 소통 덕목은 각각 다양한 상황과 장소에서 타인의 생각, 감정, 관점을 이해하고 파악하는 것과 타인과 긍정적인 관계를 형성 유지하는 능력을 주요 내용으로 보고 있다.

인성의 세 번째 요소로서는 더불어 사는 삶과 공동체 의식이다. 사회적 상호작용은 공동체의 출발점이자 핵심이다. 사람들 사이에 맺어지는 관계로 마음과 생활을 함께 나누고 함께 어려운 일을 해결하거나 필요한 것을 얻고자 하는 공동 목적의식을 말한다. 공동의 연대는 '우리'라는 공통의 감정, 구성원 사이에서 서로 지켜야 할 도덕과 규범, 구성원들이 공유하는 가치와 신념과 목표 등을 말하며 하나의 공동체 속에서 느끼는 일치감, 동질감, 소속감, 안정감, 연대의식을 말한다. 공동체 의식은 현재 우리 사회의 물질만능주의, 이기주의 등으로 인한 사회적 위기를 개인을 넘어 사회 구성원들이 공동의 문제를 인식하고 함께 극복하기 위해 필요한 의식이다. 현재 우리 사회는 매우 빠르게 경제발전을 해 오는 동안, 인간의 존엄성과 이웃에 대한 배려 그리고 행복한 삶에 대한 가치관을 상실하였다. 전통적 공동체는 해체되고 개인주의가 만연해지면서 인간은 점점 고립되고 사회적 갈등지수는 높아지고 삶의 만족도도 떨어졌다. 이처럼 공동체의 위기는 새로운 삶에 대한 열망으로 이어져 현대사회에서 새로운 공동체의 출현을 요구하게 되었다. 공동체 의식은 민주시민의식의 구성요소로 시민성을 갖추기 위한 필요조건이 되어 사회적 발달을 촉진하고 협력을 통하여 상생하는 이상적인 사회를 건설하는데 기여하게 될 것이다. 결국 인성은 한 개인의 특성으로 출발해서 타자와 함께 더불어 상생하여 이상적인 사회를 만드는 것까지 연결되는 핵심적 요소가 될 수 있다.

인성의 의미가 다양하게 사용되고 있어서 인성교육 또한 무엇을 의미하는지가 모호하다. 2015년 1월에 제정된 [인성교육진흥법] 역시 이러한 모호함에서 크게 벗어나지 않는다. 이 법에서는 인성교육을 '자신의 내면을 바르고 건전하게 가꾸고 타인·공동체·자연과 더불어 살아가는데 필요한 인간다운 성품과 역량을 기르는 것'이라고 정의하고 있다. 즉, 인성을 인간다운 성품과 역량이라고 규정하고 있지만 그 내용이 무엇인지는 정확하지 않다. 다만 인성의 핵심가치를 '인성교육의 목표가 되는 것으로 예, 효, 정직, 책임, 존중, 배려, 소통, 협동 등의 마음가짐이나 사람됨과 관련되는 핵심적인 가치 또는 덕목'으로 규정하고 있다. 그리고 인성의 핵심역량으로 '핵심가치·덕목을 능동적으로 실천 또는 실행하는데 필요한 지식과 공감·소통하는 의사소통능력이나 갈등해결 능력 등이 통합된 능력'으로 정의하고 있다.

인성에 대한 다양한 의미 부여와 개념 정의에도 불구하고 현재의 인성교육은 포괄적 의미에서 '사람 됨'을 지향하는 교육이라고 할 수 있다. 우리는 흔히 지식이 있는 사람을 '든 사람', 사회적으로 영향력이 있는 사람을 '난 사람', 그리고 내면이 성숙한 사람을 '된 사람'이라고 한다. 이 관점에서 인성교육은 '된 사람'을 지향하는 교육이라고 할 수 있다. 그리고 '된 사람'의 구체적 내용은 자신에 대한 끊임없는 성찰, 타인과의 관계에서 보이는 상대방에 대한 존중, 그리고 공동체에 대한 헌신으로 요약될 수 있다.

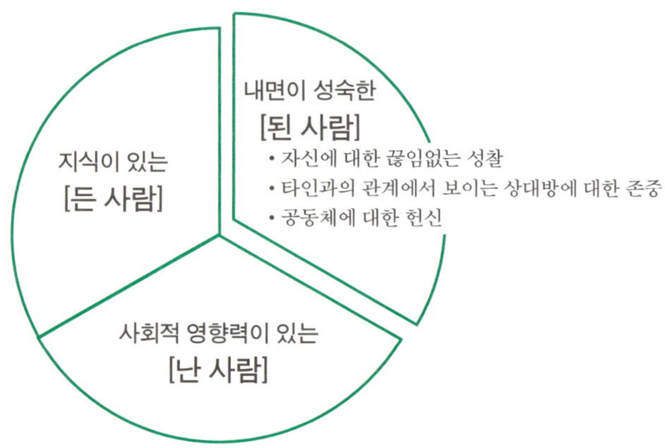

[그림 1-1] 인성교육이 추구하는 [된 사람]

인성교육을 기능적인 관점으로 접근하는 것은 개인을 교화의 대상으로 인식하지만 결코 개인은 교화의 대상으로 인식될 수 없다. 인성을 '사람됨'이라고 할 때 '사람됨'은 타율이 아니라 자율에 근거해야 한다. 즉, 어떤 사람이 될 것인가는 개인 스스로 결정하는 것이지 국가나 사회가 결정해 줄 수 없다. 어떤 사람이 될 것인가는 지속적인 자기 성찰과 실천의 과정을 통해 구체화 된다. 따라서 인성은 교육으로 이루어지는 것이 아니다. 즉, 인성은 교육을 통해 성과로 산출되는 것이 아니라 개인의 내면적인 성찰과 실천을 통해 성숙되어 가는 과정이다. 이런 맥락에서 인성교육은 인성의 내용을 정하여 그것을 학습하도록 하는 것이 아니라 스스로 자기에 대해 성찰할 수 있도록 하며 또한 성찰한 대로 실천함으로써 스스로 '사람됨'을 이루어 가도록 해야 한다.

4. 대학생과 인성교육

1) 대학생의 발달적 및 일반적 특징

인성교육은 대학생에게 특별히 중요하다. 인성교육이 대학생에게 특별히 필요한 이유를 설명하기 위해서는 대학생이 누구인지를 먼저 이해하는 것이 필요하다. 대학생이 누구인지를 이해하기 위하여 대학생의 발달 특성과 사회적 특성을 살펴보고자 한다.

일반적으로 인간의 신체적, 생리적 발달 과정은 유아기, 아동기, 청소년기, 청년기, 장년기, 노년기로 구분해 볼 수 있다. 이러한 구분은 인간의 발달 과정이 연속적인 현상이 아니라 패러다임적인 현상임을 보여준다. 즉, 일생은 한 개인의 삶이 누적되어져서 축적되는 것이 아니라 단계적인 전환으로 구성되며 동일한 단계에서는 큰 변화 없이 지속된다는 것을 의미한다.

인간의 발달 과정이 몇 개의 단계로 구성된다고 할 때, 각 단계에는 그에 부합한 역할이 기대된다. 유아기에 속한 사람에게 기대되는 역할이 있고, 아동기에 해당되는 사람에게 기대되는 역할이 있다. 그리고 그 역할은 명확하게 구분된다. 이런 측면에서 청년기에 해당하는 사람에게도 기대되는 역할이 있으며 그 역할을 잘 수행할 경우 바람직한 인간으로, 그렇지 못할 경우에는 바람직하지 못한 사람으로 인정된다.

보편적으로 청년기는 고등학교를 졸업한 시점부터 결혼하기 전까지를 지칭한다. 이 시기가 되면 신체적 성장은 거의 대부분 완성되어 신체적으로는 완전한 성인의 모습을 갖추게 된다. 그러나 심리적으로는 완전한 성인의 모습을 보이지 못하며 과도기적 상태에 있게 된다. 즉, 이 시기는 청소년기와 장년기의 사이에 해당하며 청소년기를 벗어나 장년기에 진입할 준비를 하는 시기이다. 즉, 청년기는 부모에게 많은 것을 의지하는 청소년기도 아니고 경제적, 심리적으로 부모로부터 완전히 독립하게 되는 장년기도 아닌 상태로서 심리적 긴장과 혼란을 경험하는 시기이다.

이런 불안정성은 청년기가 여전히 교육 기간에 해당한다는 측면에 연유하고 있다. 농경사회에서는 20세가 되면 공식적인 모든 교육이 완료되어 독립적인 인격체가 되었다. 그러나 산업사회와 지식정보사회에 들어오면서 개인의 교육 기간이 급속하게 길어지게 되어 대부분 대학교육을 받게 되었다. 만 20세가 넘어서서 시작되는 대학교육은 경제적으로 부모에게 독립하지 못하는 중요한 원인이 된다.

현재의 대학생들은 1990년에서 2000년 사이에 출생한 사람들이다. 이 시기는 정치적 민주화와 경제적 성장기에 해당하며 동시에 소자녀주의가 정착되는 시기이다. 정치적 민주화와 경제적 성장으로 개인들은 집단의 가치보다 개인의 가치와 자유를 더 존중하게 되고 따라서 개인적인 삶을 위하여 적은 수의 자녀를 출산하게 되었다. 이 소자녀주의 시대에 출생한 사람들은 부모의 전폭적인 배려와 관심을 받게 되었다. 소수의 자녀이기 때문에 교육도 많이 시켜야 한다고 생각하게 되었으며, 자녀들이 결혼 후에 안정적인 생활을 할 수 있도록 부모의 지원이 있어야 한다는 생각이 형성되었다. 이러한 시대적 특징으로 현재의 대학생들은 심리적, 경제적으로 부모에게 독립하지 못하고 의존하는 상태에 있게 되었다.

또한 이 시기는 신체적 발달과 인지 발달 그리고 사회성이 발달하는 시기로서 자아 정체성이 확립되는 시기이기도 하다. 대학생은 신체적으로는 성인이지만 심리적으로는 과도기적 상태에 있어 모순에 의해 혼란에 빠지기도 한다. 즉, 대학생은 사회로부터 성인의 지위와 과도기적 지위에 따른 역할을 동시에 요구받는다. 부모로부터 경제적 독립을 하여야 한다는 의식이 있지만 실제로는 독립을 하지 못하며, 성인으로서 자율성을 요구받는 동시에 교육을 받는 학생의 역할을 기대받기도 한다. 이 과정에서 대학생은 자기 정체성에 대한 의문을 가지게 된다.

한국의 대학생들은 자아 정체성 확립을 쉽게 하지 못하는 경향이 있다. 그 이유는 청소년기에 이 문제를 심각하게 고민할 여지가 없었기 때문이다. 청소년기의 학생들은 진학에 몰입하여 공부 이외의 문제에는 관심을 가지는 것이 허용되지 않고 있다. 그 결과 자신의 가치관이나 진로 문제에 대해 심각한 고민을 하지 못한 상태에서 대학생으로 넘어오게 된다. 그러나 대학생이 되면 그는 사회로부터 자아 정체성을 확립할 것을 요구받는다. 사회적 요구와 현실 사이에서 대학생들은 혼란과 갈등을 경험하게 된다.

특히 정체성은 나는 누구이며 나를 둘러싼 세계는 어떠하며 실재하는 것은 무엇인가와 관련하여 자신을 규정하는 행위이다. 다시 말하면 정체성은 자신과 타인들 그리고 자연과의 복잡한 관계에 일정한 질서를 부여함으로써 자신과 자신을 둘러싼 관계를 이해할 수 있게 해 주고 이에 따라 자신이 어떻게 행동하고 생각해야 하는지를 방향 지워주는 틀이다. 따라서 정체성은 자신을 집단과 사회 그리고 세계에 편입시키는 과정이다(이정덕 1999: 193). 정체성은 타인이나 집단 그리고 세계와 상호작용하는 과정을 통하여 형성된다. 자신이 누구인지를 잘 인식할 때 타인이나 집단과의 관계에서 일관된 행동을 할 수 있으며 심리적으로도 안정될 수 있다.

대학생 시절에 자아 정체성 확립이 중요해지는 것은 다음과 같은 이유 때문이다. 첫째, 이 시기의 신체적, 생리적 변화가 정체성에 대한 관심을 고조시킨다. 청년기에 나타나는 신체적 성장과 생리적 변화는 강한 자의식을 발현시킨다. 청년기에는 이전 시기까지 인간의 심리를 지배하던 생물학적 욕구를 극복하고 사회적 욕구가 지배하게 되면서 우리는 자신의 정체성 문제를 고려하게 된다.

둘째, 이 시기에 발달되는 인지적 능력이 정체성 확립을 촉진한다. 청년기가 되면 논리적 사고가 발달하며 추상적인 개념에 대한 이해가 가능해진다. 즉, 청년기에는 자신의 인생을 과거와 현재 그리고 미래의 관점에서 조망할 수 있으며, 자신의 삶을 비판적으로 성찰하고 미래에 대한 계획과 대비를 할 수 있게 된다. 이 과정에서 인간은 자신을 돌아보게 되며 자신의 가치관과 세계관을 정립하게 된다.

셋째는 대학생은 청소년도 아니고 완전한 성인도 아닌 과도기라는 점이 정체성에 대한 관심을 고조시킨다. 과도기이기 때문에 대학생은 한편으로는 성인으로서 행동하기를 요구받고 다른 한편으로는 여전히 부모의 보호와 지원이 필요한 존재로 인식된다. 이 주변적인 위치 때문에 대학생은 자신의 존재를 돌아보게 되며 부모로부터 독립해야겠다는 의식이 생겨나게 된다. 부모에게 의존적일 때는 자신의 주관보다는 부모의 지시나 지도에 따라 행동하면 되지만 독립적일 때는 스스로 판단하고 가치를 부여하면서 행동해야 한다. 이러한 입장이 대학생들에게 정체성에 대한 고민을 하게 만든다.

넷째, 이 시기는 인생의 진로를 결정해야 하는 시기라는 점이 정체성 문제를 야기하게 한다. 대학생 시절은 직업, 진로 등을 결정하는 시기이며 이 결정은 일생 동안 영향을 미치게 된다. 청소년기에는 막연하게 미래와 진로를 생각하지만 대학생이 되면 구체적으로 자신의 진로에 대해 고민하게 된다. 그러나 이러한 고민을 하기에 자신의 경험과 지식은 매우 부족한 것이 현실이다. 따라서 대학생 시기에는 자신의 미래와 진로를 결정하기 위하여 자신의 역량을 점검하게 되고 자신의 가치관을 정립하게 된다. 자신이 즐기면서 할 수 있는 일을 선택하는 것이 중요하기 때문에 자신이 무엇을 즐기고 있는지를 파악하는 것 등이 그런 예이다.

대학생은 신체적이며 성적은 성장은 성인이 되지만 심리적으로나 경제적으로는 완전한 성인에 이르지 못한 시기이다. 이 때문에 대학생은 과도기이며 따라서 자아 정체성의 문제를 심각하게 고민하는 시기라고 요약될 수 있다.

한편 청년기의 발달 특성은 보편적인 현상이지만 사회적 특성은 지역이나 국가 그리고 문화에 따라 다르게 나타난다. 즉, 한국 대학생들은 다른 문화권의 청년들에 비해 고유한 특성을 지니고 있다.

우선 한국의 청년은 대부분 대학생이라는 점이다. 현재 한국의 대학 진학률은 80%에 육박하여 사실상 거의 대부분의 고등학교 졸업생이 대학 진학을 하고 있다. 이는 청년기와 대학생 시기가 거의 일치하는 것으로 볼 수 있다. 대학생은 고유한 문화와 특성을 가진다. 우선 대학생은 직업을 가지지 않으며 인생의 준비기를 보내고 있다. 그렇기 때문에 경제적으로 부모에게 의존하는 경향이 매우 높다. 대학생이 되었지만 정서적으로 경제적으로 부모에게 의존적이라는 것은 그만큼 대학생이 독립적인 존재로 성장하지 못하고 있다는 것을 의미한다.

한편, 과거에는 대학이 학문을 연마하는 시기였지만 근래 들어서면서 대학은 취업 준비기로서의 성격이 강해졌다. 이는 대학 재학기간 동안 교양이나 학문 본질에 관심을 가지기보다 취업이라는 실제적인 문제에 더 많은 관심을 가지게 된다는 것을 의미한다. 따라서 현재의 한국 대학생들은 사회적인 문제에 대한 관심보다 개인적인 문제에 더 많은 관심을 가지는 경향이 있다. 1980년대와 1990년대의 학생 운동과 같은 사회참여 의식은 급격히 퇴조하고 개인적인 성공에 더 많은 관심을 가지는 것이 일반적인 현상이다. 이런 현상은 대학생들이 다른 사람과 협동하거나 함께 발전하는 방법을 배우지 못하고 있다는 것으로 이어진다. 중학교, 고등학교 시절부터 몸에 익은 경쟁의식은 대학생이 되어서도 유지되어 함께 성장한다는 생각보다 내가 다른 사람보다 우월해야 한다는 의식이 더 강하게 자리하고 있다.

한국 대학생의 사회적 특성 중 하나는 진로 선정에서 위기를 경험하고 있다는 점이다. 대학생 수가 급증하면서 취업이 점차 어려워지고 있다. 그리고 취업을 하더라도 자신이 전공한 분야 또는 관심 있는 분야의 일을 하지 못하는 경향도 강하다. 자신의 이상을 실현할 수 있는 진로를 선택하기보다 현실적으로 안정적인 경제생활이 가능한 진로, 또는 직업의 안정성이 높은 진로를 선택하는 경향이 강하다. 이는 결국 자신의 이상과 현실 사이에서 괴리를 경험하게 되는 요인이 된다. 이는 대학의 전공 선택에서부터 나타나고 있다. 자연과학이나 인문학과 같은 순수 학문을 선택하는 학생들은 날로 줄어들고 의학, 법학, 경제학, 공학 등과 같은 응용 학문에 대한 선호가 날로 높아지고 있다. 자신의 적성이나 관심과는 무관하게 취업에 대한 선호가 전공 선택의 일차적인 기준이 되었다. 적성 또는 관심과 무관하게 전공을 선택한 경우 자신의 적성과 선택한 전공 사이의 괴리로 갈등을 경험하기도 한다.

이러한 진로 선정의 위기는 인생의 비전과 목표를 세우는 것으로 극복이 가능하다. 인생에서 가장 중요하게 생각하는 가치가 무엇인지 먼저 생각하고 그런 가치를 실현할 수 있는 진로를 결정함으로써 자신의 비전과 역할을 부합시킬 수 있다. 당장의 필요 때문에 원하지 않는 일을 하거나 적성과 무관한 진로를 선택하게 되면 자신이 중요하게 생각하는 가치와 일상적인 삶이 괴리되기 때문에 갈등을 경험하기 마련이다.

한국 대학생의 사회적 특성 중 다른 하나는 급격한 사회 변동을 경험하고 있다는 점이다. 1960년대 이후 한국 사회는 다른 나라에서 그 유래를 찾아보기 힘들 정도로 급속한 사회변동을 경험하고 있으며 그 변화 속도는 점차 빨라지고 있다. 1960년대와 1970년대의 산업화, 1980년대의 민주화, 1990년대의 세계화 그리고 2000년대의 정보화에 이르기까지 한국 사회는 다양한 사회 변동을 경험하고 있다. 1990년대 출생하여 2000년대를 경험한 현재의 대학생들은 세계화와 정보화라는 두 가지 커다란 흐름의 사회변동을 경험하고 있다. 세계화는 우선 정보와 지식 분야에서 나타나고 있다. 세계의 소식이 실시간으로 전달되고 있으며 정보의 유통 범위도 세계화되고 있다. 대학생들이 즐기는 음악이나 음식 그리고 패션도 세계화되고 있으며 해외여행도 일상화되고 있다.

이런 흐름 속에서 대학생들은 문화적 정체성의 위기를 경험하고 있다. 과거에는 한국적인 것이 판단과 행동의 기준이었으나 이제는 이런 기준이 설 자리를 잃어가고 있으며 세계 어느 지역의 것이든 언제든지 수용할 수 있고 또 그것이 일상화되고 있다. 그 결과로 대학생들은 기성세대와 가치관의 단절을 보여 기성세대는 대학생 세대를 이해하지 못하고, 대학생은 기성세대를 이해하지 못하는 현상이 나타났다. 이런 측면에서 대학생은 세대간 소통에도 관심을 기울여야 한다. 대학생은 항상 대학생일 수 없으며 대학을 졸업하면 기성세대와 공존하면서 사회 속에서의 성숙한 삶을 살아가야 하기에 상호이해의 기반을 만드는 것이 필요하다.

2000년대부터 본격화된 정보화는 정보 매체와 인터넷의 일상화로 야기되었다. 대학생들은 PC, 디지털 카메라, MP3, 캠코더, PMP, 스마트폰 등 정보 매체와 함께 성장하였으며 이런 매체를 사용함으로써 다른 사람과 소통하고 있다. 또한 전자메일과 SNS 그리고 인터넷도 대학생에게는 필수적인 생활이 되었다. 정보 매체와 단절된 삶은 생각할 수 없을 정도로 대학생은 정보화의 중심 세대가 된 것이다.

이러한 정보 매체들은 시간과 공간의 한계를 초월하여 언제 어디서나 상대방과 정보를 교환할 수 있다는 특징을 가지고 있다. 특히 정보 매체에 이동성이 가미됨으로써 이런 특징은 더욱 강해지고 있다. 노트북 PC, 스마트폰 등을 이용하면 시간과 공간의 장애를 거의 받지 않고 정보를 검색하거나 정보를 교환할 수 있다. 정보 매체의 두 번째 특징은 정보를 소비하는 행위와 생산하는 행위가 동시에 일어날 수 있다는 점이다. 대중매체는 소수의 정보 생산자와 다수의 정보 소비자로 사람을 구분하였지만 정보 매체는 정보 생산자와 소비자의 구분을 어렵게 하고 있다. 인터넷만 하더라도 댓글이라는 형식으로 누구나 정보 생산자가 될 수 있으며 개인 홈페이지, 블로그 등을 통해 정보 생산을 하는 행위가 일상화되고 있다. 정보 매체의 세 번째 특징은 익명성이다. 정보 매체를 이용하는 사람이 누구인지 모르게 되는 현상이 점차 보편화되고 있다. 알지 못하는 사람이 보내는 전자메일이나 문자 메시지, 그리고 인터넷 게시물은 점차 많아지고 있다. 이런 익명성 때문에 전자 매체를 이용하는 사람들의 행동은 과격해질 수 있다.

이런 전자 매체를 일상적으로 이용하는 사람들은 다음과 같은 사회적 특성을 가진다. 첫째, 문화적 다양성에 대해 매우 수용적이라는 점이다. 정보 매체를 이용하면 다양한 정보를 얻을 수 있기 때문에 새로운 정보에 대해서 매우 수용적이다. 새로운 것을 발견하는 것 자체가 일종의 성취라는 인식 때문에 새로운 것을 쉽게 수용하고 자기 것으로 한다. 인터넷에서 유통되는 유행어가 급속하게 전파되는 것이나 새로운 사진이나 동영상과 같은 콘텐츠가 블로그나 개인 홈페이지를 통해 급속하게 유통되는 것은 이러한 높은 수용성의 결과이다.

둘째, 자기주장이 강하고 감정에 충실하다는 특징을 갖는다. 정보 매체가 주는 익명성과 비대면성 때문에 정보 매체 이용자들은 자기주장을 강하게 하며 이는 기존의 권위를 무시하는 결과를 초래하기도 한다. 전문가가 쓴 글에 대하여 거침없이 댓글을 다는 것이나 블로그를 통하여 자신의 주장을 과감하게 펴는 것 등은 이런 현상의 예이다. 이런 현상은 극단적인 자기주장으로 이어지기도 한다. 자신의 행위나 발언에 대해 다른 사람이 받을 영향에 대한 고려 없이 자기주장을 펴거나 표현하는 것은 상대방에게 심각한 피해를 주기도 한다.

셋째, 사이버 공동체를 통해 집단의식을 형성한다는 점이다. 사이버 공동체는 관심을 공유하는 사람들이 사이버스페이스에서 만나 공동체를 형성하며 집단의식을 갖는 것이다. 사이버 공동체는 시간과 공간의 한계를 극복하면서 자신이 가지고 있는 관심사에 대한 정보를 교류하며 공감할 수 있게 한다. 그러나 사이버 공동체는 자신이 속한 공동체에만 관심을 집중시키고 다른 공동체에는 전혀 관심을 기울이지 않는 측면도 있다. 또한 자살, 혼전 동거 등과 같은 잘못된 관심의 경우 집단적인 행동으로 사회 문제를 야기하기도 한다.

한국 대학생은 고유한 사회적 특성을 가지고 있다. 이들은 전공 선택에서 현실적인 측면을 고려한다는 점, 진로선택에서 위기가 있다는 점, 그리고 급격한 사회 변동을 경험하고 있다는 점에서 매우 특징적이다. 이런 특성은 이들이 출생하면서 자란 환경과 매우 밀접한 연관을 가지고 있다. 따라서 대학생에게 요구되는 인성과 리더십은 이런 특성에 기초를 두어야 한다. 대학생의 특성을 이해하여야 그들에게 요구되는 인성과 리더십이 어떤 것인지가 정해질 수 있기 때문이다.

2) 대학생과 인성

대학생은 발달 특성과 사회적 특성으로 보아 매우 독특한 존재이다. 이들은 청소년도 아니며 성인도 아니다. 신체적으로는 10대의 청소년기에서 벗어났지만 심리적으로 경제적으로는 성인에 이르지 못한 상태이다. 그러나 동시에 대학생은 성인으로서 역할을 요구받기도 하며 또 졸업 후에는 사회인으로서 살아갈 준비를 해야 한다. 이러한 독특한 위치 때문에 대학생에게는 인성이 절실하게 요구된다.

대학생에게 인성이 중요한 이유는 크게 세 가지다. 첫째는 대학생 시절에는 독립된 자아를 형성하여야 한다는 점이다. 발달 특성으로 보면 대학생은 어린이 상태를 벗어나 자아 정체성에 대한 관심이 고조되는 시기이다. 그리고 부모로부터 심리적, 경제적으로 독립하고자 하는 의지가 강하게 나타난다. 부모로부터 독립되어 독립된 자아를 형성하기 위해서는 자신만의 가치관과 세계관을 수립하는 것이 필요하다. 부모나 교수로부터 주입되는 가치관이 아니라 자신이 스스로 형성한 가치관이 필요하며 이를 위하여 사회 현상에 대한 깊이 있는 관심과 성찰이 필요하다. 또한 자신의 관점에서 사회 현상이나 문화 현상을 바라보는 안목이 필요하다. 집단적인 분위기에 휩쓸려 다른 사람의 주장에 따라가거나 동조하는 것이 아니라 자기 스스로 특정한 사안에 대해 판단하고 평가하는 능력이 있어야 한다. 이런 능력이 있어야 비로소 독립된 자아를 가질 수 있다.

대학생에게 인성이 요구되는 두 번째 이유는 이 시기가 진로를 결정하는 시기이기 때문이다. 진로를 결정하기 위하여 자신의 적성이 무엇인지, 그리고 의미 있게 생각하는 가치는 무엇인지를 판단하여야 하며 이 과정에서 자신에 대한 이해와 성찰이 요구된다. 또한 직업을 선택하는 과정에서도 단지 경제적 보상이나 업무의 편이성만 고려할 것이 아니라 사회와 인류를 위해 어떤 기여 할 수 있는지를 판단하여야 한다. 진로를 단지 개인적인 차원에서만 고려하지 않고 사회와 인류를 위해 결정하기 위해서는 인성의 성숙과 리더십의 함양이 있어야 한다.

대학생에게 인성이 요구되는 세 번째 이유는 이 시기가 사회인으로서 준비하는 시기이기 때문이다. 대학을 졸업하게 되면 대학생은 사회인으로서 살아가게 된다. 이 경우 대인관계와 조직 적응력이 중요하게 된다. 사람은 누구나 다른 사람과 관계를 맺으면서 살아가고 있다. 이 관계가 협동일 수도 있고 경쟁일 수도 있지만 어느 경우에나 대인관계는 매우 중요하다. 대인관계를 형성하고 잘 유지하기 위해서는 상대방에 대한 배려와 함께 자기 역할을 잘 수행하는 것이 필요하다. 즉, 상호 발전적인 대인관계를 위해서는 인성이 필요하다. 대인관계를 잘하기 위해서는 상대방의 말을 잘 듣는 경청과 자신의 감정을 잘 전달하는 의사소통 능력이 중요하다. 이런 모든 과정은 인성교육을 통해 이루어지기 때문에 대학생에게 인성은 매우 중요하다. 결국 인성은 세 가지 차원의 관계 문제이다. 첫 번째는 자신과의 관계 문제이다. 인성은 자기 자신의 내적 성숙을 이루어 가는 것이며, 리더십은 자기 스스로에게 영향력을 끼치는 과정에서 개발되는 것이다. 즉, 자기 자신이 누구인지를 이해하고 어떤 모습으로 스스로를 변화시켜 나갈 것인가가 인성과 리더십의 기초이며 출발점이다. 자기 자신과의 관계를 잘하기 위해서는 자아 정체성 확립, 자기 관리, 비전의 수립 등이 요구된다. 독립된 자아를 형성하기 위해서는 끊임없이 자기 성찰이 이루어져야 한다. 그리고 다른 사람이 부여한 규칙이나 규정에 따라서 살아가는 것이 아니라 스스로 규칙을 정하고 그것을 준수함으로써 자기 행동을 통제할 수 있어야 한다.

두 번째 차원은 타인과의 관계 문제이다. 인간은 고립되어서 살 수 없으며 타인과의 관계 속에서 살아간다. 따라서 인성은 관계에서 비로소 발현되며 타인에게 미치는 영향력으로 나타난다. 다시 말하면 인성의 평가는 기본적으로 타인과의 관계 속에서 드러나게 된다. 타인과의 관계는 대인관계라고도 한다. 대인관계를 잘하기 위해서는 상대방의 상황에 대한 이해와 배려, 상대방과 함께 성장하고자 하는 태도, 상대방의 메시지를 공감적으로 들을 수 있는 의사소통 능력 등이 필요하다.

세 번째 차원은 사회와의 관계 문제이다. 두 사람 이상이 모이면 집단이 되고 집단 중에서 구체적인 목적을 가지고 그 목적을 달성하기 위하여 협력하도록 구체화 된 것이 조직이다. 즉, 집단과 조직은 개인이나 대인관계를 넘어서는 사회적 실체이다. 그리고 조직은 개인의 비전과 목표를 넘어서는 조직 자체의 목적이 있다. 조직은 조직의 목적을 달성하기 위하여 구성원들에게 특정한 역할을 요구한다. 회사가 이익을 달성하기 위하여 조직 구성원들에게 영업이나 기획 또는 연구 개발과 같은 임무를 부여하는 것이 그 예이다. 이 과정에서 개인의 비전과 목표는 무시되기도 하고 희생당하기도 한다. 한편 개인은 자신의 비전이 있다. 조직의 목표와 개인의 비전이 일치하게 되면 개인은 조직에서 부여받은 역할을 갈등 없이 잘 수행할 수 있다. 그러나 조직의 목표와 개인의 비전이 일치하지 못하면 역할 수행에서 긴장과 갈등이 수반되게 된다. 따라서 조직의 목표와 개인의 비전이 조화를 이루도록 하는 것이 필요하다. 즉, 조직의 목표 달성에 긍정적인 기여를 할 수 있도록 자신의 비전을 조정하고 관리하는 능력이 요구된다.

결국 인성은 자신과의 관계, 타인과의 관계 그리고 사회와의 관계를 어떻게 맺어 가는가의 문제이다. 대학생은 이전까지 대학 입시라는 중압감에 빠져 자신의 정체성에 대한 성찰이 부족하였을 뿐만 아니라 다른 사람과의 관계나 협동, 그리고 조직의 목표 등에 대한 생각을 하지 못하였다. 그러나 대학생이 되면 자기 자신의 비전이나 존재 목적을 생각하게 되고 진로를 탐색하게 되며 조직 생활을 준비하게 된다. 그리고 이전까지 자신의 학업성취에만 생각이 한정되었지만 대학생이 되면 사회나 인류에 대한 관심도 증가하게 된다. 이 과정에서 대학생은 학점, 자격증 등과 같은 외형적 자질만 개발하는 것이 아니라 인성과 리더십이라는 내면적 성숙을 이루어 가야 한다. 내면적 성숙이 있어야 더 나은 대인관계, 조직생활을 할 수 있을 뿐 아니라 자신의 행동과 일 그리고 삶에 대한 의미를 찾을 수 있기 때문이다.

한편, 인성은 타고 나는 것도 아니며 저절로 형성되는 것도 아니다. 인성은 후천적으로 개발되는 것이다. 즉, 인성은 적극적인 개발활동을 통해서 성숙되며 신장되는 것이다. 이런 측면에서 대학생은 적극적으로 인성을 개발하려는 의지를 가지는 것이 필요하다. 적극적인 의지가 있을 때 인성의 개발 활동을 하게 되고 개발 활동이 있을 때 비로소 좋은 인성을 가질 수 있기 때문이다.

2장

나에 대한 관심

학습목표

1. '나는 누구인가?'에 대한 물음을 스스로 제기해 본다.
2. 나는 누구인가에 대한 여러 학자들의 다양한 생각을 이해한다.
3. 실존의 의미를 이해하고 삶의 의미를 되새겨 본다.

1. 문제제기

폴 고갱(Paul Gauguin, 1848-1903)은 프랑스 태생 인상파 화가이다. 그는 문명 세계에 대한 혐오감으로 1891년 유럽을 떠나 타히티에 정착하여 그곳 원주민의 건강한 인간성을 화폭에 담았다. 1897년과 1898년 사이 그는 거대한 캔버스(가로 3.74미터 세로 1.39미터)에 타히티 사람들을 소재로 인생의 불가사의함을 묘사한 그의 대표작을 세상에 남겼다. 특이하게 작품의 제목이 캔버스 왼쪽 상단에 기록되어 있는데, '우리는 어디서 왔으며, 우리는 무엇이며, 우리는 어디로 가는가?'이다. 이 작품은 열대의 밝고 강렬한 색채로 유명하지만 제목 덕분에 더욱 유명하다. 그런데 왜 고갱은 이런 제목의 회화(繪畵)를 구상했는가? 작가에게 직접 질문하여 그 대답을 얻을 수 있겠지만, 독자로서 우리는 저마다 그 대답을 추론할 수 있다. 나는 누구인지, 내 삶의 의미는 무엇인지 궁금했던 것은 아닐까?

무엇보다 나를 바르게 이해하지 않고서는 인성 역량을 발전시킬 수 없기 때문에, 본 장에서는 나를 이해하기 위한 다양한 탐구를 진행할 것이다. 이 과정을 거쳐 우리 각자는 고유한 삶의 의미와 방향을 설정하게 될 것이다.

2. 나는 누구인가?

1) 데카르트와 '생각하는 나'의 재발견

"나는 생각한다. 그러므로 나는 존재한다(코기토 에르고 숨[Cogito, ergo sum])." 이는 근대철학의 아버지, 르네 데카르트(RenéDescartes, 1596~1650)의 유명한 명제이다. 그는 인간의 고유한 능력, 곧 생각하는 능력에 힘입어 이 명제를 완성하였다. 라틴어 코기토(Cogito)는 '나는 생각한다'라는 뜻이며, 이에 따라서 데카르트의 명제를 '코기토 철학'이라고 부른다. 그러므로 코기토 철학은 '생각하는 능력을 가진 나'를 연구한 철학이다.

그런데 인간의 생각하는 능력이 새삼스럽게 강조된 이유는 무엇일까? 그것은 중세시대를 암흑기라 평가하는 것과 연관되어 있다. 왕이나 귀족들의 봉건 제도와 교황과 신부들의 교회의 속박으로 평민들의 자기주도권이 상실된 시기였다.

이런 상황에서 '생각하는 주체'의 등장은 급기야 세계관까지 변화시켰다. 즉 신 중심적 세계관은 인간 중심적 세계관으로 전환되었다. 이런 사고방식의 혁명을 '코페르니쿠스적 전환'이라고 칭한다. 지구가 태양의 둘레를 돈다는 지동설을 주장한 폴란드 출신 니콜라우스 코페르니쿠스처럼, 데카르트는 중세시대를 끝내고 근대시대를 열게 한 중요한 원인을 제공한 한 개인의 가치를 재발견했다. 더 이상 누군가의 지배를 받는 평민이 아니라, 이성의 능력으로 스스로 사유하는 주체가 되어 능동적인 인간이 될 수 있다는 깨달음을 얻게 된 것이다. 이는 콜럼버스가 신대륙을 발견한 것과 동일한 업적으로 취급받았다.

데카르트는 어떻게 생각하는 주체를 발견하게 되었는가? 데카르트는 『방법서설』(1637)에서 진리에 도달하기 위한 네 가지 방법을 제시하였다. 첫째, 분명하게 참인 것만 받아들여야 한다. 둘째, 문제를 다루기 쉽도록 가능한 한 작은 부분으로 나누어 검토해야 한다(이를 분석이라 한다). 셋째, 분석으로 밝혀진 단순한 진리에서 순서를 좇아 복잡한 것에 도달해야 한다(이를 종합이라 한다). 넷째, 혹시 빠뜨린 점이 없는가를 검토해야 한다.

데카르트는 이 방법을 통해 중세시대의 암흑기를 끝내려 했다. 학문의 가장 밑바

닥부터 새롭게 다져나가 자신과 세상에 대한 확실한 지식 체계를 세우려 한 것이다. 그는 그 방법으로 '방법적 회의'를 했다. 의심할 구석이 하나도 없는 지식을 얻기 위해서 생각해 볼 수 있는 모든 것을 도마 위에 올려놓았다. 그는 우리가 보고 듣는 모든 것이 과연 확실한지 되물었다.

우선 일상의 경험이 혹시 꿈에 지나지는 않는지 의심해 보았다. 그리고 데카르트는 '2 + 3 = 5'와 같은 수학적(논리적) 지식에 대해서도 의심하게 되었다. 실제는 '2 + 3 = 7'인데 악한 신이 '5'라고 믿도록 속이는 것이 아닐까? 황당한 의문이지만 이처럼 철저하게 의심에 의심을 거듭하였다. 그러나 아무리 의심해 보아도 도저히 의심할 수 없는 것이 있음을 깨달았다. 그것은 '내가 생각하고 있다는 사실'이다. 이 세상에서 일어나는 일이 모두 꿈에 지나지 않는다고 받아들여도, '2 + 3 = 5'가 거짓인데 악한 신이 참이라고 나를 속이고 있다 해도, '속고 있는 나'는 반드시 존재한다. 이 방법적 회의로부터 데카르트는 근대시대의 서막을 여는 명제, "나는 생각한다. 그러므로 나는 존재한다"를 이끌어 냈던 것이다.

2) 프로이트와 '무의식의 발견'

이성의 능력을 가진 나의 재발견은 17세기의 합리주의와 18세기의 계몽주의를 꽃피우게 했다. 그러나 한없이 고양되던 이성의 능력은 19세기 말과 20세기 초 지그문트 프로이트(Sigmund Freud, 1856~1939)가 발견한 무의식 앞에서 큰 좌절을 맛보게 된다. 생각하는 주체는 이성이 더 이상 주인 노릇을 할 수 없는 무의식(無意識)이라는 바다의 심연에 침몰한 것이다.

데카르트와 유사한 방식으로 프로이트는 자신이 의심하는 곳에서 무의식을 발견했다. 그에게는 꿈이 문제였는데, 이 꿈 때문에 그는 의심에 빠져들었다. 왜 우리는 이상한 꿈을 꾸지? 이 이상한 꿈은 다름 아닌 성욕에 관한 것이다. 꿈에 대한 연구를 통해 그는 인간의 사고와 행동은 합리적 이성과 주체적 선택에 따라 이루어지는 것이 아니라 통제할 수 없는 본능적 욕망, 충동, 기억과 같은 무의식에 의해 결정된다는 것을 주장했다.

『꿈의 해석』(1899)을 통해 프로이트는 인간의 의식 아래 깊숙한 곳에 숨어 있는 무의식의 존재를 처음으로 세상에 알렸다. 무의식이란 의식에 영향을 미치지만 꿈이나 정신분석의 방법을 통하지 않고는 의식화하지 않는 의식을 말한다. 이 무의식의 발견이야말로 프로이트의 커다란 업적이다. 그는 이 무의식이 실수, 꿈, 강박행위 등으로 나타난다고 말했다. 특히 행위의 당사자가 자신의 행위 동기를 전혀 알지 못하는 무의식은 인간의 성 충동과 밀접한 관련을 맺고 있다는 것이 프로이트의 주장이다.

살아가면서 우리는 많은 실수를 저지른다. 그러나 그것은 결코 우연이 아니고 일종의 무의식적 행위라는 것이다. 이에 대한 예를 들어보자. 첫째, 의도적인 망각으로 심리적으로 감당하지 못하는 것을 일부러 잊어버리는 경우를 살펴보자. A가 어떤 여자를 짝사랑했고, 용기를 내어 청혼했지만 그만 거절당하고 말았다. 그런데 그의 친한 친구 B가 바로 그녀와 결혼했다. A는 자기 친구인 B의 이름을 자주 잊어버리곤 했다. 이는 단순한 실수가 아니고, A가 B를 무의식적으로 원망하고 있다는 심리적 표현이다. 즉 불쾌한 경험을 생각 속에서 지우고 싶다는 무의식이 친구의 이름을 잊어버리는 실수로 드러난 것이다. 둘째, 과거에 불쾌한 기억으로 남았던 것들이 실수를 일으키는 경우이다. 이를테면 C는 책을 읽을 때 특정 단어를 계속해서 잘못 읽는다. 그러다 나중에 그 단어가 자기가 몹시 싫어하거나 불쾌한 기억을 가진 단어였음을 깨닫게 된다.

프로이트에 따르면, 리비도(libido)란 성 충동을 일으키는 에너지이다. 그는 리비도를 억제하고 순화해서 나타난 것이 우리의 문화라고 주장했다. 프로이트는 이 리비도를 대단히 넓게 해석했는데, 어떤 사람이 학문을 열심히 연구하는 것도, 종교인이 자신의 육체적 욕망을 억제하면서 종교 활동에 몰두하는 것도 이 리비도의 활동 방향을 바꾼 결과라는 것이다. 그러므로 무의식적 성적 충동의 노예로 살아가느냐, 아니면 그를 극복하여 성숙하게 살아가느냐는 우리가 성 에너지를 어떻게 사용하느냐에 달렸다.

3) 미드의 '사회적인 나'

아리스토텔레스는 '인간은 사회적 동물이다'라는 명제를 남겼다. 인간은 사회라는 공통된 공간 속에서 공존하는 존재라는 것이다. 그런데 로빈슨 크루소는 사회에서 동

떨어져 나와 무인도에서 혼자 살았다고 반론을 제기하려는 사람이 있을 수 있다. 그러나 그것은 작가 다니엘 디포의 상상력이 탄생시킨 소설에 불과하지 현실은 아니다. 최근에 산과 계곡에 홀로 사는 사람들의 이야기를 다큐멘터리 형식으로 소개하는 '나는 자연인이다'와 같은 방송이 있다. 그런데 소위 자연인들의 삶을 자세히 들여다보면 그들 역시 사회와 일정한 관계를 맺고 있음을 알 수 있다. 한 마디로, 인간은 사회와 완전히 단절된 채 살아갈 수 없다.

장자크 루소(Jean- Jacques Rousseau, 1712~1778)가 그의 저서 『에밀, 또는 교육에 관하여』(1762)에서 어린이와 어린 시절의 본성적 가치를 논증한 이후 근대 교육계에 큰 변혁이 일어났다. 어린이는 더 이상 어른처럼 충분히 성숙하지 못한 단순한 피교육자가 아니고 독립적이고 자주적인 하나의 인격체로 인식되기 시작하였다. 이런 관점에서 루소는 자유롭게 사유하고 스스로 결정할 수 있는 인간을 육성하는 것을 그의 궁극적 교육목표로 삼았다.

어린이의 가치 있는 발견으로 대표되는 루소의 교육론은 어린이의 본성과 특질을 바르게 이해하는 것이다. 그는 "어른에게서 어른을, 아이에게서 아이를 바라보지 않으면 안 된다"고 역설한다. 루소는 어린이 삶의 주인은 어린이 자신이라는 이념 속에서 그의 교육론을 발전시켰다. "자연은 아이가 어른이 되기 전에 아동이라는 것을 바란다. 만약에 우리가 이 순서를 문란하게 하려하면 성숙미도 맛볼 수 없다. 곧 부패하고 조숙한 과일을 생산하는 것뿐이다." 이런 루소의 교육론은 조기교육에 열을 올리고 있는 우리에게 의미 있는 교훈을 제공한다.

루소의 교육론을 현대사회에 그대로 적용할 수 없다. 급격한 산업화와 기술의 눈부신 진보는 사회구성원의 적극적이고 조속한 교육을 요구한다. 그러나 이와 같은 교육환경은 오히려 전인교육의 결여라는 부작용을 낳고 있다. 이런 맥락에서 루소가 제시한 자연교육은 현대사회에도 충분한 의미가 있다. 어린이의 자연적 특성과 저마다의 자질을 무시한 지나친 조기교육과 획일화된 교육대신 자연의 흐름에 순응하는 교육, 즉 인간의 참된 본성에 따르는 교육은 어린이에게 자유와 독립성, 그리고 다양성을 강조하는 교육이 될 수 있다.

루소가 '자연으로 돌아가자!'를 외친 이유는 인간을 미혹하고 타락시키는 도시의 부패성을 멀리하여 가식 없는 시골에서 어린이를 키우자는 것이다. 이는 땅과 자연의 본질을 간파한 결과이자 자연 속에서 인간과 자연의 관계를 올바르게 직시한 결과이다. 땅에 씨를 뿌리고 물을 주어 새싹이 움트게 하고 식물이 성장하도록 돕는 일을 통하여 어린이는 육체적 수고의 의미와 자연의 질서, 그리고 식물의 가치 등을 체득하게 된다. 그리고 이처럼 식물과 인간이 직접적인 접촉을 갖게 되면, 인간은 자연 속에서 자신의 위치를 발견하게 된다. 그렇다고 그의 주장을 오해하면 안 된다. 영원히 자연에 살자는 것이 아니다. 부패한 사회를 피해 자연 속에 살면서 인간이 타고난 본성, 곧 자유를 회복하여 언젠가는 바람직한 사회를 건설하자는 이상(理想)을 말하고 있는 것이다.

이처럼 사회에 속한 개인은 그 개인의 유일적 존재로서의 가치도 중요하지만, 끊임없이 다른 사람들(타인)과 관계 맺는 존재로서의 가치도 중요하다. 이를 설명하여 자아 개념으로까지 발전시킨 학자가 조지 허버트 미드(George Herbert Mead, 1894~1931)이다. 그는 개인의 자아 형성을 인간의 사회성, 곧 타인의 관점에서 자신을 바라볼 수 있는 능력에 기초한 것이라고 설명했다.

> 인간의 환경은 물리적 대상들뿐 아니라, 자신의 행위에 반응하는 타인들의 존재로 구성되어 있다. 따라서 타인들의 반응을 이해하는 것이 인간이 환경에 적응하기 위한 필수 요소라고 할 수 있을 것이다. 하지만 인간의 행위는 타인의 반응에 대해 수동으로 적응하기만 하지 않는다. 그는 타인의 반응들을 받아들여 자신의 조직화된 태도를 형성하고, (…) 스스로 성찰하고 선택할 수 있는 능력을 가지고 있다(이승훈 2014: 453).

미드에 있어서 인간의 자아는 이러한 성찰과 선택의 과정을 통해서 형성된다(미드 2002: 96~98). 자세히 설명하면, 자아는 자신을 스스로 대상화시키는 능력을 가졌을 때, 곧 스스로를 소외시키고 외부의 시각에서 나 자신을 볼 수 있을 때 생성될 수 있다. 자아는 태어나면서부터 저절로 갖게 되는 것이 아니라, 사회 속에서 다양한 경험을 통해 후천적으로 습득하게 된다. 자신을 바라보는 외부의 시각이란 다름 아닌 자신에 대한 타인들의 시각이다. 결국 자아는 다른 사람들이 너는 어떤 사람이라고 규정해주는 사회적 관계를 통해 발생한다.

미드는 이 과정을 놀이(play)와 게임(game)의 단계로 구분하여 설명했다. 먼저 놀이 단계에서 어린이들은 부모, 선생님, 경찰관 등 타인의 역할을 담당함으로써 타인의 위치에 서보는 경험을 하게 된다. 이런 경험을 통해 어린이들은 다른 사람들의 반응들과 그 반응으로 인한 자기에 미치는 자극들의 집합을 점차 축적하여 어떻게 행동할지 결정하게 된다. 그렇지만 놀이 단계에서는 자신이 놀이하는 개별 역할들이 어떤 관계를 갖고, 어떻게 서로 연결되었는지 파악하지 못한다. 이를테면, 어린이들이 부모의 역할을 하고, 선생님의 역할도 해 보지만, 부모님과 선생님이 어떤 역할로 서로 관계를 맺고 있는지 파악하지 못한다. 게임의 규칙을 이해하는 게임 단계에서 비로소 관계된 모든 사람들의 역할과 태도를 스스로 취하게 된다. 어린이들은 이런 단계들을 거치면서 공동체의 다른 사람들의 관점에서 자기 자신을 바라볼 수 있는 능력을 갖게 되고, 이 상태를 자아가 형성된 것이라 할 수 있다.

이렇게 형성된 자아는 '목적격 나'(Me)와 '주격 나'(I)의 두 측면으로 구분된다. 목적격 나는 놀이와 게임의 단계를 거치면서 다른 사람의 입장에 서기를 학습함으로써 사회의 관례적이고 습관적인 측면으로 표출된다. 이는 개인의 행위에 대한 객관적인 지침, 즉 사회규범이나 가치, 의미 등으로써 타인이 나를 보듯이 내가 나 자신을 보도록 해준다. 주격 나, 즉 'I'는 자아의 보다 능동적이고 충동적인 측면으로써 미드는 이것을 독창성, 창의성, 자발성의 근원으로 본다. 다시 말해, 주격 나는 어떤 사람이 자신에 대하여 어떤 특정한 태도를 취할 때, 그 태도에 대한 나 자신의 응답은 미리 결정되어 있지 않고 사회적 역할을 수행하는 과정에서 독창적이고, 창의적이고, 자발적인 형태로 나타난다.

따라서 미드의 사회적 자아는 주격 나와 목적격 나라는 "두 가지의 식별되는 측면을 동반하며 진행되는 사회적 과정이다. 만약 자아가 이러한 두 측면을 가지고 있지 않다면 의식적인 책임이라는 것은 있을 수 없으며, 경험 속에서 새로운 것이 발생하는 것도 불가능하다."(미드 2010: 270)

4) 코헛의 '자기애(나르시시즘)'

일반적으로 나르시시즘(Narcissism)은 그리스 신화에 나오는 나르시서스(Narcissus)의 이야기를 떠올리게 된다. 이는 나르키소스(Narkissos)라는 한 젊은이의 탄생과 죽음에 관한 이야기에서 유래되었다.

나르키소스는 물의 요정(리리오페)인 어머니와 강의 신(케피소스) 아버지의 아들이었다. 그가 성장하여 열여섯이 되자 그의 아름다운 외모에 반한 많은 소녀들과 젊은이들이 그를 열망했다. 그러나 나르키소스는 그가 가진 강한 자존심과 거만함으로 그 누구에게도 관심이 없었다. 어느 날 나르키소스는 사냥을 하다가 더위에 지쳐 어떤 맑은 샘으로 가서 갈증을 식히기 위해 물을 마시려다가 물에 비친 아름다운 모습을 보고 그 비친 대상에게 마음이 끌려버렸다. 그는 샘물안의 그 대상에게 연거푸 입을 맞추려 했고, 그의 목을 끌어안으려고 물속에 두 팔을 담갔지만 입을 맞출 수도 껴안을 수도 없었다. 결국 그는 자기 자신도 모르게 자기를 열망했으며, 자신을 칭찬하면서 자기 스스로 칭찬받고, 자기가 원하면서도 그 원하는 대상이 자신이었던 것이다. 나르키소스는 샘물을 떠날 수 없었고 날마다 자신의 형상을 보면서 자신에 대한 사랑으로 애태우고 괴로워하다가 샘가에서 스스로 두 눈을 감고 말았다. 주위 신들과 요정들이 그의 죽음을 애도하며 장례를 준비했다. 그러나 그의 시신은 어디에도 없었다. 대신 그 곳에서 노란 중심부가 하얀 꽃잎들로 둘러싸인 꽃 한 송이가 있었다. 이후 그 꽃을 수선화(나르키소스)라고 부르게 되었다.

당대 최고의 정신분석가라는 평판을 받은 하인즈 코헛(Heinz Kohut, 1923~1981)은 프로이트가 그랬던 것처럼 나르키소스의 애잔한 이야기로부터 자기애(나르시시즘) 이론을 발전시켰다. 이 용어는 일상생활에서 자기중심적이며 대인관계에서 배타적이고 이기적인 성향들을 부정적으로 나타낼 때 주로 사용한다. 즉 자기도취적이거나 지나친 자기사랑을 의미한다.

하지만 코헛은 프로이트와 같은 자기애에 대한 부정적 시각에 동의하지 않았다. 프로이트의 나르시시즘은 단일적이고 퇴행적 발달노선(일차적 나르시시즘에서 이차적 나르시시즘으로)을 갖는다. 하지만 코헛은 프로이트와 다르게 두 개의 분리되고 독립적인 나르시시즘 발달을 주장했다. 우선 일차적 나르시시즘으로부터 대상사랑으로의 발달은 프로이트와 유사한 입장이다. 그러나 코헛은 대상사랑으로부터 다시 자기사랑으로 퇴행하는 의미에서의 병리적 나르시시즘이 아닌, 일차적 나르시시즘(유아기 자기애)으로부터 보다 성숙한 형태로 발전하는 나르시시즘(건강한 자기존중, 자기사랑)의 고유한 발달을 주장한다. 이러한 나르시시즘은 자아의 성숙한 형태로서 창의력, 공감능력, 유한성에 대한 수용, 유머감, 지혜 등으로 표출된다.

프로이트가 고전적 정신분석에서 모든 환자들이 오이디푸스적 성적 갈등을 가지고 있다고 보고, 해석을 통해 그러한 충동을 알게 하는 것이 치료라고 주장했다. 그러나 좀 더 시야를 넓혀서 코헛은 오이디푸스 콤플렉스는 정상적인 하나의 발달 과정이며 부모의 태도로 인해 발생할 수 있다고 생각했다. 즉 오이디푸스 시기에 아이가 부모로부터 자신을 사랑하고 자랑스러워하며 충분히 반영해줌으로써 공감적 지지를 받는다면 이 시기는 건강한 발달단계의 하나일 수 있다(홍이화 2010: 266-278 참조). 결론적으로 건강한 자기존중과 자기사랑으로 대표되는 코헛의 자기심리학(Self Psychology)은 자기의 나르시시즘적 발달을 통한 건강한 자기 발전의 중요성을 강조하였다.

프로이트는 나르시시즘의 발달과정을 일차적 나르시시즘과 이차적 나르시시즘으로 분류하여 설명했다. 생애 초기의 유아는 엄마의 따뜻한 시선과 때에 맞춘 젖의 제공 또는 축축한 기저귀의 교체 등으로 모든 욕구가 충족된 경험을 하게 되면서, 자기 자신의 마술 같은 환상적 전능감을 갖게 되는데 프로이트는 이것을 일차적 나르시시즘(primary narcissism)이라고 불렀고, 이를 정신적 에너지인 리비도가 자아에게 집중되어 있는 최초의 자아-리비도(ego-libido) 상태라고 설명했다. 이후 발달과정을 거치면서 일차적 나르시시즘의 상태에 있던 유아는 외부대상을 사랑할 수 있도록 성숙해진다. 이때 자아-리비도는 대상을 향하게 되는데(대상-리비도, object-libido), 이것이 바로 대상사랑의 상태이며 현실적이고 객관적으로 외부대상을 보게 되는 성숙한 형태의 사랑이다. 그러나 이러한 대상사랑의 상태에서 어떤 좌절을 경험하게 되면 리비도는 그 대상으로부터 철수하여 자아를 향하여 투자하게 된다. 대상으로부터 거두어들인 리비도를 다시 자아에 투여함으로써 다른 외부 대상을 사랑하거나 외부대상에게 관심을 두지 못하고 모든 에너지를 다시 자기 자신에게만 집중시키거나 모든 관심을 자기 자신에게만 몰두시키는 상태가 되는 것이다. 이것이 프로이트가 말하는 이차적 나르시시즘(secondary narcissism)이다. 이것은 성숙한 대상사랑으로부터 실패하여 다시 일차적 나르시시즘과 유사한 상대로의 퇴행을 나타내는 병리적 상태를 의미한다.

- 홍이화, 「자기심리학 이야기. 나르시시즘, 지독한 자기 사랑」, 『기독교사상』 2010(6), 266~278쪽 참조

5) 리쾨르의 '므 브와시'

『구약성경』 「출애굽기」 3장은 그리스도교와 유대교의 신과 모세의 첫 만남을 상세히 묘사하고 있다. 절대자와 인간의 첫 만남을 다음의 두 문장으로 축약해서 이해할 수 있다. "내가 여기 있나이다(출애굽기 3:4)." "나는 스스로 있는 자이니라(출 3:14)." 먼저 '내가 여기 있나이다'는 절대자의 거룩한 산, 호렙에서 모세가 신의 부르심에 답한 말이다. 그리고 '나는 스스로 있는 자이니라'는 절대자가 모세에게 자기 자신을 소개할 때 한 말이다. 이 문장 가운데 '내가 여기 있나이다'의 프랑스어 표현은 'me voici'(므 브와시)이다. 훌륭한 우리말을 두고 굳이 프랑스어 표현에 관심을 갖는 이유는, 성경이 묘사하는 신과 인간의 만남을 문법적 측면에서 살펴보기 위함이다. 즉 프랑스어 문법에 따르면 모세가 자신을 지칭할 때 사용한 단어는 목적격(目的格) 혹은 대격(對格)이고, 창조주가 자신을 지칭할 때 사용한 단어는 주격(主格)이다. 출애굽기를 좀 더 자세히 읽어보면 알 수 있지만, 모세가 목적격을 사용한 이유는 신의 부르심에 응답하기 위함이다. 이 대목에서 '므 브와시'(내가 여기 있나이다) 개념의 중요성을 발견하게 된다. 신의 부르심에 응답하는 올바른 인간의 자세는 자신의 보잘 것 없는 자격을 버리고 스스로 낮아져 목적격의 위치에 서는 것이다. 이것은 에마뉘엘 레비나스(Emmanuel Levinas, 1906~1995)의 생

각이다.

철학사적으로 보면, 모세처럼 지극히 겸손한 인간의 위치는 데카르트 철학으로 큰 전환점을 맞이한다. 신 앞에서의 겸손과 신을 위한 절대적 수동성은 초대교회를 지나 로마시대와 중세시대를 거쳐 근대시대 이전까지 지속적으로 강조되었다. 하지만 주격과 목적격의 관계를 뒤흔든 것이 데카르트의 코기토 철학이다. 앞서 살펴본 것처럼, 근대철학의 아버지는 "나는 생각한다. 그러므로 나는 존재한다"는 명제를 제시했다. 그 목적은 과학적으로 확실한 토대이자 최종의 궁극적 기초를 제공하기 위해서였다. 그 결과 생각하는 나를 최초의 진리로 간주할 수 있게 되었다. 생각하는 나(주체)는 스스로 자기를 세우게 되었고, 회의하면 할수록 자신의 위치는 더욱 견고하게 되었다.

이처럼 데카르트는 모세와 달리 목적격의 위치 대신 주격의 위치를 선택했다. 이 결과 나는 신처럼 스스로 있는 존재는 아닐지라도, 점차 신을 밀어내고 스스로 세상의 중심이 되었다. 한 마디로, 데카르트의 코기토 철학의 영향으로 나, 즉 주체를 최우선시하는 세계관이 정착되었고, 다른 사람들과 대상들을 포함한 이 세상의 모든 것을 지배하는 위치에 있다고 믿는 자기중심적 사고가 태동하였다.

마틴 부버(Martin Buber, 1878~1965)는 이를 일종의 '악마적 나'라고 부른다. 악마적 나의 모습은 타인에게 피해를 주며 나와 너의 상호관계를 뒤흔든다. 이런 악마적 나는 세상의 중심이라는 자기 자리를 결코 포기하지 않는 근대적 이기주의자의 표상이 되었다. 부버는 나폴레옹에서 그 예를 찾는다. 세상을 정복하기 위해 나폴레옹은 그의 많은 부하를 그저 도구로 간주하였다. 세기의 지배자인 이 악마적 나는 다른 사람들의 존재가치를 의도적으로 무시한다. 흉악한 나의 모습을 갖는 악마적 나는 독재자 가운데 가장 강력한 독재자이다. 히틀러가 유대인들의 목숨을 마음대로 좌지우지했던 것처럼 말이다. 히틀러의 입장에서 유대인들은 게르만 아리안족 혈통의 우수성을 가로막는 한낱 장애물에 불과했고, 세계정복을 위해서 반드시 제거해야할 대상에 불과했다.

오늘날에는 다행스럽게도 세기의 지배자들이 점차 사라져가는 듯하다. 하지만 불행하게도 다른 형태의 흉악한 지배자들(정치, 경제, 사회, 학교의 그릇된 지도자들)이 언제 어디서 나타날지 모른다. 실제로 이런 악하고 흉악한 '나'는 가족, 학교, 회사, 사회에서 여전히 발견되고 있지 않는가?

하이데거와 같은 철학자들이 지적하듯이 언어적인 기준에서도 나는 다른 사람(타자)에 우선한다. 즉 화자로서 제1인칭은 지시사적 용어들인 나, 여기, 저기, 오른쪽, 왼쪽, 위, 아래 등에 힘입어 지시의 중심에 서게 되는데, 이 제1인칭은 자기중심적일 수밖에 없다. 반면, 제2인칭(너)은 대상(혹은 물체)이나 개념, 혹은 그것(제4장: 부버의 '나-너'개념 참조)으로 환원되기 쉬운 위치가 되었다. 이런 맥락에서 서양철학의 전통적 사고방식(특히 데카르트의 코기토 철학)에서 나 또는 자아는 전능한 것처럼 여겨진다.

그렇다면 나로 대표되는 자기중심적 사고의 폭력성을 어떻게 극복할 수 있는가? 이것은 우리의 고유한 문제제기가 아니다. 현대철학자 대부분이 공통적으로 제기한 문제이기도 하다.

우선 므 브와시의 자세가 해결책이 될 수 있다. 즉 나를 다른 사람의 종이나 인질로 간주하는 것이다. 다른 사람이 내게 보내는 윤리적 요청을 무조건적으로 수용하는 자세이다. 이때 나는 절대적으로 수동적인 입장을 취해야 한다. 당연히 이런 입장에 불만을 제기하는 사람이 있을 것이다. '왜 내가 남의 종과 인질이 되어야 해?' 당연한 불만이다. 그러나 므 브와시의 자세는 상호적이라는 사실을 기억해두자. 다른 사람 역시 나의 종이다.

그런데 이 생각의 문제점은 데카르트의 코기토 철학에서 발생하는 문제와 정반대에 해당한다. 나의 수동적 입장은 지나치게 과장된 다른 사람의 위치 때문에 나와 다른 사람의 관계는 또 다른 극단적 비대칭성을 갖는다. 그래서 이 문제를 극복하기 위한 다른 대안이 나왔다. 그것은 자아 개념을 자기 개념으로 바꾸자는 것이며, 폴 리쾨르(Paul Ricoeur, 1913~2005)의 주장이다. 자아(ego)와 구별되는 자기(soi)란 표현은 프랑스어 문법에서 재귀적 용법인 'se'와 연관을 갖는다. 이 'se'는 단지 일인칭(나 또는 우리)만이 아니라 이인칭(너 또는 너희들)과 삼인칭(그 또는 그들) 모두를 지칭한다. 따라서 자기 개념은 나, 너, 그 모두를 아우르는 표현일 뿐만 아니라 각자라는 의미까지 내포한다. 이런 의미적 특성 덕분에 자기 개념은 결코 자아로 환원되지 않는다. 자아로 환원된다는 말은 자아중심적이 될 수 있다는 것이고, 다른 사람에 대해 언제든지 폭력적으로 돌변할 수 있다는 의미이지만, 자기 개념은 다른 사람과의 공생과 상호 협력, 그리고 상호 호환성 등을 전제하고 있음을 의미한다.

그뿐만 아니라 자기 개념에는 최소한의 자발성이 있어야 한다. 다른 사람을 위한 호의적 자발성이 그것인데, 이는 자기의 이니셔티브(initiative)라고 이해하면 된다. 다른 사람의 윤리적 요청에 대해 '내가 여기 있어'라고 능동적으로 답할 수 있는 주도적 힘이 자기에게 있어야 한다. 만일 자기에게 최소한의 능동적 동인이 없다면, 자기는 다른 사람에 대한 호의적 자발성을 발휘할 수 없고, 또한 '내가 너를 위해 여기 있어'라고 말할 수도 없기 때문이다.

지금까지 '므 브와시' 개념과 자기 개념을 설명했다. 이 개념들은 데카르트의 코기토 철학의 단점을 극복하기 위해 제안된 것이다. 즉 천상천하 유아독존격인 자아는 언제든지 다른 사람 위에 군림하려는 독선적이고 폭력적인 모습을 내포하고 있기 때문이다. 현대 철학자들은 이런 자아중심적 나의 모습을 버리고, 나와 다른 자기, 즉 다른 사람과 더불어 공생과 공유를 추구하는 새로운 주체 개념을 제기한 것이다. 한 마디로, '자아'를 버려야 '자기'를 찾을 수 있다.

3. 실존적 자기이해와 삶의 의미발견

1) 실존적 자기이해

20세기 두 번의 세계대전은 엄청난 사람이 죽거나 다치는 불행을 초래했을 뿐만 아니라, 사람들의 인식을 전체적으로 부정적으로 내몰았다. 사상사적으로 보아도 19세기의 합리주의적 관념론과 실증주의가 무너지고, 상처받은 개인으로서 그가 처한 현실적 존재성에 관심을 갖게 되었다. 불행은 사람을 부정적으로 만들기도 했지만, 자기 자신을 돌아보게 하는 계기를 만들어 주었기 때문이다. 전쟁으로 인해 인간은 불가항력적 한계상황을 체험하게 됐다. 즉 인간은 이 상황을 직면함으로써 허무와 무의미, 그리고 부조리 등을 실감했던 것이다.

물론 사상적으로 이를 이해하기 위한 노력이 있었고, 그것은 두 가지 형태로 나타났다. 한편으로 키에르케고르, 야스퍼스, 마르셀 등은 인간의 삶의 토대를 이루고 있는 실재의 문제를 신 앞에 선 단독자로 이해하려 했고, 이를 기독교적 실존주의라 분류한다. 다른 한편으로 사르트르, 카뮈, 하이데거 등은 신과 관계없는 양심적인 윤리적 실존과 신을 부정하는 자유로운 행동적 실존을 추구했으며, 특히 사르트르는 "실존은 본질에 앞선다"고 주장했다. 이들의 사상은 무신론적 실존주의라 분류한다.

기독교 실존주의자들은 무신론적 실존주의자들처럼 인간의 고독과 절망에 공감했다. 그러면서도 전쟁의 원인을 인간의 원죄적 본성에서 찾았고, 죄와 절망의 한계상황을 극복하기 위해서 신앙의 필요성을 강조했고, 인간의 죄에 대한 신의 용서에 담긴 미스터리 등을 인정했다. 반면 무신론적 실존주의자들은 신이나 본질이 선험적으로 존재하지 않는다면, 인간은 본래적 자기를 자기 스스로 계속 만들어 갈 수밖에 없음을 역설했다. 허무와 자유 속에서의 자기 부정과 자기 초월의 반복을 통해서 자각적인 주체성이 창조된다고 생각했다.

프랑스 출신 무신론적 실존주의자 장폴 사르트르(Jean Paul Sartre, 1905~1980)에 따르면, 만일 신이 없다면 우리 인간이 이 세계에서 주인의 역할을 담당해야 한다. 우리를 대신할 존재자가 우리 말고는 없기 때문이다. 그런데 우리가 세계의 주인이라고 해서 이 세계를 직접 만들었다고 주장할 수는 없다. 언젠가부터 우리 인간은 그저 이 세계에 살고 있다.

바로 여기에서 인간에게 근본적인 문제가 생긴다. 인간이 스스로 결정하지 않았지만 이미 우리는 세계 속에 있다. 하이데거의 말대로 인간은 이미 '세계 안에 내던져진 존재'이다. 우리 자신은 분명히 이 세상에서 존재하기로, 살아가기로, 결정한 적이 없다. 그런데 태어남 자체는 우리의 자유가 아니지만 일단 태어나면서부터는 우리는 우리 자신은 우리의 존재와 삶을 스스로 포기하는 것을 포함하여 그것을 어떻게 살아갈 것인가를 결정할 수 있는 자유를 가진다. 우리의 뜻이나 결정과는 무관하게 이루어진 우리의 존재, 우리의 삶이 시작되는 그 순간부터 우리 앞에는 아직 누구도 결정하지 않고 오직 나의 결정만 기다리고 나의 미래가 펼쳐져 있다. 사르트르 식으로 말하자면, 전혀 자유롭지 않게 태어난 우리 자신의 삶에 대해 우리는 "자유롭도록 저주받았다."

참고자료

> 실존철학적 인간에 대한 이해는 한마디로 세계 안에 내던져진 존재로서의 인간이다. 이런 상황에서 인간의 선택은 그가 내던져진 세계의 한계 내에서 이루어지거나, 아니면 그가 상정할 수 있는 개인적인 범위 내에서만 가능하다. 그러나 인간이 내던져진 존재이지만 선택과 결정을 자유롭게 행사할 수 있는 존재이며, 또한 자신의 선택과 결정의 능력이 있는 만큼 그에 상응하는 책임을 져야만 하는 존재이기도 하다.

살아간다는 것은 바로 이렇게 나에게 열려진 미래를 앞에 놓고 살고 싶은 나의 삶을 미리 그려보고, 그 그려진 대로 살기 위해 스스로를 미래를 향해 그 안으로 몸을 던지는 것, 그 이상도 그 이하도 아니다. 따라서 이 세계 안에서 살아가기로 결정한다면, 즉 이 세계 안에서 계속 생존해내기로 한 이상, 나는 내가 하는 모든 것에 대해 그리고 세계에 대해 책임이 있다. 바로 이렇게 이 세상 안에서 나에게 의미 있게 살아가는 삶, 미리 그려본 대로 자기 몸을 던져 살아가는 뜻있는 삶을 실존이라고 한다.

2) 삶의 의미발견

고대 쾌락주의 철학자로 유명한 에피쿠로스는 행복을 마음이 평온한 상태로 보았는데, 이는 인간 삶의 고통이 곧 영혼의 질병에서 기인되는 것이라 보았기 때문이다. 따라서 그는 마음을 치유하는 철학이 행복에 이르는 방법이라고 인식하였다.

이를 당시 철학자들은 '인생을 위한 의사'라고 표현하였다. 이처럼 철학을 마음, 즉 영혼의 질병을 치유하는 치료제로 인식한 것은 고대 그리스 철학으로 거슬러 올라간다. 소크라테스는 의사가 인간의 병든 몸을 치유하듯이 철학자는 마음을 치유한다고 보았는데, "너 자신을 알라"라는 그의 유명한 경구는 자기 자신에 대한 단순한 앎을 넘어 "자기 자신을 돌보라. 즉 자신을 배려하라"는 의미를 함축한다.

철학치료라는 말에 대한 정의가 학자들마다 약간씩 상이하지만 대체로 '인생관, 세계관, 가치관과 관련된 인간의 모든 문제와 고민들을 내담자 스스로 풀어가도록 철학 상담사가 도와주는 대화의 과정'으로 정의할 수 있다.

삶의 의미 결여로 야기되는 정신적 신경증을 치료하기 위해 빅터 프랭클(Viktor Frankl, 1905~1997)이 제안한 실존분석적 정신치료인 '로고테라피'를 철학상담의 전형으로 꼽을 수 있다. 로고테라피는 그리스어의 'logos'에서 온 것으로 의미, 법칙, 심령을 뜻하는 단어이다. 즉 현대인들이 많이 느끼고 있는 존재론적 상실감이나 무의미, 심령의 진공상태에서 새로운 지평을 볼 수 있는 존재의 의미를 일깨우고 그 자신의 책임감을 자각하여 자유로운 삶을 살 수 있도록 하는 데 치료의 목적이 있다.

나치의 아우슈비츠 강제수용소에서 겪은 프랭클의 혹독한 체험은 "고난은 고난 특유의 의미를 발견하는 순간 고난이기를 그친다"라는 명제를 통해 자신의 실존적 인간관을 잘 드러낸다. 그의 주저서 『삶의 의미를 찾아서』를 통해 알 수 있듯이, 그는 저항할 수 없는 고통에도 아랑곳없이 죽음의 문턱을 넘어선 삶의 의미와 목적을 찾고자 하였다. 이러한 죽음을 넘어선 삶의 의미와 목적이 있다는 신념이야말로 그가 나치의 강제수용소에서 겪은 혹독한 시련을 견뎌낸 원동력이라 할 수 있다. 그는 인간이 어떠한 극한 상황에 놓이더라도 자신의 태도를 선택할 수 있는 자유가 있다고 보았다. 프랭클은 한 인간에게서 모든 것을 다 빼앗을 수 있다 해도 인간의 마지막 자유, 즉 자기 자신만의 방식을 선택할 수 있는 자유가 인간에게 있다는 것을 주장한다.

그러므로 인간 실존의 문제에 있어서 중요한 것은 우리를 기다리고 있는 운명보다 그 운명을 받아들이는 우리 자신의 태도이며, 인간은 고통과 죽음을 포함하여 모든 상황에서도 의미를 찾을 수 있다. 사람의 깊이 있는 삶은 긍정이요, 적극적인 창조이며, 사람은 역경에서 더욱 강해진다.

지선아, 사랑해!

이식한 피부는 자꾸만 작아지려는 성질이 있습니다. 그래서 처음 이식했을 때의 모습은 시간이 지날수록 없어져가고 완전히 다른 모습을 갖게 되지요. 퇴원을 하고 집으로 돌아온 건 말할 수 없이 기쁘지만, 살이 당기는, 찢어질 듯한 고통에 아침마다 아무도 모르게 눈물을 삼킬 때가 많았습니다. 저 스스로 '고달픈 나의 인생'이라고 할 정도로… 집으로 돌아와 새로이 이겨내야 할 현실은 제법 힘이 들었습니다. 이식받은 피부가 가려워서 잠도 푹 잘 수 없었습니다. 목과 턱은 완전히 당겨져 내려가서 흘러내리는 침 때문에 입에는 늘 손수건을 물고 다녀야만 했습니다. 입에 들어가는 것보다 흘리는 게 더 많아 밥 먹을 때는 수건을 깔고 먹어야 했고요. 물론 물리치료와 운동도 빼먹을 수 없었습니다. 운동을 게을리 하면 관절과 근육이 굳어버리기 때문이지요. 혹시라도 동생이 손을 못 쓰게 되지 않을까 늘 걱정인 오빠와 매일 싸우고 울며 달래고 애원하기를 반복하면서 운동을 했습니다.

이처럼 현실은 고달프고 힘들지만… 퇴원하기 전까지 겪었던 일들에 비하면 꾹 참고 견딜 만했습니다. 그리고 무엇보다 언제나 제 곁엔 소망을 가지고 바라볼 수 있는 하나님이 계셨습니다.

저의 홈페이지에 사고 나기 전 사진을 많이 올려놓은 것을 보시고 언젠가 어느 분이 속상하지 않느냐고, 옛날 사진 보면서 눈물나지 않느냐고 물으신 적이 있었습니다. 아예 한 번도 없었다면 그건 거짓말이겠지요. 하지만 그렇다고 그게 속상해서 예전 사진을 보고 싶지 않다고 생각해본 적도 없었습니다. 하나님의 은혜지요.

저도 뭇 여성들과 마찬가지로… 아니 어쩌면 더 공주였을지도 모르겠습니다. 거울 보는 것 좋아하고 화장하는 것도 좋아했습니다. 거울에 비친 제 모습에 스스로 만족하고 도취되곤 했지요. 그러던 어느 날 사고가 제게 찾아왔고 저는 예전에 만족해하던 그 얼굴 전체를 잃었습니다.

예정대로였다면 몸의 피부 이식을 끝낸 뒤, 그러니까 사고 난 후 두 달 정도 지났을 때 얼굴 부분 피부 이식수술을 받고 새 얼굴을 가질 수 있었을 겁니다. 하지만 의료 파업 등 여러 가지 이유로 수술은 기약 없이 미뤄졌고, 하루에 진통제 세 대로 겨우 버텨가며, 하루 네 번씩 피부 없는 얼굴에 피부 대신 덮은 거즈를 걷어내고 새로 바꾸는… 이제는 상상조차 하기 싫은 치료를 받아야 했습니다. 고통스런 진통제를 맞을 때는 마약중독의 의혹까지 받아가며 눈치를 보고 또 보아야 했습니다. 그렇게 7개월이라는 시간이 흘렀습니다. 그리고 2001년 2월, 언제 끝날지 모른 채 계속 뒷걸음질만 치는 것 같은 광야 생활을 끝내고 하나님의 은혜로 좋은 의사 선생님을 만날 수 있었지요. 당시 한강성심병원에 새로 부임한 오석준 원장님이 너무 감사하게도 저의 치료를 맡아주겠다고 하셔서 다시 병원을 옮기고 드디어 얼굴에 피부 이식수술을 받았습니다. 그렇게 해서 2001년 새봄을 맞아 저는 새 얼굴로 집에 돌아올 수 있던 것입니다. 방에 있던 거울은 이미 치우고 없었습니다. 목을 들 수 없게 되어 거울을 보기조차 힘들었지만 저는 제 얼굴을 보지 않으려고 애를 썼습니다. 하지만 밤이면 방 안의 사물들을 비추어주는 유리창에, 밥을 먹다가 반짝거리는 숟가락에… 문득문득 제 모습이 보이곤 했습니다. 그럴 때마다 오래 생각하지 않으려고, 떠올리지 않으려고 애를 썼습니다. 하지만… 그게 그렇게 애쓴다고 되는 일이겠어요…. 저도 사람이고, 저도 여잔데요….

조금씩… 조금씩… 멀리서나마 거울에 비친 제 모습이 눈에 들어왔습니다. 태어나 처음 보는 얼굴이었습니다. 지금의 이 얼굴은 아무리 못 본 척한다고 해도, 아무리 아니라고 부정을 해도 지워질 수 없는 저 '이지선의 얼굴'이었습니다. 그 얼굴을 저로 인정하고 받아들이는 것이 새롭게 주어진

'덤의 삶'을 제대로 살아나가기 위한 첫 번째 숙제였습니다. 처음 보는 제 얼굴에 놀라지 않고 그 어색함을 이기기 위해… 마음과 생각을 지키기 위해… 낯선 저에게 손을 흔들며 인사했습니다. "안녕, 이지선!" 거울 속에 있는 새 지선이도 인사를 했습니다. "지선아, 사랑해"라고….

- 이지선, 『지선아 사랑해』, 이레출판사, 2003

윗글을 읽고 다음과 같은 물음에 대해 생각해보자.

1. 자기에 대한 연민이 자신이 갖고 있는 문제를 해결해 줄 수 있는가?

2. 내가 현재 처한 모든 상황이 좋지 않음에도 불구하고, 나를 긍정적으로 평가하고 사랑할 수 있 는 힘은 어디에서 나올까?

3. 자기연민과 자기긍정의 차이점은 무엇일까?

4. 당신이 지선이에게 해줄 수 있는 말은?

활동 2 실존적 자기이해

아무 것도 없기보다, 왜 무엇인가 있는가?

내 부모님은 내가 있기 전부터 계셨다. 나는 내 부모님의 부모님이 계시다는 것을 잘 안다. 왜냐하면 그 분들이 내 할아버지와 할머니이시기 때문이다. 지금처럼 많이 늙으시기 전에는 그 분들도 어린 시절이 있었다. 그때는 나처럼 부모님이 있었고, 할아버지와 할머니가 계셨다. 내 고조할아버지와 고조할머니가 어렸을 때는, 나처럼 부모님과 할아버지와 할머니가 계셨다. 이런 식으로 아주, 아주 오래 전에도 자식과 그들의 부모님이 계셨다. 이런 관계는 결코 끝이 없는 것 같다. 아니 시작조차 없는 것 같이 보인다. 하지만 언젠가는 이 관계의 시작점이 있어야만 한다. 왜냐하면 시작은 반드시 있기 때문이다. 만일 그렇지 않다면 어떻게 이 관계가 존재할 수 있었겠는가? 만일 시작이 없었다면 우리 부모님은 존재하지도 않으셨을 것이고, 나를 낳지도 않으셨을 것이고, 나는 있을 수 없다.

만일 시간이 끊임없이 계속된다면 어떨까? 시작이란 존재하지 않는 것일까? 만일 방학의 끝이 없는 것이라면 방학의 시작도 없을 것이다. 이것을 어른들은 '영원'이라고 부른다. 하지만 어른들은 이 '영원'이 정말로 존재하는지는 잘 모른다.

내 부모님은 인간의 조상을 원숭이라고 하신다. 우리 인간이 존재하기 전부터 세상은 벌써 있었고, 공룡들과 같은 것들이 있다가 사라졌다. 사람의 조상인 원숭이들이 존재하기 전에도 세상이 있었는가? 그렇지 않다. 지구도 없었고, 태양도 없었다. 단지 시작만이 있었다.

그런데 무엇인가 있기 전에는 무엇이 있었을까? 무엇인가 있지 않았을까? 혹 신이 있어서 모든 것을 창조하였을까? 그렇다면 창조 전에는 무엇이 있었을까? 아마도 신이 홀로 있어서 심심했을 수도 있다. 그래서 나 같은 사람을 창조할 계획을 했을 것이다. 아니면 신이 심심하지 않았을 수도 있다. 왜냐하면 아직 신이 시간을 창조하지 않았기 때문이다. 시간이 없다면 심심할 시간조차 없었을 것이기 때문이다. 신은 그의 완벽함 가운데, 그리고 완벽한 행복 가운데 머물러 있었을 것이다. 영원히…

그런데 신은 왜 무엇인가를 창조하였을까? 만일 시간이 없었다면 언제 창조가 이루어 졌을까? 또 누가 신을 창조하였을까? 신이 있기 전에 누군가 존재했을까? 아니면 신은 계속해서 존재하고 있었는가? 시간이 존재하기 전에도…? 아니면, 신이 없었어도 모든 것이 있었을 지도 모른다. 무엇인가가… 항상 말이다. 반면, 아무것도 없는 것이 가능할까? 그렇지 않다. 절대로 아무것도 없을 수는 없다. 자식이 태어나려면 부모가 반드시 있어야 하는 것처럼… 그림을 그리기 위해서는 연필이 있어야 한다. 꽃이 피기 위해서는 씨앗이 있어야 한다. 아무 것도 없는 것에서는 아무것도 태어날 수 없다. 그렇다면 무엇인가 항상 있었다는 말인가?

어떤 사람들은 우주가 큰 폭발에 의해 만들어졌다고 한다. 사람들은 이것을 '빅뱅(Big-bang)'이라고 부른다. 하지만 폭발이 있기 위해서는 무엇인가가 있었어야만 한다!

현재 존재하는 것을 설명하기 위해서는, 그 전에 무엇인가가 있어야만 한다. 아무 것도 없기보다 왜 무엇인가 존재하는가? 신이 있기에? 그렇다면 왜 아무것도 없는 대신 신이 있는가? 만일 신이 없었어도, 왜 모든 것이 항상 존재하고 있었는가?

진정으로 아무도 시작이 어땠는지 아는 사람은 없다. 왜냐하면 시작이 전에 무엇이 있었는지 아무도 모르기 때문이다. 게다가 시작이 있었는지 조차도 모른다. 그렇기 때문에 아무 것도 없지 않고 무엇인가가 있다는 것은 정말로 신비하고 놀라운 일이다.

세상이 있다는 것. 세상 가운데 새들이 있다는 것. 나무들과 꽃들이 있다는 것. 별들과 조약돌들이 있다는 것. 내 부모님이 계시다는 것. 내 친구들이 있다는 것. 하늘과 구름이 있다는 것. 태양과 달이 있다는 것. 모든 것이 있다는 것. 그리고… **내가 있다는 것!**

- Andre Compte-Sponville, *Pourquoi y a-t-il quelque chose, plutôt que rien?,* Thierry Magnier, 1998

윗글을 읽고 다음과 같은 물음에 대해 생각해보자.

1. 많은 것이 존재하는 이 세상에서 나의 가치는 왜 중요한가?

2. 당신의 실존적 가치를 대표할 세 가지 요소를 찾아보고, 조원들과 함께 그 가치에 대해 논의해보자.

두 번은 없다

비스와바 쉼보르스카

두 번은 없다. 지금도 그렇고
앞으로도 그럴 것이다. 그러므로 우리는
아무런 연습 없이 태어나서
아무런 훈련 없이 죽는다.

우리가, 세상이란 이름의 학교에서
가장 바보 같은 학생일지라도
여름에도 겨울에도
낙제란 없는 법.

반복되는 하루는 단 한 번도 없다.
두 번의 똑같은 밤도 없고,
두 번의 한결같은 입맞춤도 없고,
두 번의 동일한 눈빛도 없다.

어제, 누군가 내 곁에서
네 이름을 큰 소리로 불렀을 때,
내겐 마치 열린 창문으로
한 송이 장미꽃이 떨어져 내리는 것 같았다.

오늘, 우리가 이렇게 함께 있을 때,
난 벽을 향해 얼굴을 돌려버렸다.

장미? 장미가 어떤 모양이었지?
꽃이었던가, 돌이었던가?

힘겨운 나날들, 무엇 때문에 너는
쓸데없는 불안으로 두려워하는가.
너는 존재한다—그러므로 사라질 것이다
너는 사라진다—그러므로 아름답다

미소 짓고, 어깨동무하며
우리 함께 일치점을 찾아보자.
비록 우리가 두 개의 투명한 물방울처럼
서로 다를지라도….

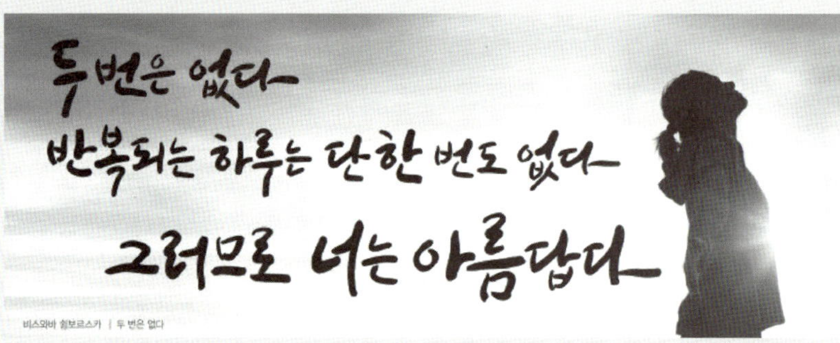

비스와바 쉼보르스카 | 두 번은 없다

"단어 하나하나가 모두 의미를 갖는 시어(詩語)의 세계에서는 그 어느 것 하나도 평범하거나 일상적이지 않습니다. 그 어떤 바위도, 그리고 그 위를 유유히 흘러가는 그 어떤 구름도. 그 어떤 날도, 그리고 그 뒤에 찾아오는 그 어떤 밤도. 아니, 그 누구의 것도 아닌 이 세상의 모든 존재도."

- 비스와바 쉼보르스카, 〈노벨문학상 수상 소감〉

▲ 비스와바 쉼보르스카(1923~2012)는 폴란드의 시인이자 번역가이며, 사회주의 리얼리즘 수법을 반영한 꾸밈없고 섬세한 언어로 구사된 작품들을 발표하였다. 대표작은 《큰 수》, 《끝과 시작》 등이 있으며 1996년도 노벨문학상을 수상하였다.

- 비스와바 쉼보르스카, 『끝과 시작』, 문학과지성사, 2016

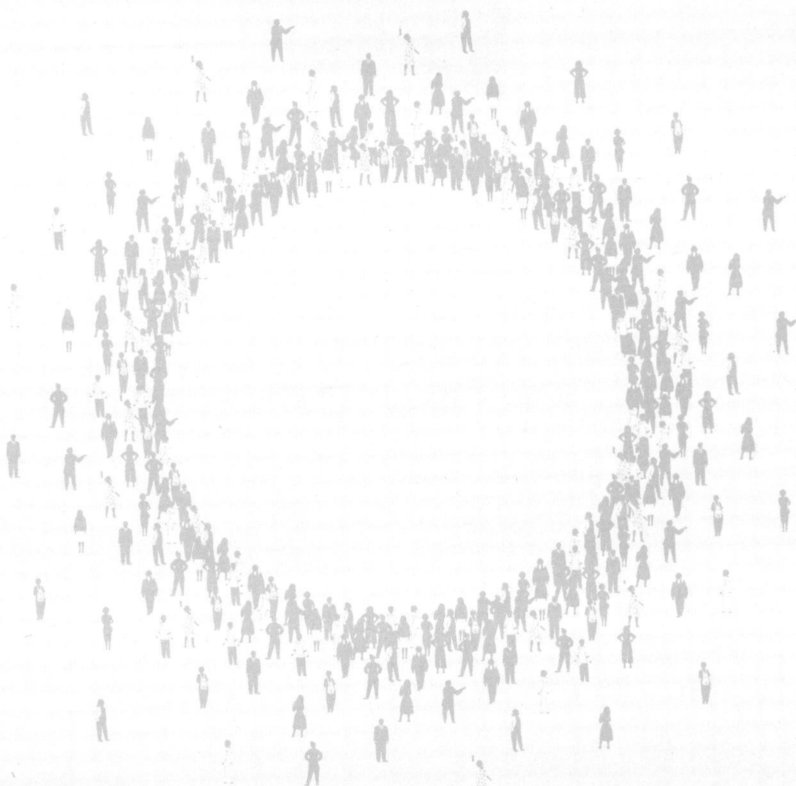

3장

정체성

학습목표

1. 정체성(또는 동일성) 개념을 이해하고 정체성의 역설에 대해 숙고해 본다.
2. 에릭슨의 자아정체성 개념을 통해 대학생으로서 청년기의 자아정체성을 검토하고 정체성 위기에서 극복할 수 있도록 한다.
3. 리쾨르의 이야기정체성 개념을 통해 '나는 누구인가?'에 답할 수 있도록 한다.

1. 문제제기

"나의 정체성(아이덴티티, identity)은 과연 무엇일까?" 우리는 스스로 이 물음을 던지고 스스로 답하려고 노력하고 있다. 이는 삶의 문제요 존재의 문제이기 때문이다. 그런데 요즘 예능에서는 이 물음을 웃음거리로 만들어버렸다. 당혹스런 상황에 처한 출연자의 어리둥절한 표정과 함께 자막처리하고 있는 물음 "나는 누구이며, 지금 어디에 있는가?"는 결코 가볍게 넘길 문제가 아니다. 그렇다면 여러분은 이 물음에 대해 어떻게 생각하는가?

영어 '아이덴티티'는 정체성 이외에 동일성이라는 뜻을 갖는다. 그래서 일반적으로 정체성과 동일성은 유사 개념으로 취급한다. 예를 들어 한국인의 정체성을 한국인의 동일성이라 표현해도 큰 무리가 없다. 한 민족의 구성원들이 갖는 유사성, 일체감, 동질감 등의 뜻으로 정체성과 동일성을 이해할 수 있기 때문이다. 에릭슨의 자아 심리학에서는 '자아동일성'은 "타인과 구별되는 한 개인으로서 현재의 자신은 언제나 과거의 자신과 같으며 미래의 자신과도 이어진다는 생각"을 뜻하는 개념으로서 '자아정체성'이라고 사용하고 있다.

이처럼 정체성은 집단적 개념이면서 동시에 개인적 개념이기도 하다. 일반적으로 한 집단의 정체성은 한 개인에게 많은 영향을 미친다. 특히 집단의 대표적 이야기는 그 집단의 정체성이 되고 그 집단에 속한 한 개인의 정체성의 초석이 된다. 이런 맥락에서 한국인의 정체성 형성에 영향을 미친 대표적인 이야기는 무엇일까? 그리고 여러분의 정체성 형성에 영향을 미친 이야기는 무엇인가?

2. 아르고(Argo) 호의 모험, 동일성의 문제

동일성 또는 정체성 문제와 관련된 전통적 논의는 그리스 신화에 등장하는 테세우스 배에서 유래한다. 그런데 테세우스가 탔던 배가 다름 아닌 아르고 호라는 것이다.

그리스 신화에서 아르고 호(號)의 승무원들을 지휘한 영웅의 이름은 이아손(Iason)으로서 영어로는 제이슨(Jason)이라고도 불린다. 테살리아의 대도시 이올코스의 왕이었던 아버지 아이손(Aeson)은 그가 아직 어렸을 때 어머니는 같지만 아버지가 다른 형제 펠리아스에 의해서 왕위에서 쫓겨났다. 그래서 이아손의 어머니는 켄타우로스 족의 지혜로운 사람 케이론에게 어린 이아손을 보내 양육을 부탁하였다.

성인이 된 이아손은 왕위를 되찾기 위하여 펠리아스에게로 가던 도중 누추한 노파로 변장한 여신 헤라를 만난다. 여신의 부탁을 받고 그녀를 업어 강을 건너게 해주다가 한쪽 샌들을 잃는다. 이아손은 한쪽 샌들만 신은 채 그대로 펠리아스 앞에 나타나 자기가 아이손의 아들로 정당한 왕위 계승자라고 주장한다. 이전에 한쪽 샌들만 신은 아이손 가문의 남자가 나타나서 자기를 파멸시킬 것이라는 신탁을 받았던 펠리아스는 이아손을 없애버리기 위해 한 가지 계책을 꾸민다. 즉, 그에게 동방의 황무지 콜키스로 가서 황금의 양모피를 가져오면 그의 요구대로 왕위를 물려주겠다는 어려운 조건을 내세운다.

이아손은 아르고 호라는 커다란 배를 건조하여 그리스의 이름난 영웅들을 이끌고 갖가지 난관을 극복한 끝에 콜키스에 도착한다. 신화 작가들마다 영웅들의 리스트는 다르지만 그들 모두가 공통으로 언급하는 영웅들이 있다. 헤라클레스, 오르페우스, 폴리데우케스와 카스토르 형제, 제테스와 칼라이스, 텔라몬과 펠레우스, 이다스와 링케우스, 아드메토스, 펠리클리메노스, 아우게이아스, 아르고스, 티피스가 바로 그들이다.

그러나 콜키스의 왕인 아이에테스는 그에게 입에서 불을 내뿜는 황소로 밭을 갈고, 거기에 용의 엄니(짐승의 송곳니 또는 앞니)를 뽑아 뿌리면 그가 원하는 것을 주겠다는 아주 어려운 문제를 낸다. 이아손은 아이에테스의 딸이며 마녀인 메디아의 도움으로 그 일을 해내고 황금의 양모피를 손에 넣은 뒤 메디아를 데리고 귀국한다. 그러나 그 동안에 펠리아스는 아이손을 죽였으며, 이를 안 이아손은 메디아의 힘을 빌려 펠리아스를 죽여 아버지의 원수를 갚는다. 그러나 왕을 죽인 두 사람이 그 나라에 그대로 머물 수는 없어 함께 코린트로 달아났다.

그로부터 10년이 지나 이아손과 메디아 사이에는 두 아들이 생겼다. 그러던 어느 날 코린트 국왕의 딸 글라우케와의 결혼 제안이 온다. 그와 결혼함으로써 얻게 될 코린트에서의 권력에 욕심이 난 이아손은 메디아를 버리고 글라우케와 결혼식을 올린다. 이에 격분한 메디아는 왕과 신부, 그리고 자기 두 아들까지 죽이고 멀리 달아나버린다. 실의에 빠진 이아손은 자살했다고도 하고 혹은 아르고 목선의 썩은 부분에 머리를 맞고 죽었다고도 한다. 이아손 이야기는 핀다로스의 『피티아 제4가』, 아폴로니오스의 『아르고나우티카』 등에 상세하게 나와 있다.

아르고 호는 전설적인 배 만드는 장인 아르고스에 의해 만들어졌으며, 그 선원들은 헤라 여신으로부터 보호를 받았다고 전해진다. 이 배는 아테나 여신이 설계하고 제작되었고, 이 배의 뱃머리는 도도나 숲의 성스러운 목재로 만들어졌다고 한다. 이아손과 그의 일행이 성공적으로 항해를 마친 이후에 이 아르고 호는 코린토스 지협에서 바다의 신 포세이돈에게 헌정되었다고 한다. 이 배는 그리스 최초의 배라는 설과, 오십 명 이상을 수용할 수 있는 대규모 선박으로는 최초라는 설이 있다.

이 배에 관한 전설은 여기서 멈추지 않는다. 전설적인 배 아르고 호의 영향을 받아 '테세우스의 배'라는 다른 전설이 생겨났다. 그리스 신화에 등장하는 테세우스의 배는 동일성(정체성) 문제라는 형이상학적 역설로 유명하다.

"테세우스와 아테네의 젊은이들이 탄 배는 서른 개의 노가 달려 있었고, 아테네인들에 의해 데메트리오스 팔레레우스의 시대까지 유지 보수되었다. 부식된 헌 널빤지를 뜯어내고 튼튼한 새 목재를 덧대어 붙이기를 거듭하니, 이 배는 철학자들 사이에서 일어나는 '자라는 것들에 대한 논리학적 질문'의 살아있는 사례가 되었는데, 어떤 이들은 배가 그대로 남았다고 여기고, 어떤 이들은 배가 다른 것이 되었다고 주장하였다."(플루타르코스, 『테세우스』, 23장 1절)

이 전설을 재인용한 토마스 홉스는 다음과 같은 물음을 던지다. "위와 같이 테세우스의 배에서 판자를 하나씩 갈아 끼우는 방식으로 만들어진 배를 배1이라고 하자. 그런데 테세우스의 배에서 갈아 끼운 낡은 판자들을 버리지 않고 그걸로 다시 테세우스의 배와 똑같이 생긴 배를 만들어 배2이라고 부르자. 배1과 배2, 배 두 척이 생긴 셈이다. 그렇다면 둘 중에 테세우스의 배는 무엇인가?"

테세우스 배의 역설과 정체성 문제

일반적으로 테세우스의 배는 다음과 같은 문제들이 얽혀 생겨난 역설이라고 해석된다.

- 질적으로 다른 대상들이 수적으로 동일할(또는 하나일) 수 있는가? (이 물음을 간단히 이해하면, "두 개의 서로 다른 물질이 하나일 수 있는가?"가 된다.)
- 물리적 사물의 정체성은 오직 그 물리적 부분에 의해서만 결정되는가? (이 문제를 확장해서 만일 내 몸을 물리적으로 복제한다면 그 몸을 곧 '나'라고 할 수 있는가?)
- 사물이 변화한다는 것은 대체 무엇인가?

3. 파핏의 동일성 문제

테세우스의 배로 촉발된 정체성 문제는 심신(心身, Mind-Body) 문제로 확대되어 논의되고 있는 중인데, 데릭 파핏(Derek Parfit)의 *Reasons and Persons*(1984)[1]에서 흥미로운 내용을 엿볼 수 있다. 파핏은 공상 과학영화나 소설에서나 나올 법한 세 가지 정도의 사고 실험을 제안한다. 화성으로의 두뇌 전송, 두뇌 양분(반뇌 이식), 그 뇌의 복사체 제작이 그것이다. 나의 뇌와 나의 신체에서 모든 정보를 받아 복제한 나의 복사체가 있으

1 Derek Parfit, *Reasons and Persons*, Claredon Press, Oxford, 1984.

며, 그것이 화성으로 보내졌고, 또 내가 그것을 만나러 가기 위해 전송되는 중에, 그만 전송 사고로 내 뇌와 심장은 파괴되어 더 이상 우주여행은 불가능해진다. 더군다나 내 복사체는 나의 죽음 뒤에 남은 나의 가족들을 잘 보살펴 줄 거라고 말한다고 공상해보자. 과연 나는 이런 경우에 나의 복사체 속에서 계속적으로 생존하고 있는 것인가? 파핏이 보기에, 이런 어려운 수수께끼에 우리가 뭐라 대답할 수 없다면, 그것은 문제 자체가 공허하기 때문이다. 그래서 파핏은 우리 "인격의 동일성은 중요한 것이 아니다"[2]라는 결론을 도출한다.

물론 이런 사고 실험들이 '개념적으로만 가능한' 현재는 이것이 실제적인 기술 공학이 아니라 기술 공학의 꿈에 기반을 둔 사고 실험들이라고 말할 수 있다. 그 결과 파핏에 대해 개념적 가능성과 실재적 가능성을 구분하고 있지 않다고 비판할 수 있다. 또 다른 비판점은 파핏의 사고 실험에서 전송 조작의 대상이 되는 (나의) 뇌와 신체이다. 파핏은 "나의 두뇌와 신체(my brain and body)"라는 표현을 쓰는데, 이는 신체 체험의 입장에서 보면 파핏이 사용한 "나의" 두뇌에서 소유 형용사는 아무런 의미가 없다. 나의 뇌가 내 몸의 일부이고, 내 신체 속에 있다는 점에서 "나의" 뇌가 맞지만, 우리는 그것과 아무런 체험적 관계를 갖지 못한다. 내 눈은 지각의 관계를, 내 손은 운동적 관계를, 내 심장은 정서적 관계를, 내 목소리는 표현적 관계를 가지는 반면, 나는 나의 뇌를 느끼지도 체험하지도 못한다. 오히려 "내 두개골 속에 어떤 뇌(a brain)"가 있을 뿐이다. 내 신체의 다른 기관들이 나와 체험적 관계를 갖는 반면, 나의 뇌는 그렇지 못하다는 것이다. 그래서 파핏이 사용한 나의 두뇌라는 표현은 내가 나의 신체와 갖는 체험의 소유적(귀속적) 성격을 무시한 표현이다. 내 몸은 내 체험을 총체적으로 맡고 있는 존재(즉 담지자)이지만, 나의 두뇌는 그렇지 못하기 때문이다.

이 문제는 4차 산업혁명 시대에 예견하고 있는 트랜스휴먼(Transhuman)과 포스트휴먼(Posthuman)의 정체성 문제와 직접적으로 연결된다. 먼저 트랜스휴먼은 인간과 포스트휴먼 사이의 존재로 인간과 닮았지만 개조에 의해 인간보다 훨씬 뛰어난 능력을 획득한 사람을 말한다. 트랜스 휴먼은 영화 '로보캅'을 생각해보면 된다. 좋은 아빠이자

2 앞의 책, p.217.

실력 있는 경찰로 평범하게 살아가던 '알렉스 머피'는 예기치 못한 사고로 인해 온 몸에 치명적 부상을 입는다. 로봇 테크놀로지의 기술을 가진 다국적 기업 옴니코프는 아내 '클라라'에게 '머피'의 몸에 최첨단 하이테크 수트를 장착할 것을 제안하고, 그녀는 목숨을 잃을 위기에 놓인 남편을 살리기 위해 그 요청을 받아들인다. 여기서 궁금한 점은 바로 이것이다. 자기 것이라고는 머리만 남은 머피는 이전의 머피라 할 수 있는가? 다시 말해 이전의 머피와 트랜스휴먼이 된 현재의 머피는 동일하다고 말할 수 있는가? 만일 그렇다면 왜 그럴까?

인류가 꿈꾸는 포스트휴먼은 동일성 문제를 더욱 복잡하게 만든다. 포스트휴먼이 지금까지는 인간을 뛰어넘어 존재하는 신인류를 뜻하는 학문상의 용어지만, 언젠가는 실제로 다가올 미래일지도 모른다. 현재의 부족함 많은 호모 사피엔스가 트랜스휴먼의 강화된 형태를 거쳐서 마침내 도달하게 될, 더 이상 인류라고 봐야 할지도 불분명한 경지에 도달한 상태는 온통 기계인 몸에 뇌를 이식하는 형태로 만들어질 것이다. 이것이 실현된다면 기계가 오래되거나 망가지면 진화된 새로운 기계로 대체하면 그만이다. 이런 방식으로 인간은 영원히 살 수 있다고 믿는 것이 포스트휴먼의 전제이다. 이때는 오늘날 범죄자를 잡는 방식과 같은 홍채 인식이나 지문, 그리고 DNA 검사 등 물리적 방법을 통한 한 개인의 동일성 확인은 무의미해질 것이다.

공상과학(Science Fiction)과 같은 이야기는 그만하고 이제 삶의 문제와 직접적으로 연결된 정체성 문제에 집중해보자. 사회라는 커다란 울타리 안에 사는 우리의 정체성은 저절로 생성되지 않는다. 우리는 어떤 한 사람을 정해, 그 사람을 표본으로 정하여 성숙할 때까지 모델로 삼는 경우가 종종 있다. 이를 롤 모델(role model, 역할 모델)이라고 한다. 존경하는 인물(부모, 윗사람, 주변의 중요한 인물)과 자신을 동일시(identification)하려는 노력은 심리적으로 자아와 초자아의 형성에 가장 큰 역할을 한다고 알려졌다. 이처럼 다른 누군가와 나를 동일시하는 단계를 거쳐 '나다운 나'를 만드는 것이 나의 고유한 정체성 확립의 길이다. 대학생으로서 바람직한 정체성을 확립하거나 재확립하는데 도움을 주는 여러 학문적 접근 가운데 에릭슨의 자아정체성과 리쾨르의 이야기정체성 이론을 살펴보자.

4. 에릭슨의 자아정체성

'나는 누구인가?'라는 근본적 물음에 대한 심리학적 답변은 정체성이라 할 수 있다. 정체성은 한 개인이 가지는 특성과 성격, 사회적 관계, 역할 등을 통해 그 사람이 누구인가를 말해준다. 인간은 누구나 인생을 살아가면서 인간발달 단계에서 각각의 단계에 위기를 직면하게 되는데 이때 긍정적인 해결을 하게 되면 자아가 발달하여 자아정체성 발달이 되지만, 부정적인 해결은 자아정체성 발달을 지연한다고 할 수 있다. 특히 인간발달 단계에서 청년기는 정체성 발달에 매우 중요한 시기라고 할 수 있다. 청년기에는 신체적 변화와 성숙을 경험하면서 또한 정서적인 면에서도 기복이 심한 시기이다. 청년기에는 많은 청소년들이 스스로 나는 누구인가? 나는 어떤 사람이 되기를 원하는가? 나는 무엇을 할 것인가? 등을 스스로 묻게 된다.

독일 출신 미국의 자아 심리학자 에릭슨(Erik H. Erikson, 1902~1994)은 청년기에 빈번하게 제기되는 "나는 누구인가?"라고 스스로 묻는 것은 자아정체성을 형성하기 위한 과정이라고 설명하였다. 이러한 자아정체성의 형성은 청년기에 와서 시작되는 것이 아니라 일생을 통해 이룩해야 하는 중요한 과제라고 할 수 있다.

에릭슨이 말하는 청년기는 성인초기를 의미하며 대학생 시기와 겹친다. 이 시기는 부모에게 전적으로 의존하는 청소년도 아니고, 부모로부터 완전히 독립한 장년기도 아닌 심리적 긴장과 혼란을 경험하는 시기이기 때문에 혼란에 빠지기도 한다.

대학생인 청년기에 자아정체성 확립이 중요한 이유는 다음과 같다. 첫째, 청년기에는 급격한 신체 변화와 성적 성숙이 일어난다. 청년기의 급격한 신체 변화는 자의식이 강해지고, 본능적인 욕구인 원초아가 강하게 나타난다고 할 수 있다. 따라서 자아(ego)는 초자아(superego)와 원초아(id) 간의 균형을 유지하기 위해 자아확장을 이루어야 한다.

둘째, 청년기는 아동기에서 성인기로 옮겨가는 반의존적인 성인아이이기 때문에 청년은 어린이도 아니고 성인도 아닌 어중간한 시기에 있다고 할 수 있다. 신체적으로는 성인이지만 경제적, 정서적, 심리적으로는 부모에게 여전히 의존하는 존재라고 할 수 있다. 하지만 신체는 성인이기 때문에 신체에 걸맞게 부모로부터 독립하고 사회적으로 책임 있는 행동을 하기를 원한다. 따라서 청년기에는 자신의 위치와 역할을 어떻게 규정해야 할 것인지에 고민이 많은 시기이다.

셋째, 청년기는 앞으로 자신의 미래를 선택하고 결정하는 시기라고 할 수 있다. 청년들은 전공 선택의 문제, 교우문제, 이성문제, 진로문제 등을 자신이 선택해야 하는 상황에 직면하게 된다. 청년기에는 스스로 자신의 문제를 선택하고 결정해야 하기 때문에 여러 가지 가능성을 점검해 보고, 자기 자신에 대해 진지하게 생각하는 탐색의 시간이 필요하다.

넷째, 청년기의 인지능력의 발달 때문이라고 할 수 있다. 청년들은 시간적 조망 또한 현재에 국한 되자 않고 과거와 미래로 확장된다고 할 수 있다. 청년기에 현저하게 발달되는 인지능력은 자신의 위치, 역할, 능력 등을 스스로 검토해 보고 자신을 탐구하는 과정에도 영향을 미친다. 이러한 자기 탐색 과정은 자아정체성 확립을 위한 요인이라고 할 수 있다.

자아정체성 발달을 체계적으로 설명해 주는 대표적인 학자 에릭슨 역시 자신의 정체성 문제에 많은 관심을 가졌다. 에릭슨의 출신배경과 성장과정이 그로 하여금 스스로 정체성 문제에 관심을 갖게 만들었던 것이다. 그는 덴마크계의 아버지와 유태계 어머니 사이에서 태어났으나, 3살 때 부모의 이혼으로 유태계 의붓아버지 밑에서 자랐다. 비유태계의 외모를 가진 에릭슨은 유태계 아이들 사이에서는 '이방인'이었다. 에릭슨은 "나의 친구들은 나를 유태인이라고 했지만, 유태인들은 나를 이방인으로 취급하였다"라고 회고하였다. 이처럼 에릭슨은 정체성에 대한 심각한 위기를 겪었다. 성인이 된 후 프로이트의 장녀 안나 프로이트를 만난 것을 계기로 정신분석가로서의 인생을 시작했다. 1933년 나치를 피해 미국으로 이주한 그는 평생 자신의 정체성을 견지하려는 싸움을 해야만 했고 결국 인생의 여정은 정체성에 대한 관심이었다.

에릭슨은 기본적으로 프로이트의 정신분석이론에 근거하고 있으나, 프로이트와는 달리 인간 발달의 사회적 측면을 강조하고 있기 때문에 그의 이론을 심리사회적 발달이론이라고 한다. 에릭슨은 프로이트가 주장하는 성적 욕구뿐 아니라 타인에게 인정받고 싶은 욕구 또한 인간 발달과 행동에 영향을 준다고 하였다. 에릭슨은 인간의 심리

사회적 발달 단계를 8단계로 나누었다.

1단계는 **신뢰감 대 불신감**으로 특화된다. 이 단계는 인간이 가장 무력한 시기인 0~1세에 해당한다. 이 단계에서 유아는 생존, 안전, 애정을 자신을 돌봐주는 양육자에게 전적으로 의존을 하게 된다. 이때 양육자가 유아에게 충분한 사랑과 일관된 사랑을 주게 되면 유아는 자신의 주위에 있는 세상을 신뢰하게 된다. 그러나 양육자가 유아에게 안정을 제공하지 못하거나 무뚝뚝하고 일관성 없는 태도를 보이면 유아는 세상에 대한 불신의 태도를 발달시킨다. 유아의 이러한 경험은 성인이 되어서도 타인을 신뢰하는데 많은 어려움에 겪게 된다.

2단계는 **자율성 대 수치심**으로 설명할 수 있다. 이 단계는 2~3세로 이때 아이들은 다양한 신체적, 정신적 능력을 빠르게 발달시킨다. 아이들은 대소변 가리기, 걷기, 먹기, 옷 입기 등과 같은 많은 활동을 하면서 자율성을 획득하고자 한다. 아이들은 이러한 자신의 능력에 대해 대단한 자부심을 갖고 되도록 스스로를 위한 많은 것들을 하려고 한다. 이때 이러한 기본적 기능을 습득하지 못하거나 실패에 대한 부모의 실망이 크면 아이들은 수치심을 느끼게 되고 자신의 가치와 능력에 대해 의심을 품게 된다.

3단계는 **주도성 대 죄책감**이 두드러진다. 이 단계는 4~5세로 아이의 운동 및 정신적 능력이 충분히 개발된 상태라고 할 수 있다. 따라서 아이는 보다 많은 일들을 할 수 있고, 스스로 하기를 원한다. 이 단계의 아이들은 호기심도 많고 새로운 것에 도전하는 것일 즐긴다. 자율성이 크게 증가하여 다양한 신체활동과 언어활동에 참여하게 되는데 이것이 주도성이다. 이 주도성은 앞 단계의 자율성에다 일의 착수시행, 도전 등을 가세시키는 것이다. 다양한 신체활동과 언어활동에 참여할 수 있는 기회가 타인에 의해 지나치게 통제를 받으며 좌절을 느끼며 좌절은 곧 죄책감을 가져온다.

4단계는 **근면성 대 열등감**이 강조되는 시기이다. 이 단계는 6~11세로 학교에서의 성공과 성취가 근면성을 발달시킨다. 기초적인 인지적 기술(읽기, 쓰기, 셈하기 등)과 사회성 기술을 발달시키면 근면성이 발달하나, 실수나 실패를 거듭하면 부적절감과 열등감을 갖게 된다.

5단계는 **정체성 대 정체성 혼미**를 겪게 된다. 이 단계는 청소년기에 해당이 되는

데 에릭슨은 인간발달 단계에서 이 5단계가 매우 중요하다고 하였다. 에릭슨은 청소년기의 중심과제를 자아정체성의 확립이라고 주장한다. 자아정체성은 자아동일성에 대한 의식적 자각이며, 자기의 위기, 능력, 역할, 책임에 대한 인식이다. 그러나 자기의 존재에 대한 의문을 해결하는 것이 쉽지 않으므로 고민하고 방황하게 된다. 이런 고민과 방황이 길어지면 정체성의 혼미가 온다. 이 시기는 기본적 신뢰감과 불신감의 시기만큼 중요하다. 에릭슨은 기본적 신뢰감부터 전 단계의 각 발달이 충분한 경우 정체성 발달도 적절할 것이라고 본다. 또 심리적 유예기 동안 자아정체성을 탐색하게 된다고 보았다.

6단계는 **친밀감 대 고립감**으로 특징지을 수 있다. 성인초기의 시기로 직업과 친구, 애인 및 배우자를 선택하는 시기이다. 배우자나 상대방과의 공유적 정체성(Shared identity)을 갖게 된다. 그러므로 타인과의 관계에서 친밀성을 이룩하는 것이 중요 과업이다. 친밀성이 형성되지 못하면 고립감을 갖게 된다.

7단계는 **생산성 대 침체성**(중년기)의 시기이다. 사회에 공헌하고 성인역할을 통해 보람을 느끼며, 직업과 가정에서의 자녀양육에서 생산성을 나타내는 시기이다. 생산성을 제대로 나타내지 못하면 침체하게 된다. 침체시 관대함이 결여되고 자신에게 몰두하는 경향이 나타난다.

8단계는 **자아통합 대 절망감**(노년기)을 주로 경험하는 시기이다. 노년기로서 개인이 자신의 삶을 어떻게 평가하느냐에 따른다. 자신의 인생이 의미 있고 보람되었다고 느끼게 되면 인생에 대한 지혜를 터득하게 되고 보다 높은 차원의 인생철학을 발전시켜 통합을 이루게 된다. 그러나 자신의 인생이 의미가 없다고 느끼면 절망감을 갖게 된다.

5. 리쾨르의 이야기정체성

현대 프랑스 철학자 폴 리쾨르(Paul Ricoeur, 1913~2005)의 사상을 교육철학적으로 적용하면 대학생을 다음과 같은 존재라고 가정할 수 있다. 첫째, 대학생은 수동적 대상이 아닌 실천적 주체이다. 둘째, 대학생은 자기 책임과 사회적 책임을 다하는 윤리적 주체이다. 셋째, 대학생은 책임 있는 민주 시민이다. 이런 존재인 대학생은 다른 사람들, 즉 타인과 더불어 살기를 지향하는 존재이다. 넷째, 대학생은 인문학 텍스트의 독자로서 적극적으로 텍스트가 제공하는 다양한 삶의 지평을 받아들이는 능동적 수용자이다.

이와 같이 말할 수 있는 근거는 무엇인가? 리쾨르는 한 개인이 실천적 주체이자 윤리적 주체가 되기 위해서는 무엇보다 자기이해를 통한 정체성 확립이 필요하다고 주장한다. 그에 따르면 자기이해는 이야기를 담고 있는 텍스트의 매개를 통해 얻어진다. 즉 자기를 이해하는 것은 다른 사람의 이야기(즉 텍스트)를 해석함으로써 얻어지기 때문이다. 이처럼 텍스트는 자기이해의 중심이다. 리쾨르는 "독자가 허구 인물의 정체성을 자기 것으로 만드는 것은 자기 해석 형식들 중의 하나이다."[3]라고 지적했다. 그러므로 그는 "독자에게는, 자기를 이해한다는 것은 곧 텍스트 앞에서 자기를 이해한다는 것이고, 그 텍스트로부터 나와 다른 자기, 즉 독서가 부추기는 나와 다른 자기의 출현 조건들을 받아들이는 것이다."[4]라고 말했다.

텍스트의 매개에 의한 자기이해는 독자로서 나와 '텍스트의 세계'와의 교차를 통해 이루어진다. 독자는 다양한 작품을 읽으며 텍스트가 자극하는 새로운 세계를 자기 것으로 만들게 된다. 독서의 산물이자 텍스트의 선물을 통해 독자는 삶의 해석자로 참여하고, 새로운 세계를 추구하며, 새로운 자기이해에 도달한다.

독자가 자기이해를 통해 자신만의 주체에 도달하기 위해서는, 즉 정체성을 확립하기 위해서는 텍스트의 세계에 빚져야 한다. 독자는 독서행위를 통해서 허구 인물의 정체성을 자기 것으로 만든다. 독서행위를 통해 독자는 자기의 삶의 주체가 되고, 주체는 텍스트를 매개로 자기의 삶을 자기 나름대로 해석한다. 리쾨르는 이를 '자기정체성'이라 부른다. 텍스트 앞에서 이해된 자기는 존재론적으로 새로운 이해에 도달한 자기이다. 이 자기는 윤리적 실천적 주체로서 정의로운 체제 속에서 타인과 더불어 타인을 위

3 Paul Ricoeur, "L'identité narrative", *Esprit*, juillet-août, Paris 1988, p.304

4 Paul Ricoeur, *Réflexion faite. autobiographie intellectuelle*, Paris: Esprit, 1995, pp.59-60

해 좋은 삶을 추구하는 존재이다. 자기는 자기 자신에 대한 존중 없이는 존재의 근거를 찾지 못한다. 그러므로 자기에 대한 존중은 자기정체성이자 '이야기정체성'에서 비롯된다. 이야기정체성이란 "한 주체는 자기 자신에 관해서 자기 자신에게 말하는 이야기에서 자기를 인식한다"는 의미를 갖는다. 삶의 이야기를 이야기한다는 것은 곧 자신이 누구인지를 말하는 것, 즉 '나는 누구인가?'라는 물음에 대답하는 것이다. 그러므로 누구의 정체성 그 자체는 이야기정체성일 수밖에 없다.

한 집단의 대표적인 이야기는 그 집단의 정체성이 된다. 집단의 정체성 형성에 미치는 이야기의 힘은 실로 막강하다. 예를 들면, 미국의 독립선언문이 자유 민주주의를 주창한 것, 그리고 프랑스의 혁명선언문이 자유, 평등, 형제애라는 인간의 기본적 권리를 주창한 것 등이 현대 미국과 프랑스라는 집단의 이야기정체성의 출발점을 이룬다.

이야기정체성은 집단적 영역과 개인적 영역으로 구분할 수 있다. 리쾨르는 이야기가 집단적 정체성에 미치는 영향을 설명하기 위하여 유대인과 성경의 불가분의 관계를 역설한다. 주지하듯이 성경은 유대인들의 역사를 담고 있다. 유대인들은 그들의 역사적 교훈이 담긴 성경을 끊임없이 읽고 또 읽어 왔다. 또한 유대교 회당에서 끊임없이 선포되고 재해석되고 있다. 이 과정을 통해 유대인들은 그들만의 정체성을 갖게 되는데, 리쾨르는 이것을 집단적 영역의 이야기정체성이라고 보았다. 유사한 방식으로 개인적 영역의 이야기정체성도 확립된다. 즉 한 개인이 어려서부터 꾸준히 읽거나 들은 문학 작품 혹은 가족이나 친지의 특정한 이야기를 통해 그 사람의 이야기정체성이 형성된다. 그런데 한 집단이나 개인의 이야기정체성이 온전하게 형성되기 위해서는 그 집단 안에서 승자의 이야기, 즉 지배자의 관점에서 기록한 이야기만 주목해서는 안 된다. 왜냐하면 패자의 이야기도 있기 때문이다. 패자가 꿈꾸었지만 실현하지 못한 이야기와 그가 말하고 싶었지만 말하지 못한 이야기에도 관심을 가져야 한다. 그러므로 승자의 역사 이야기뿐 아니라 재해석되고 상상력이 가미된 허구를 통해 형성된 패자의 이야기도 우리의 이야기정체성의 일부가 된다.

그런데 가능성의 세계를 여는 것이 곧 허구 이야기의 기능이자 문학의 힘이다. 마치 과학자가 실험실에서 자유롭게 다양한 실험을 하는 것처럼, 작가는 허구 이야기를 통해 인간이 미래에 경험할 수 있는 모든 형태의 삶에 대하여 부단히 실험한다. 허구적인 문학에 의해 제공되는 이야기의 세계는 독자에게 활짝 열려있다. 독자는 허구적 이야기가 제공하는 가능성의 세계와 만나면 된다. 이처럼 텍스트의 세계는 독자에게 새로운 형태의 삶의 계획과 새로운 비전, 그리고 새로운 삶의 지평을 열어준다. 이렇게 열린 새로운 삶의 계획과 비전, 그리고 삶의 지평을 자기화한 독자이자 대학생은 능동적 주체로 서게 된다.

마지막으로 리쾨르는 개인의 정체성을 두 종류의 정체성으로 분류하고 있다. 하나는 "동일-정체성" 또는 "동일성"이고, 다른 하나는 "자기-정체성" 또는 "자기성"이다. 리쾨르는 "내가 여러 번 주장한 바 있듯이, 자기성은 동일성이 아니다"라고 지적하면서, 이러한 구분을 하지 않았기 때문에 "개인의 정체성 문제와 관련해서 이야기 차원을 무시하고 있는 해결책들이 실패하고 있다"고 주장한다. 리쾨르에 따르면, 동일성과 자기성을 구분해야 하는 이유는 시간이 지남에 따라 정체성에 변화가 생길 수 있기 때문이다. 이를테면, 장미는 새싹일 때와 성장한 나무일 때의 모습이 다르지만, 장미라는 이름으로 호칭되는 동일-정체성을 지니고 있다. 인간 역시 탄생에서 죽음까지 외모의 변화에도 불구하고 동일한 사람으로 간주되는 동일성을 지니고 있다. 이 경우 동일-정체성이란 같음의 지속이라 규정할 수 있는데, 시간에 따른 변화에도 불구하고 X라는 사람을 X로 인식하게 해주는 무언가가 있기 때문에, 다른 사람이 아니라 같은 사람으로 인정받을 수 있는 것이다. 물론 사람이 달라졌다는 일상적 표현에서처럼, 마치 다른 사람처럼 변신할 수도 있지만, X라는 사람이 X의 정체성에서 벗어난 것은 아니다. 단지, 달라졌을 경우, 그 X는 다른 X, 즉 X'일 뿐이라고 할 수 있다. 물론 X와 X'사이에는 메꿀 수 없는 차이가 있을 수도 있지만, 그럼에도 불구하고 X가 Y로 변신한 것은 결코 아니다. X에게는 여전히 X일 수밖에 없는 자기성이라는 게 있기 때문이다. 따라서 개인의 정체성과 관련된 모든 문제는 불변요소, 즉 결코 변하지 않는 어떤 것에 달려 있다고 할 수 있다. 바로 여기에서 리쾨르는 '시간의 흐름 속에서의 지속'이라는 개념을 도입해서 동일성과 자기성의 구분을 개인의 정체성 문제의 해결책으로 제시하고 있다. 리쾨르에 따르면, 시간의 흐름 속에서의 지속에는 두 가지 모델이 있는데, 성격과 약속이행이다. 우선 성격은 "한 개인을 동일인으로 재확인하게 해주는 뚜렷한 징표들의 집합", 또는 "어떤 사람을 식별케 해주는 지속적인 기질들의 집합"으로 '그 사람'만이 지닌 변별적 특질을 가리킨다. 이런 점에서, 성격은 '누구'의 '무엇'에 해당한다. 따라서 성격의 정체성과 관련된 문제에서는 '나는 누구인가?'라는 물음에서 '나는 무엇인가?'라는 물음으로 이동하게 된다. 이와는 달리, 약속이행에서는 '약속한 말'이 아니라, 그 말에 대한 책임을 완수하는 '주체'의 윤리적 행위가 시간의 흐름 속에서의 지속의 핵심이다. 즉, 약속이행은 내 생각과 내 욕망이 달라진다 하더라도, 또한 어떤 상황의 변화에도 불구하고, 끝까지 나는 고수할 것이라는 의지의 표현이다. 정리하면, 한 개인의 성격이 시간 속에서 지속되는 동일성의 불변적 특질들을 가리키는 반면에, 약속이행은 타자의 나에 대한 신뢰에 보답하고자 윤리적 책임을 자기성의 최고의 가치로 삼는 윤리적 주체의 강력한 실천의지이다.

활동 1 나의 정체성은?

나

김광규

살펴보면 나는
나의 아버지의 아들이고
나의 아들의 아버지고
나의 형의 동생이고
나의 동생의 형이고
나의 아내의 남편이고
나의 누이의 오빠고
나의 아저씨의 조카고
나의 조카의 아저씨고
나의 선생의 제자고
나의 제자의 선생이고
나의 나라의 납세자고
나의 마을의 예비군이고
나의 친구의 친구고
나의 적의 적이고
나의 의사의 환자고
나의 단골 술집의 손님이고
나의 개의 주인이고
나의 집의 가장이다.
그렇다면 나는
아들이고 아버지고
동생이고 형이고 남편이고

오빠고 조카고 아저씨고
제자고 선생이고 납세자고
예비군이고 친구고 적이고
환자고 손님이고 주인이고 가장이지
오직 하나뿐인 나는 아니다.
과연 아무도 모르고 있는 나는 무엇인가
그리고 지금 여기 있는 나는 누구인가.

김광규 시인은 시 「나」에서 나는 다른 사람과 관계를 맺음으로써, 그리고 사회적으로 어떤 역할을 하면서 나의 정체성이 드러난다고 말한다.

1. 여러분이 맺고 있는 다른 사람과의 관계를 고려하여 여러분의 정체성을 규정해 보자.

   나는____이다.

2. "오직 하나뿐인 나, 아무도 모르고 있는 나, 지금 여기 있는 나는 누구인가?"라는 물음에 답함으로써 여러분만의 정체성을 밝혀보자.

   나는____이다.

활동 2 숫자로 본 신체

춤추는 저 남자의 근육 숫자는 650개, 관절은 100개 이상이며, 뼈의 숫자는 206개이지만 그중 절반이 손발에 집중되어 있다. 인간 몸을 이루는 뼈의 강도는, 넓적다리의 경우 작은 성냥갑만한 네모 뼈가 10톤의 중량을 견디어 낸다. 그리고 7년마다 몸 전체의 모든 뼈가 새 조직으로 바뀐다.

춤을 구경하는 인간의 눈의 망막은 겨우 1평방인치에 불과한데 거기에는 130만 개의 감광 세포가 있고 125만 개의 간상 세포가 흑백을 감지하고 7만 개의 원추 세포가 원색을 감촉한다(실제로는 150가지 색을 구분한다). 또 눈은 뇌의 뒷부분과 100만 개 이상의 신경 조직으로 연결되어 있다. 한 번 눈을 깜박거리는 데 40분의 1초가 걸리고 1분에 평균 15번, 한 시간에 900번, 일평생 사람은 3억 번이나 눈을 깜박인다.

- 풀 임, 『책 속의 책』, 우리문학사, 1997

위의 글은 인간의 정체성을 숫자로 표현하고 있다. 이처럼 여러분의 정체성을 숫자나 과학적으로 표현해 볼 수 있는가?

활동 3 수학이나 과학으로 설명

다음은 몇몇 철학자들의 명언이다. 이를 숫자나 과학으로 설명할 수 있을까?

- 반성하지 않는 삶은 살 가치가 없다. (소크라테스)
- 모든 것은 죽음과 함께 사라지기 마련 아닌가. (플라톤)
- 불행은 누가 진정한 친구가 아닌지를 보여준다. (아리스토텔레스)
- 타인을 돕는 손, 가난한 자에게 달려가는 발, 불행을 바라보는 눈, 한숨과 슬픔을 듣는 귀를 가진 것이 사랑의 모습이다. (아우구스티누스)
- 좋은 책을 읽는 것은 과거 몇 세기의 가장 훌륭한 사람들과 이야기를 나누는 것과 같다. (데카르트)
- 머리 위에는 별이 반짝이는 하늘, 내 마음에는 도덕률. (칸트)
- 결코 답할 수 없었던 위대한 질문, 30년간 연구했음에도 내가 대답할 수 없는 그 질문은 '여자는 무엇을 원하는가?'이다. (프로이트)
- 생은 B(Birth)와 D(Death) 사이의 C(Choice)이다. (사르트르)

위의 명언들을 참조하여 여러분의 정체성을 단적으로 드러낼 수 있는 명제 하나를 만들어보자.

4장

타자에 대한 관심

학습목표

1. '다른 사람(타자)은 누구인가?'에 대한 물음을 다양한 관점에서 제기한다.
2. 어떻게 타자와 공감하고 공존할 것인가를 숙고한다.
3. 이웃과 동료의 문제를 통해 타자에 대한 관심을 확장한다.

1. 문제제기

"열 길 물속은 알아도, 한 길 사람 속은 모른다." 이 속담은 다른 사람의 속마음을 알기란 매우 힘듦을 비유적으로 이르는 말이다. 그래서 우리는 누군가 자신을 잘 드러내지 않는 사람을 향해 '그 사람의 속을 도통 모르겠어!'라고 하소연 하게 된다. 이처럼 다른 사람의 속마음을 이해한다는 것은 참으로 어려운 일이다. 마음을 읽는 기술로 상대방의 마음을 읽을 줄 안다면 이런 문제에서 해방되겠지만 말이다.

미국 공상과학(SF) 드라마 스타트렉(Star Trek) 시리즈는 미지의 별과 생명체를 찾아 모험을 거듭하는 엔터프라이즈호 승무원들의 이야기를 다뤘다. 어느 날 그들은 아주 특수한 능력을 가진 적들에게 공격을 당했다. 적들은 같은 메인 컴퓨터에 동시에 접속한 것처럼 함께 동일한 생각을 하는 능력을 가졌다. 노력 끝에 그들을 물리칠 방법을 찾아내어 실행하는 즉시 외계 생명체들은 매번 훌륭한 대응책을 마련하여 반격해왔다. 외계인들은 여왕을 중심으로 모두가 집단사유를 하고 있었기 때문이다. 즉 누군가 공격받아 희생당하면 곧바로 그것을 되받아칠 방안을 찾아냈던 것이다. 이 외계인들처럼 우리 인류가 집단사유 능력을 가졌다면, 앞서 거론한 속담은 존재하지 않았을 것이고 안타까운 하소연도 사라졌을 것이다. 하지만 현실은 다르다. 우리는 다른 사람을 잘 모른다. 그래서 더욱 더 다른 사람에 대해 알고 싶어진다.

다른 사람, 즉 타자(other)를 안다는 것은 쉬운 일이 아니다. 그럼에도 불구하고 사람들이 지속적으로 타자가 누구인지 궁금증을 갖는 이유는, 이 세상에서 나(주체)는 다른 사람들(타인, others) 없이 살아갈 수 없으며, 나는 너와 더불어 살아가야만 하는 존재이기 때문이다. 이처럼 본 장에서는 타자를 이해하기 위한 다양한 시도와 타자와 공감하고 공존하기 위해 필요한 여러 조건들에 대해 살펴볼 것이다.

2. 다른 사람(타자)은 누구인가?

1) 라캉의 대타자(Autre, Other)

프랑스의 논술형식 대입자격시험, 즉 바칼로레아의 철학 논술문제 가운데 다음과 같이 흥미로운 문제가 있었다. '언어는 생각을 제한하는가?' 이 물음은 새로운 언어(신어, Newspeak)를 만들어 그 언어만을 사용하게 함으로써 구성원들을 사상적으로 통제하는 조지 오웰의 소설 『1984』의 유명한 표현인 "언어가 사고를 지배한다"를 연상시킨다. 신어의 한 예를 들어 보자. '자유로운(free)'이란 단어는 신어에 여전히 존재하지만 그 말은 다만 '이 개는 이가 없다(This dog is free lice)'라든가 '이 들판에는 잡초가 없다(This field is free from weeds)'란 말에서 사용되는 뜻만 가졌을 뿐이다. '정치적으로 자유로운(politically free)'이라든지 '정신적으로 자유로운(intellectually free)'이란 말에서 보는 옛날의 뜻으로는 사용될 수 없었다. 왜냐하면 정치적·정신적 자유란 개념조차 존재하지 않으므로 그런 말을 없앨 필요가 있었기 때문이다.

오웰의 고발적 소설에서 볼 수 있듯이 언어와 우리의 생각과는 밀접한 관계를 갖는다. 여러분도 오웰의 생각에 동의하는가? 우리는 프랑스 정신분석학자 자크 라캉(Jacques Lacan, 1901~1981)에게서 독특한 답변을 들을 수 있다. 그는 인간을 '말하는 존재자'라고 규정했다. 이 말은 인간은 언어로 세상을 구성하며, 언어를 통해 세계를 자기화, 즉 자기의 것으로 만든다는 것을 의미한다. 그런데 인간의 언어 사용 능력에 주목해 그리스 철학자 아리스토텔레스가 이미 "인간은 언어(logos)를 가진 유일한 동물이다"라고 정의했음을 상기한다면 라캉의 주장은 결코 새삼스럽지 않아 보인다. 그렇지만 조금만 유심히 그의 주장을 들여다보면 무언가 새로운 점이 있다.

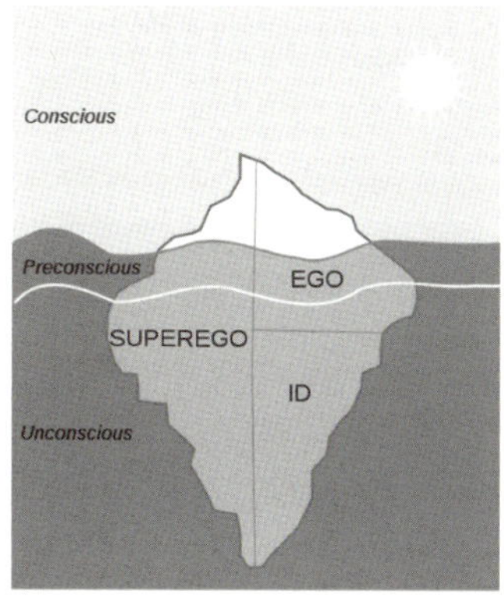

[그림 4-1] 프로이트의 자아에 관한 위상학

프로이트의 위상학(우리의 속마음은 보이지 않지만 이를 좀 더 잘 이해하기 위해서 의식, 전의식, 무의식과 이드, 자아, 초자아를 공간적으로 위치시켰다)과 비교할만한 라캉의 위상학이 바로 그것이다. '프로이트로 돌아가자!'라는 슬로건을 외친 라캉은 프로이트에게 언어학적으로 재구성된 무의식 개념을 돌려주었다. 그는 무의식이란 언어처럼 구조화되어 있으며, 언어야말로 무의식의 조건이라는 이해하기 어려운 주장을 펼쳤다. 다행스럽게, 오늘날 가장 권위 있는 라캉 해석자 슬라보예 지젝(Slavoj Zizek, 1949~)은 이를 쉽게 해설하였다(지젝 2005: 24). 그의 설명을 들어보자.

트로이 전쟁에서 그리스는 트로이에게 목마를 선물했다. 트로이 사람들이 그것을 받음으로써 그리스 군대는 트로이에 침입했고 결국 점령할 수 있게 되었다. 언어는 트로이의 목마 같은 위험한 선물이다. 언어는 우리에게 공짜로 주어진다. 하지만 일단 언어를 받아들이면 언어는 우리를 식민화한다. 이런 근거로 라캉은 "인간은 언어에 의해 포박된 존재이다"라거나 "인간은 언어로 고문당하는 주체에 불과하다"라고 역설한 것이다. 한 걸음 더 나가서, "언어는 무의식과 같은 구조를 가지고 있다"는 것은 "무의식이란 언어를 통해 만들어지고 언어의 구조에 의해 움직인다는 것"을 의미한다. 다음 도식(라캉 1973: 192)은 라캉의 위상학으로서 어떻게 주체가 소외를 경험하면서까지 언어에 의존하게 되는지 설명하고 있다.

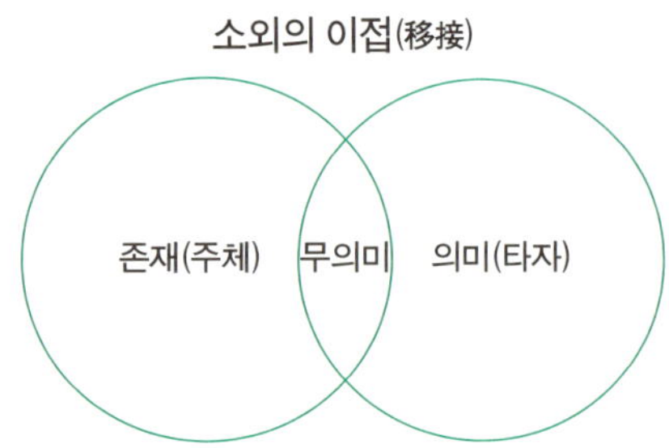

[그림 4-2] 존재의 주체와 사유의주체

라캉은 '강도와 돈'의 예시를 통해 소외의 이접을 설명했다. 마치 강도가 칼을 겨누면서 '네가 가진 모든 돈을 선택할 것이냐, 아니면 네 목숨을 선택할 것이냐?'라고 물을 때, 사실 형식적으로는 두 가지 선택지가 있지만 우리는 무조건 후자를 선택할 수밖에 없다. 돈을 선택했다가는 둘 다 잃어버리기 때문이다. 하지만 목숨을 지키는 것을 선택해도 돈을 모두 잃게 된 우리의 삶을 제대로 된 삶이라고 할 수 없다. 여기서 돈은 생계에 필요한 절대적인 대상을 상징하기 때문이다. 주체는 목숨을 선택하지만 언제나 가장 소중한 것을 포기하는 대가로 죽은 목숨처럼 삶을 영위해야 한다.

위의 도식에서 볼 수 있듯이, 존재주체로 태어난 우리는 선천적(또는 선험적, a priori)으로 언어 능력을 갖지 못한다. 언어 능력을 습득하는 것은 전적으로 후천적인 문제이다. 예를 들어, 아이가 '엄마'라고 말하기 위해서는 적어도 3만 번 이상 '엄마'라는 말을 듣고 배워야 한다.

이처럼 우리는 언어를 배움으로써 '존재의 세계'에서 '의미의 세계'로 넘어가게 된다. 라캉은 존재의 세계를 '상상계'라고, 의미의 세계를 '상징계'라고 부른다. 우리는 상상계에서 자아를 발견하고, 상징계에서 주체를 발견한다. 그런데 의미의 세계(상징계)는 우리가 원래 있었던 곳이 아니고, 언어라는 질서와 규칙이 있는 세계가 우리에게 의미를 제공해준다. 즉 상징계는 우리가 이 세계에 살아갈 의미를 제공해준다. 하지만 우리가 이 세계에 있으려면 언어의 속박을 받는 언어의 노예가 되어야 한다. 만일 우리가 상징계에 살지 않고 상상계에 머물기 원한다면, 우리는 우리의 생각을 언어로 표현할 수 없는 미치광이가 된다. 반면 상상계(존재의 세계)에서 벗어난 우리는 소외감을 느끼게 된다.

심화 설명:

위의 그림에서 보듯이 인간은 존재의 주체로 태어나지만 언어를 학습하고 언어를 통해 의미의 세계에 살면서 사유의 주체가 된다. 하지만 사유의 주체는 언어에 종속된 존재이다. 이런 종속의 대가로 우리 각자는 서로 의사소통할 수 있는 능력을 획득한다. 그러나 이 과정에서 사유의 주체는 자신의 본래적 존재를 상실한다. 왜냐하면 아직 언어를 지니지 않은 존재의 주체는 사유의 존재, 즉 언어 의존적 존재가 되기 위해 자신의 본향을 버렸기 때문이다. 그러므로 주체의 존재는 사라지는 존재, 흔적, 유령이 된다. 달리 말해 주체는 소외 상태에 빠진다. 물론 누군가 언어와 사유의 세계를 거부하고 존재 주체로 머물고자 할 수도 있다. 하지만 그에게는 언어가 없으므로 다른 누구와도 소통할 수 없고, 그 결과 미치광이 취급을 받게 된다.

'제2장-나에 대한 관심'에서 살펴보았듯이 생각하는 주체(나)로서의 코기토, 그것은 일관되게 생각한다는 것이다. 그리고 생각한다는 것은 언어의 질서에 편입된다는 것이다. 이런 맥락에서 라캉은 코기토를 새롭게 정의한다. "나는 생각하지 않거나, 나는 존재하지 않는다."

"나는 존재하지 않는 곳에서 생각하고, 따라서 생각하지 않는 곳에서 존재한다. (…) 내가 내 생각의 장난감인 곳, 그곳에서 나는 존재하지 않는다. 내가 생각한다고 생각하지 않는 곳, 그곳에서 나는 내가 존재한다는 것을 생각하고 무엇인지를 생각한다." 그러므로 라캉의 새로운 공식은 다음과 같다. "나는 생각한다. : '따라서 나는 존재한다.'" 그가 이 공식을 강조하는 까닭은 '나는 생각한다'가 '나는 존재 한다'로 이행할 수 없기 때문이고, 둘 사이에 불연속 혹은 심연이 자리하기 때문이다.

라캉은 타자를 소타자와 대타자로 나눈다. 소타자는 상상계에서 등장하는 거울에 비친 이미지로서의 타자를 말하며 이는 상상계에 속한 타자이다. 다시 말해, 소타자는 단순히 실재하는 타자가 아니라 자아(언어를 배우지 않은 6개월에서 18개월 사이의 유아)에게 반사된 거울의 이미지이다. 자신의 몸을 완벽하게 제어할 수 없는 유아는 자신의 신체가 파편화되어 있다는 원초적 환상을 갖는다. 그러나 어느 순간 거울에 비친 자기 이미지를 통해 하나의 완전한 전체성을 발견한다. 나르시서스 신화의 나르키소스와 같이 거울에 비친 자신의 이미지는 한편으로 나이지만 다른 한편으로 이상적 자아로서 타자이기도 하다. 아이는 거울 속의 이미지를 자기라 생각하여 자신과 동일시하게 된다. 이때 아이는 '자아를 발견'하게 된다.

반면 대타자는 자아의 동일시로 통합될 수 없다. 대타자는 크게 두 가지 의미를 가지는데 첫째는 상징계 그 자체(언어나 법과 규칙)이며, 둘째는 아버지와 같은 상징계의 구현자이다. 이때 우리는 주체를 발견하게 된다. 지젝은 대타자를 "내 뒤에서 항상 나를 지켜보고 있는 '신'이나, 내게 명령하며 내 인생을 바치도록 만드는 실제의 개인이나 대의(자유, 공산주의, 민족) 같은 것이다"라고 설명한다(지젝 2005: 20). 그러나 주체는 이 대타자에게서 일종의 결핍과 불완전성을 발견한다. 이를테면, 주체가 신뢰하던 아버지나 신, 혹은 대의에서 완전무결하지 않은 부분을 경험하게 되기 때문이다. 물론 처음에는 이런 결핍과 불완전성을 회피하지만, 결국에는 대타자가 입은 외상의 자리에 주체 스스로 생산한 '어떤 대상(objet a)'을 대체하려 한다.

이를 이해하기 위해서는 라캉의 욕망(desire) 개념을 살펴보아야 한다. 그는 먼저 욕구(needs)와 요구(demand)를 구분하여 설명한다. 먼저 욕구는 유기체의 필요에 따른 생물학적(생리적) 본능을 의미한다. 예를 들어, 배고픈 아이가 엄마의 젖을 필요로 하는 것이 욕구 때문이다. 그리고 생물학적(생리적) 욕구를 해소하기 위해 타자에게 언어적으로 표현하는 것을 요구라고 한다. 예를 들어, 울음이라는 언어적 수단을 통해 엄마에게 자신의 욕구를 표현하는 아이를 생각하면 된다. 그런데 아이는 생물학적 본능 이외에 타자(여기서는 엄마)에게 사랑(혹은 관심)을 끊임없이 요구하게 된다. 그런데 이 요구는 결국 무제한적 사랑의 요구인 것이다. 이 요구는 이루어질 수 있을까? 결코 그럴 수 없다. 그러므로 욕망은 요구에서 욕구를 뺀 모든 것을 뜻한다. 즉 욕망은 채울 수 없는 근본적 결핍인 것이다.

그렇다면 라캉이 "나의 욕망은 타자(타인)의 욕망이다"라고 주장한 것은 무슨 의미인가? 일찍이 헤겔은 타자로부터 인정을 얻으려 하는 인간의 욕망을 강조한 바 있다. 헤겔의 인정받으려는 욕망은 라캉의 말로 하자면 인정에 대한 요구인 것이다. 그러나 인정을 요구받는 타자 역시 인정을 가지고 있지 않은 결핍된 타자이다. 여기서 타자의 욕망을 욕망하는 나의 욕망이 생겨나는 것이다. 예를 들어, 의사가 되고 싶었지만 그 꿈을 이루지 못한 부모가 자녀에게 의사가 될 것을 권유 혹은 강요함으로써, 언젠가부터 자녀의 욕망은 자연스럽게 의사가 되는 것이 된다. 부모에게 인정받고 싶은 자녀가 부모의 욕망을 자신의 욕망으로 삼는 것이다. 결론적으로 이는 '자녀의 사랑에 대한 요구'라 해석할 수 있다.

2) 사르트르의 '타자의 시선'

앞서 살펴본 것처럼, 다른 사람에 의해서 내가 인정받거나 내가 다른 사람을 인정하는 것은 타자 의존적인 인간에게는 필연적이다. 이런 방식으로 타자는 주체에게 자아를 제대로 발견하게 하고 올바르게 자기를 정립하게 돕지만, 동시에 갈등을 촉발하기도 한다. 인간 사이의 갈등은 내가 타자를 어떻게 인식하느냐 혹은 타자가 나를 어떻게 받아들이느냐에 따라 크게 좌우된다.

사르트르는 나와 너 사이의 갈등을 타자가 내게 보내는 시선이라는 독특한 관점에서 포착하여, 그 시선 속에서 탄생하는 주체를 발견하였다. 타자는 나를 바라보는 존재가 된다. 타자의 시선은 이중적인 의미로 이해할 수 있는데, 첫째 그것은 나를 수동적 주체로 만들며, 둘째 나의 자유를 회복시킴으로써 결국 나를 해방시켜준다.

그렇다면 타자의 시선이 어떻게 주체를 출현시키는가? 이에 대해 사르트르는 "나의 내면의 발견은 곧 나와 마주 놓인 그 어떤 자유로서의 타인 또한 발견하도록 해줍니다"라고 설명했다(사르트르 2008: 66). 나는 타자의 시선, 즉 타자의 의식과 마주침을 통해 나 자신의 의식을 만나게 되는데, 이때의 나의 의식(즉 주체)은 수동적으로 출현한 것이다. 이 수동적 주체는 자발적인 반성적 의식 속에서 발견한 주체(데카르트의 코기토, 곧 '생각하는 나'와 비교된다)와 다를 수밖에 없다. 타자의 시선 속에 사로 잡혀 출현한 주체는 자기의 고유한 자유를 제한받기 때문이다. 게다가 나를 바라보는 타자의 의식에 대해서 나는 어떤 권리도 가지고 있지 않다. 그것은 전적으로 그만의 가능성 영역이요, 그만의 자유 영역이다.

이처럼 타자의 시선은 나라는 존재를 대상으로 만드는 동시에 주체로서의 나의 자유를 침해한다. 그렇기 때문에 타자의 눈초리와 대결하는 것은 갈등이요, 고통일 수밖에 없다. 하지만 나는 타자의 시선에 의해 드러나는 존재이기도 하다. 타자의 눈초리는 위협일 수 있지만, 타자는 나에게 나를 의식시키는 필수불가결한 중재자이기도 하다. 나를 바라보는 자의 눈초리를 의식하는 가운데 나는 나 자신을 알게 된다. 사르트르는 이때의 나의 모습을 '나의-바라보여진-존재'라고 했다. 한 마디로 타자는 그의 시선을 통해 나를 바라보는 존재이고, 그의 시선은 타자가 직접적이고 구체적으로 존재하고 있음을 내 눈앞에 보여준다.

"타인은 나의 실존에 필수적이며, 내가 나에 대해 갖게 되는 앎에도 마찬가지로 필수적입니다. 바로 이러한 조건 속에서, 나의 내면의 발견은 곧 나와 마주 놓인 그 어떤 자유로서의 타인 또한 발견하도록 해줍니다. 즉 나를 생각하는 타인, 나를 위하는 경우이거나 또는 나와 맞서는 경우에만 원하는 그런 타인 또한 발견하도록 해주는 것입니다. 이렇게 해서 우리는 상호주체성으로 부르고자 하는 세계를 곧바로 발견하게 됩니다. 인간이 자기가 무엇인지, 타인들이 무엇인지를 결정하는 것은 바로 이 세계 속에서입니다(사르트르 66)."

3. 나와 타자의 공감과 공존

아리스토텔레스는 "행복한 사람은 친구를 필요로 한다"고 했다. 나는 이 세계에서 혼자 살 수 없다. 내가 행복하게 살기 위해서는 우애를 나눌 누군가가 필요하다. 여기서 한 걸음 더 나아가면 나와 같은 인간이면서 나와는 다르게 살아가는 타자, 즉 남은, 나에게 부족한 그 무엇이고, 그 부족함을 채워주는 존재이다. 그래서 타자는 나에게 결코 없어서는 안 될 필수불가결한 존재이다. 왜냐하면 타자는 '또 다른 나'이기 때문이다.

"(이제) 타자에 대해 살펴볼 필요가 있다. 그 이유는 내게 결핍되어 있는 것이 바로 타자이기 때문이다. 타자는 또 다른 나로서 내게 부족한 부분이다. 타자는 식량처럼 나를 채워 주는 존재이다. 결국 인간이란 혼자 사는 것이 아니라 공존하는 것이다."[5]

1) 부버의 나-너/ 자크의 나-너-그

유대인 출신 종교 철학자 마틴 부버(Martin Buber, 1878~1965)는 나와 타자 사이의 공감과 공존의 관계를 그의 대표작 『나와 너(*Ich und Du*)』(1923)에서 '나-너'와 '나-그것'의 개념으로 설파했다.

부버의 이론은 신학적이면서 신비적인 측면에 강조점[6]을 두고 있는 나와 너 사이의 대화의 철학으로 대변된다. 절대자와의 대화는 신의 부름에 응하는 창조물로서 당연한 답변이라 할 수 있는데, 사람은 본질적으로 대화적 인간이기에 다른 인간들과 함께 의사소통하지 않고서는 살아갈 수 없는 존재이다. 우리는 종교적 인간이므로 인류에 대한 사랑은 신의 사랑에서 배워야 한다는 것이 그의 주장의 핵심이다.[7] 한 마디로, 모든 만남과 진정한 대화 가운데 절대자의 참여가 있어야 한다는 것이다.

"태초에 관계가 있었다."[8] 부버의 이 선언은 지극히 종교적이고 신비주의적이다. 그의 종교관에 따르면 인간은 신에 의해 창조되었고, 신에게 책임감을 갖는다. 그런데 피조물인 인간의 책임감은 같은 피조물인 타인과 세상에까지 확장된다. 인간은 원초적으로 타인과 세상에 연관되어 있어서 그들과 진정한 공동체를 만들고 살아가게 운명지어졌다. 부버는 인간 사이의 원초적 관계를 설명하기 위해서 근본적 단어들인 '나-너'

---

5 Paul Ricoeur, *Philosophie de la volonté I*, Seuil, 1950, p.122.

6 부버는 하시디즘(Hassidisme)에 깊이 관여했다. 하시디즘은 18세기 폴란드에서 일어난 유대교의 한 파로서 신비적 경향이 강했다.

7 Cf. Kalman Yaron, "Martin Buber", in Perspectives: *Revue trimestrielle d'éducation comparée* (Paris: Unesco, Bureau internationl d'éducation), vol. XXIII, n°1-2, 1993, p.135.

8 Martin Buber, *Je et Tu*, Aubier, 1969, p.38.

를 '나-그것'과 구분해서 소개했다. '하이픈'(-)으로 연결된 '나-너' 커플은 불가분의 관계를 이루고 있음을 의미한다. 나는 홀로 존재할 수 없고, 너를 통해 완전한 나의 모습을 성취하게 된다. "네가 없다면 내 가치는 즉각적으로 상실되며, 네 참여 없는 나의 실재는 있을 수 없다."[9] 그러므로 나와 너는 상관적이며 상호적이어야 한다. 그러나 너를 나의 인식과 경험의 대상이나 나의 유익을 위한 수단과 도구로 간주하는 순간 나-너의 관계는 나-그것의 관계, 즉 나와 대상(사물)과의 관계로 변질된다. 물론 나는 그것 없이는 살아갈 수 없지만, 그것만으로 살아간다면 참된 인간이 아니다. 인간은 너(타자)와 대면함에 의해서만 참된 나가 된다.

평온해 보이는 부버의 나-너 커플에게도 위험이 찾아온다. 그 위험은 나와 너 사이의 이원성 때문에 발생한다. 나-너 커플은 상호간의 중대한 연결고리에도 불구하고 둘 사이의 완전한 융합을 바랄 수 없는 각자의 원초적 성격과 비환원성을 내포한다. 이처럼 표면적으로 나-너 커플의 대칭성을 강조하고 있지만, 본질적으로는 비대칭적 관점을 갖고 있다는 것에 주목한 사람이 바로 프랑시스 자크(Francis Jacques, 1934~)이다.

나와 극단적으로 다른 너의 위치, 나와 전혀 같을 수 없는 너는, 나에게 생소한 존재이며 나에게 모종의 수동성을 요구한다. 나는 너에게 완전히 노출되어야 하지만 너는 나와의 관계에 있어서 상대적 우위를 갖는다. 이런 관계에서는 나와 너의 근접성에도 불구하고 나와 너 사이에는 특정한 거리가 유지된다. 나와 너의 이런 모순적 모습은 쉽게 극복할 수 없지 않는가? 이 물음에서 자크의 타자에 대한 관심이 시작되었다.

자크는 나와 너 사이에 놓인 이런 원초적 갈등을 극복하기 위해서는 나의 위치가 언제든지 너의 위치로 환원 가능해야 한다고 파악했다. 이것이 바로 나 최우선주의와 자기도취증에서 벗어날 수 있는 길이면서, 너(타자)의 절대적 특권 또는 너의 완전한 차별성에서도 벗어날 수 있는 길이다. 한 마디로, 그의 해법은 주체들 사이의 의사소통이다. 의사소통을 통해 나와 너는 대화 공동체에 참여하게 되며, 나와 너는 서로 의미 있는 존재가 될 수 있다는 것이다.

"내가 네게 표현할 수 있는 모든 것을, 동일하게 나에게 표현할 수 있는 누군가(여

9 *Ibid.*, p.98.

기서는 너의 존재)를 대면(對面)할 때, 나는 너를 지각한다."[10] "제2인칭은 더 이상 낯선 의식이거나 나와 근접한 주체가 아니며, 의사소통 행위에서 나와 더불어 존재하는 대화 상대자이다."[11]

자크의 위의 인용문들을 요약하면, 나와 너의 상호주관적 관계는 화자와 청자로 구성된 대화 관계로 이해되어야 한다는 것이다. 즉 대화한다는 것은, 나와 너, 즉 우리는 언어를 공통으로 사용하고 있음을 의미한다.

더 나아가, 자크는 "인간은 직접적 대화상대인 '너'가 아닌 '그'라고 불리게 되는 시련을 거친 다음 비로소 한 사람, 한 인격, 그리고 하나의 '내'가 될 수 있다"라고 역설했다.[12] 부버가 '그것'을 말한다면, 자크는 '그'에 초점을 맞춘 것이다. 그리고 부버의 대화철학이 삼인칭 대명사 그의 가치를 간과했음을 언급했다. 자크가 말하는 그는 비인격적인 익명의 누군가가 아니다. 그는 언술행위에서 항상 대화에 참여할 수 있고, 언제든지 재현실화될 수 있는 존재이다. 이 점에서 자크는 부버의 나-너 커플에 그것 대신 그라는 존재를 추가할 것을 역설했다.

또한 자크는 타인에 대한 사변적 탐구 전통을 거부하며 타인을 인격으로서 만날 가능성을 열어놓았다. 그의 독창성은 발화 공동체로 대변되는 화자와 청자의 대화 구조를 탐구하는 것이었다. 즉 우리는 언술행위 가운데 타인의 존재를 발견할 수 있다. 대화와 토론 가운데 언제든지 자신의 생각을 표현할 수 있는 나아닌 다른 누군가가 존재하지 않는가? 이런 다른 누군가는 나처럼 자기 차례가 되면 자연스럽게 자기 생각을 말할 수 있는 존재이다. 이런 명백한 사실은 내가 그를 위해 존재한다는 것과, 또한 그가 나를 위해 존재한다는 것을 인정하게 만든다. 그는 이와 같은 타인의 타자성을 '직면(直面)'하기 위해서 타인과 직접 의사소통하면 된다는 지극히 단순한 사실을 상기시켰다. 대화 관계에서 타인은 결코 그의 존재를 포기하지 않기 때문이다. 따라서 타인의 존재는 더 이상 물체와 대상으로 축소될 수 없으며, 생각에 의해 유비되지도 않는 존재이며, 개념화할 수도 없는 존재이다. 오히려 타인의 존재 덕분에 고독한 나의 존재는

---

10 Francis Jacques, *Dialogiques. Recherches logiques sur le dialogue*, P.U.F., 1979, p.27.

11 *Ibid.*, p.47.

12 Francis Jacques, *Différence et Subjectivité*, Editions Aubier Montaigne, 1982, p.54.

진정한 공동체를 이룰 수 있는 '우리'가 될 수 있다.

2) 타자에 대한 마음 씀

리쾨르는 「동료와 이웃」(1954)이라는 소논문을 발표했다. 그는 이 글을 통해 동료와 이웃의 관계에 대해 주목했다. 먼저 동료는 개인적인 친분보다는 사회적이고 제도적인 관계에서 발생하므로 '어떤 역할을 수행하느냐'가 문제가 된다. 반면 이웃은 타자의 고통을 공유할 뿐만 아니라 그의 고통까지도 함께 나눌 수 있어야 한다는 것이다. 이웃에게 이런 행동을 할 수 있는 힘은 동정과 공감에서 비롯된다. 즉 이웃은 상호 인격적 관계이다.

리쾨르는 동료와 이웃 개념을 설명하기 위해 성경에 나오는 '선한 사마리아인의 비유'를 재해석했다. 성경의 내용처럼 이 비유를 놓고 사람들은 "누가 진정한 이웃인가?"라는 물음을 던진다.

⦿ 누가복음(개역개정판) 10장 30~37절

예수께서 대답하여 이르시되 어떤 사람이 예루살렘에서 여리고로 내려가다가 강도를 만나매 강도들이 그 옷을 벗기고 때려 거의 죽은 것을 버리고 갔더라. 마침 한 제사장이 그 길로 내려가다가 그를 보고 피하여 지나가고, 또 이와 같이 한 레위인도 그 곳에 이르러 그를 보고 피하여 지나가되. 어떤 사마리아 사람은 여행하는 중 거기 이르러 그를 보고 불쌍히 여겨, 가까이 가서 기름과 포도주를 그 상처에 붓고 싸매고 자기 짐승에 태워 주막으로 데리고 가서 돌보아 주니라. 그 이튿날 그가 주막 주인에게 데나리온 둘을 내어 주며 이르되 이 사람을 돌보아 주라 비용이 더 들면 내가 돌아올 때에 갚으리라 하였으니. 네 생각에는 이 세 사람 중에 누가 강도 만난 자의 이웃이 되겠느냐. 이르되 자비를 베푼 자니이다 예수께서 이르시되 가서 너도 이와 같이 하라 하시니라.

리쾨르 역시 이와 같은 일차적인 물음에 주목했다. 특정한 사람들(제사장과 레위인)의 '제도적 지위'보다, 평소 사회적으로 천대받던 한 사마리아인의 동정과 공감이 강도를 당한 피해자에게 도움이 되었다는 이 이야기는 우리에게 나름대로 해석할 여지를 남긴다.

먼저 인간의 진정한 관계는 사회적, 제도적 지위보다 사람과 사람의 대면에서 시작된다는 것이다. 다시 말해, 서로를 마주보는 만남이 없이는 서로에 대한 공감이나 동정이 없다는 것이다. 반면 사회적·제도적 지위는 이와 같은 만남을 방해했다. 이 점에서 호의적 자발성으로 표현될 수 있는 타자에 대한 공감은 사회적·제도적 지위를 초월하는 윤리적 요소라 할 수 있다.

여기에서 주목해야 할 또 다른 요소는 사마리아인과 피해자의 근본적 비대칭적 상황이다. 하지만 이 비대칭적 상황을 평등의 관계로 환원시키는 힘은 공감이다. 여기에 주고받음의 미학이 있다. 먼저 주고받음의 관계는 언제든지 반전될 수 있으므로 피해자의 입장에서는, "언제가 나도 그를 도울 수 있어!"라는 마음으로 다른 사람의 도움을 기꺼이 받아들일 수 있어야 한다. 그리고 만일 우리가 만일 도움을 베푸는 자의 입장에 선다면 사마리아인의 태도를 배워야 한다. 비유에서 보듯이 사마리아인은 피해자의 고통을 공유함에 주저하지 않았다. 이런 공감의 자세가 비대칭적 상황을 극복하게 한 중요한 요소가 되었다.

이 비유에 따르면 강도를 만나 피해를 당한 사람의 동료는 제사장과 레위인이고 그의 이웃은 사마리아인이다. 일면 단순하게 보이는 이 비유는 상당한 역설을 담고 있다. 그 당시 이방인 취급을 받던 사마리아인에 반하여, 제사장과 레위인의 사회적이고 제도적 역할을 고려한다면, 당연히 그들이 고통 받는 자를 돕는 일에 앞장서야 했다. 하지만 정작 강도당한 피해자를 돕는 일에는 역할의 반전이 있었다. 즉 진정한 유대인으로 인정받지 못하고 차별받던 사마리아인이 순수한 혈통과 사회적 제도적 신분이 확실한 제사장과 레위인을 제치고 선행을 행한 것이다. 그 이유는 무엇인가? 그것은 사람과 사람의 만남이 제도적 관계보다 우선한다는 것이다.

그런데 문제의 초점은 동료와 이웃의 차이점을 분명히 하는 데 있지 않다. 리쾨르는 사람과 사람의 만남(혹은 인격과 인격의 만남)에는 한계가 있음을 보여주고자 했다. 즉 공동체주의의 한계를 비판한 것이다. 공동체주의를 지탱시켜주는 동정과 자선, 그리고 우정과 배려 등과 같은 상호 인격적 관계의 틀은 제한적일 수밖에 없다는 것이다. 이 말은 우리 모두가 사마리아인처럼 행동할 수 없을 뿐만 아니라, 이런 사마리아인이 포용할 수 있는 이웃의 범위에도 한계가 있다. 우리가 알지 못하는 제3자—이들을 '얼굴을 모르는 제3자'라 불러보자—의 고통과 어려움, 그리고 슬픔을 어떻게 공감하고, 그들에게 도움의 손길을 내밀 수 있겠는가? 이 문제는 우정의 문제가 아니라, 제도의 문제이다.

활동 1

타인은 나의 지옥이다

『닫힌 방(Huis clos)』의 주제는 아주 단순하다. 사르트르는 카뮈(Albert Camus, 1913~1960)를 포함한 친구 세 명을 위해 희곡을 써달라는 의뢰를 받았다. 카뮈는 이 작품의 즉각적인 공연을 조건으로 내세웠다. 그래서 그들은 이 작품으로 전국 순회공연을 할 수 있었다. 사르트르는 공연 내내 세 명 모두가 무대에 등장하는 그런 작품을 쓰고 싶었다. 그렇게 함으로써 세 명의 배우 가운데 누구를 더 선호하는지를 드러내지 않을 수 있었다. 그의 첫 구상은 세 명을 쏟아지는 포탄을 피해 지하실에 갇혀 있는 상태에 붙잡아 두는 것이었다. 그러나 그는 결국 지하실을 지옥으로 대치시킨다. (…)

사르트르는 이 작품에 처음에는 '타인들'이라는 제목을 붙이려 했고, 실제로 이 제목으로 첫 공연을 상연하기도 했다. 이 제목은 이 작품에서 가장 유명한 "타인이 나의 지옥이다"라는 대사와 관련이 있다. 등장인물 가운데 한 명인 이네스가 인정하는 것처럼 그들이 함께 갇힌 곳은 지옥이다. 그곳이 전통적인 의미의 고문실이라는 것이 아니라 서로를 고문한다는 의미에서이다. 더 정확히 말하자면 그들을 고문한다는 것은, 비록 각자 떨어져 있어도, 고립된 상태로 있는 것이 불가능하다는 것이다. 그들 가운데 누구도 자신을 조종할 수가 없다. 실제로 그들은 각각 다른 사람에 대한 필요성을 강하게 느끼기는 하지만, 이 필요성은 늘 거절당한다. 왜냐하면 두 명으로 편을 짜기 위해 그들이 찾는 한 사람은 항상 제삼자에게 손을 뻗기 때문이다. 두 명으로 한편이 이루어졌다고 생각될 때마다 제삼자가 훼방을 놓는다. 그래서 '닫힌 방'이라는 제목이 붙기 전에 이 작품은 종종 '악순환'이라는 제목으로 불리기도 했다. 등장인물중 하나인 가르댕의 대사에서 볼 수 있는 표현처럼 말이다. "우리는 서로가 서로의 뒤를 쫓고 있어요. 회전목마 위의 말처럼 악순환에 빠져 돌아요."

- 로버트 베르나코니, 변광배 역, 『How to Read 사르트르』, 웅진지식하우스, 2006, 48~53쪽 참조

텍스트 해설

타인은 지옥이다(l'enfer c'est les autres): "어떤 작품을 쓸 때 항상 우연한 기회와 깊은 근심이 있습니다. 1943년에 쓰고 44년에 상영한 『닫힌 방(Huis clos)』를 쓰던 당시에 저는 역할을 맡기고 싶었던 세 친구가 있었고, 세 친구들은 저에게 우연한 기회가 되었습니다. 그들 중 누군가에게 특혜를 주지 않았고요. 다시 말하면 저는 그들이 무대에 늘상 함께 있기를 바랬습니다. 고백하자면 만약 한 친구가 먼저 자리를 비운다면, 그 친구는 그동안 다른 친구가 더 중요한 역을 맡을 것이라고 생각할 수 있기 때문이었습니다. 그렇게 친구들이 서로를 지켜보기를 원했습니다. 그래서 어떻게 한 명이라도 자리를 비우지 않게 할 수 있을까 그리고 끝까지 무대를 지킬 수 있을까라고 자문했습니다. 영원히 말입니다. 다른 두 사람이 서로를 고문하고 있고, 그들이 지옥에 있다고 생각했던 때는 그때였습니다. 이것이 우연한 기회였습니다. 연달아 저는 세 친구가 작품을 연기를 하지 않았다고 말해야만 합니다. 그런데 여러분이 알듯이 연기를 했던 이들은 Michel Vitold, Tania Balachova 그리고 Gaby Sylvia였죠.

하지만 그때 더 막연한 근심이 있었습니다. 간단히 말하자면 작품 안에 다른 것을 설명하고 싶었습니다. 우연히 내게 다가왔던 그것, "타인은 나의 지옥"이라는 말을 하고 싶었습니다. 하지만 "타인은 나의 지옥이다"라는 말은 항상 오해를 낳았죠. 사람들은 제가 타인과의 관계는 늘 독이라 말하려 했다고 여깁니다. 항상 지옥과 같은 관계말입니다. 그런데 저는 완전히 다른 이야기를 하고 싶습니다. 타인과의 관계가 완연하게 부정적이며 삐뚤어져 있다고 말하려 했다면, 그래서 타인이 감옥일 수밖에 없다면, 왜였을까요? 본질을 생각할 때 타인은 우리 자신에게 더 중요합니다. 우리 자신에 대한 스스로의 생각 때문입니다. 우리가 우리에 대하여 생각할 때 우리는 우리를 알려는 시도를 합니다. 타인이 이미 우리에게 갖고 있는 인식에서 출발하고, 타인들이 가지고 있으며 우리에게 부여된 수단으로 우리 자신을 판단합니다.

내가 나에 대하여 무엇을 말하려든 간에 타인의 판단이 항상 충돌합니다. 내가 나에 대하여 무엇을 느끼든 간에 타인의 판단이 항상 충돌합니다. 풀어서 말하면 나의 관계가 악화되었을 때, 나는 전적으로 타인에게 의존합니다. 그때 실제로 나는 지옥 안에 있습니다. 세계 속에는 지옥에 있는 사람들이 있습니다. 타인의 판단에 심하게 의존하기 때문입니다. 하지만 타인들과 다른 관계를 맺을 수 없다고 말하는 것이 아닙니다. 간단하게 우리들 각자에게 모든 타인들이 첫 번째임을 강조합니다."["타인은 지옥이다"라는 말에 관한 사르트르 자신의 설명(http://namit-house.tistory.com/m/post/471)]

'타인은 나의 지옥'이라는 말에 동의하는가? 구체적 사례를 들며 자신의 입장을 세워보자.

활동 2 나와 타자의 공감과 공존

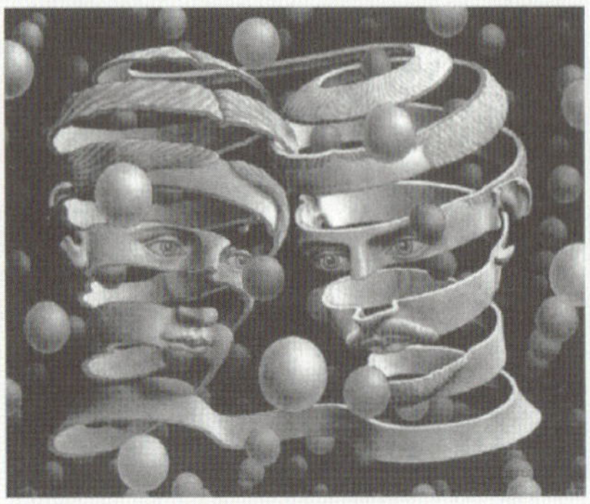

에셔(Maurits C. Escher, 1898~1972)는 네덜란드 판화가이다. 수학과 논리학의 난제를 다룬 독특한 작품세계로 유명하다. 그는 교묘한 수학적 계산에 따라 작품 활동을 했는데, 특히 '이상한 고리(뫼비우스의 띠)'는 그가 가장 좋아하는 주제였다. 미국의 인지과학자 더글러스 호프스태터는 인간 지성의 한계를 다룬 《괴델, 에셔, 바흐》라는 책에서 에셔의 '이상한 고리', 괴델의 '불완전성의 정리', 바흐의 '무한히 상승하는 카논'을 함께 묶어 '영원한 황금실'이라 불렀다.

- 진중권, 『미학 오디세이 1』, 휴머니스트, 2009

그런데 위의 작품 〈연대의 끈 Bond of Union〉(1956)에서 그리고 있는 두 인물은 사실 에셔 자신과 그의 부인이었다. 서로 '별개의 신체'로 분리되어 있으면서도 이들이 '부부'로 결속되어 있음을 보이는 이 그림에서 이 결속의 끈에 해당되는 것이 무엇인지 생각해보자.

활동 3 타자에 대한 마음 씀, 이웃과 동료의 문제

다음의 글은 고립되어 홀로 살다가 세상을 떠난 이들의 이야기이다.

2016년 1월 12일 오후 1시 20분께 대전시 서구의 한 다세대 주택에서 A(58)씨가 숨져 있는 것을 A씨의 후배가 발견해 경찰에 신고했다. 집에서는 술병 100여 개가 함께 발견됐다. 경찰은 8일에 전화 통화를 했다."는 후배의 진술과 A씨 얼굴이 많이 부어 있는 점을 토대로 A씨가 8~9일께 숨진 것으로 추정하고 있다.

앞서 3일 오후에는 부산시 동래구의 한 원룸에서 혼자 살던 C(47)씨의 시신이 심하게 부패한 상태로 발견됐다. 작년 6월부터 C씨와 연락이 되지 않는다는 원룸 주인의 신고를 접수한 경찰이 출입문 잠금장치를 부수고 집으로 들어가 침대 옆 방바닥에 엎드린 채 숨져 있는 C씨를 발견했다. 시신 부패 정도로 미뤄 C씨는 작년 9월께 숨진 것으로 추정됐다.

지난해 12월 15일에는 서울 관악구의 한 고시원에서 언어재활사 D(29·여)씨가 숨져 있는 것을 관리인이 발견해 신고했다. 시신은 이불을 덮은 채 부패한 상태였는데 경찰은 숨진 지 보름 가까이 된 것으로 추정했다. D씨는 생활고에 시달려 고시원 월세도 제대로 내지 못한 것으로 나타났다. 지방에 사는 아버지와 10월 말 마지막으로 통화하는 등 가족과도 연락을 끊고 두문불출한 것으로 드러났다.

이처럼 혼자 죽음을 맞는 고독사의 원인은 65세 이상의 노인들이 홀로 사는 경우가 많아졌을 뿐만 아니라 그 이하의 젊은 층에서도 1인 가구 수가 급속도로 증가한다는 데 있다. 고독사의 잠재적 위험군으로 분류되는 노인과 1인 가구 증가세는 가파르다. 정부 통계에 따르면 노인(65세 이상) 인구 비율은 2010년 11%에서 2015년 13.1%로 증가했다. 2030년에는 24.3%, 2050년에는 37.4%에 달할 것으로 전망된다. 1인 가구 비율도 2000년 15.5%(222만 가구)에서 2010년 23.9%(414만 가구)로 훌쩍 뛰었다. 2030년

에는 32.6%(709만 가구)에 달할 것으로 추정된다. 특히 이 두 통계의 교집합인 독거노인 수는 2015년 현재 137만8천명으로 전체 노인의 20.8%를 차지하는 것으로 추정됐다. 노인 5명 중 1명이 홀로 살고 있다는 뜻이다. 독거노인 수는 2025년에 지금보다 1.6배가 늘어 224만8천명이, 2035년에는 2.5배가 증가해 343만명이 될 것으로 예상된다.[13]

아무도 기억하지 않는 나의 삶은 전혀 내가 살았던 삶이 아닐까? 삶도 죽음도 잊혀진 이런 상황에서 타자란 나에게 정말 무엇일까? 어떤 타인도 기억해 주지 않으면 나는 살았던 것이 아니게 되는가?

---

13 오태인 · 정찬욱 외, 「쓸쓸한 죽음은 그만'…고독사 예방에 팔 걷은 지자체」, ≪연합뉴스≫ (송고시간 | 2016/01/13 09:52. http://www.yonhapnews.co.kr/bulletin/2016/01/12/0200000000AKR20160112187600057.HTML)

5장

인간관계와 의사소통

학습목표

1. 인간관계의 중요성을 인식하고 인간관계의 유형을 이해한다.
2. 의사소통이란 무엇인지 이해한다.
3. 의사소통 기법에 대해 이해한다.

1. 문제제기

인간은 누구나 행복한 삶을 원하며 행복한 삶을 살아가기 위해 노력한다. 그렇다면, 행복한 삶이란 무엇일까? 행복한 삶에 대한 질문에 대부분의 사람들은 개개인이 생각하고 있는 각자의 주관적인 생각을 답할 것이다. 그러나 행복한 삶에 대한 정답은 없다. 그 이유는 사람마다 서로 다른 성장배경과 욕구 그리고 자신만의 인생관과 가치관에 따라 행복한 삶에 대한 기준이 다르기 때문이다. 이처럼 인간은 행복에 대한 개인차를 지니고 있지만 다른 한편으로는 보편적인 속성을 가지고 있기도 하다. 행복한 삶을 살았다고 말하는 사람들의 공통적인 특징은 삼간(三間)의 활용을 잘하였다고 한다. 삼간(三間)이란 인간, 시간, 공간을 말한다. 삼간(三間) 중 행복한 삶에 가장 큰 영향을 미치는 것이 인간관계라고 한다. 행복한 삶에 가장 큰 영향을 미치는 것이 인간관계라는 것을 인식하게 되면, 원만한 인간관계를 형성하기 위해 많은 노력을 할 것이다. 따라서 인간관계의 이해와 의사소통의 기법은 원만한 인간관계의 형성 및 유지에 도움을 줄 수 있을 것이다.

2. 인간관계의 이해

1) 인간관계의 의미

"인간은 사회적 존재"라고 말한 고대 그리스 철학자 아리스토텔레스의 말처럼 인간은 태어나는 순간부터 죽음에 이르는 순간까지 누구나 자신이 원하든 원하지 않든, 끊임없이 여러 가지 형태로 타인과 관계를 맺으며 살아간다.

인간은 본질적으로 타인과 관계를 맺으며 살아가는 존재이며, 타인과의 관계를 맺지 않고 살아갈 수 없기 때문에 인간관계는 살아가는데 있어서 절대적이고 필수적인 것이라고 할 수 있다. 따라서 인생을 살아가면서 어떤 시기에 누구를 만나 어떠한 관계를 형성하느냐에 따라 삶의 행복과 불행이 결정된다고 하여도 과언이 아닐 것이다. 즉, 인간관계는 삶의 만족과 불만족을 결정해주는 핵심요소라고 할 수 있다.

인간관계(人間關係)에서 '인(人)'은 두 사람이 서로 기대고 있는 형상으로 인간관계에서의 의존성과 상호성을 상징하고 '간(間)'은 무엇과 무엇의 사이를 뜻한다. 즉, 인간관계란 사람을 대하는 관계로 다른 사람과 상호작용을 하는 과정이라고 할 수 있다.

숀 코비(Sean Covey; 김경섭, 유관태 옮김, 1998)는 각각의 인간관계에 대한 믿음과 확신을 나타내는 개념으로 관계은행계좌라는 말을 사용하였다. 인간관계를 원만하게 만들어가기 위해 긍정적인 행동을 하면 관계은행계좌에 예입을 하는 것이고, 부정적인 행동을 하게 되면 지출이 된다고 하였다. 관계은행계좌는 금전적인 은행거래와는 다르게 성실하고 꾸준하게 오랜 시간에 걸쳐 쌓아진다고 하였다. 누구나 자신의 관계은행계좌에 예입이 되기를 원할 것이다. 따라서 관계은행계좌의 예입을 위해서는 원만한 인간관계를 형성하고 유지하여야 한다. 원만한 인간관계를 맺기 위해서는 자신의 관계은행계좌의 결과를 확인하고, 만일 관계은행계좌에 지출이 있다면 자신이 다른 사람과의 관계에서 어떠한 언행을 하였는지 하루의 시작과 끝을 되돌아보고 관계은행계좌에 입금하기 위한 노력의 자세가 필요하다.

2) 인간관계의 분류

21세기를 살아가는 현대인들이 공통적으로 겪는 마음의 병이 '고독'이라고 한다. 각자 마음속으로 '외롭다', '혼자다', '쓸쓸하다' 등의 감정은 더욱 더 고독을 불러일으켜 많은 스트레스를 경험하게도 하고 심하면 정신 건강의 문제를 야기하기도 한다. 다른 사람과 협동하며 상호의존적인 인간관계를 수립할 수 있는 능력은 정신 건강의 한 특징이 될 수 있기 때문에 정신 건강은 인간관계와 밀접한 연관성이 있다고 할 수 있다.

인간관계를 원만하게 맺지 못하고 실패를 하게 되면 고독과 사회적 격리를 가져오기 때문에 결국은 정신적·신체적으로 정신 건강에 나쁜 영향을 준다. 따라서 다른 사람들과 친밀하고 생산적인 인간관계를 맺는 것은 매우 중요하다. 인간관계는 매우 다양한 상황에서 여러 대상과 이루어지기 때문에 각각의 상황 및 대상에 맞는 대처를 하는 것이 필요하다.

(1) 일차적인 인간관계와 이차적인 인간관계

일차적인 관계는 혈연, 지연, 학연 등에 의하여 형성되는 인간관계를 말한다. 즉, 부모, 형제, 자매, 동문, 동향의 사람들이 일차적 관계에 속한다고 할 수 있다. 일차적인 관계의 특성은 공식적이고 집단적인 관계이기 때문에 자신의 선택이나 의사와 관계없이 부여되며, 자신이 싫다고 부모와 형제자매의 관계를 끊을 수가 없듯이 가입과 탈퇴를 자유롭게 할 수 없다. 이에 반해, 이차적인 관계는 개인적인 매력, 직업적 이해관계, 가치관이나 취미, 신념 등에 의해 형성되는 인간관계라고 할 수 있다. 직장동료, 이성 혹은 동성 친구, 동호회의 구성원 등이 이차적인 관계에 속한다고 할 수 있다. 일차적인 관계는 본인의 의지와 관계없이 부여되지만, 이차적인 관계는 일차적인 관계와는 달리 본인의 의사에 따라 자유롭게 선택을 하고 유지할 수 있다. 또한, 일차적인 관계에서는 가입과 탈퇴가 불가능 하지만, 이차적인 관계는 가입과 탈퇴를 본인의 의사에 따라 결정할 수 있기 때문에 그 관계가 일시적일 수 있다.

(2) 수직적 인간관계와 수평적 인간관계

수직적인 인간관계와 수평적인 인간관계는 구성원의 나이, 학번, 권한, 지위, 촌수 등의 동등성 여부에 따라 결정지어 진다. 수직적인 인간관계란 가정에서의 부모-자녀 관계, 학교에서의 교수-제자관계 혹은 선배-후배관계, 직장에서의 상사-부하관계로 상급자와 하급자가 존재하는 것을 말한다. 수직적 인간관계는 사회적으로 상하관계가 비교적 명백하여 위계질서가 있기 때문에 자신의 위치나 신분에 따라 행동규범이 결정된다. 수직적인 인간관계에서는 상급자와 하급자의 행동규범에 '예의'가 존재 한다. 수직적인 인간관계에서 상급자는 하급자에게 상급자에 대한 순응, 존경, 복종, 지지의 역할을 기대한다. 그러나 하급자들은 상급자가 자신을 이해하고 지지하며 배려해 주기를 원한다. 한국사회에서의 인간관계는 유교적 전통의 영향을 받아 수직적인 인간관계와 수평적인 인간관계가 복합적으로 얽혀 있다. 그러나 서구의 개인주의적 가치관이 확산되면서 수직적인 인간관계를 중시하는 기성세대와 신세대의 가치관이 상이하여 인간관계에 갈등을 빚는 경우가 종종 발생한다. 따라서 기성세대는 신세대의 개인주의적이고 자기주장적인 태도에 불만을 느끼고, 신세대는 기성세대의 권위주의적인 태도와 사고방식에 저항적이고 도전적인 태도를 나타내기도 한다. 중요한 것은 원만하고 행복한 인간관계를 맺기 위해서는 대상과 상황에 맞는 지혜로운 행동을 하는 것이 필요하다. 이에 반해, 수평적인 인간관계는 서로 동등한 위치에서 평등하게 관계를 맺는 친구관계, 이성 관계, 부부관계 등이 이에 속한다. 수평적인 인간관계는 서로가 동등한 관계이기 때문에 서로에 대한 존중을 하여야 한다.

(3) 우호적인 인간관계와 적대적인 인간관계

자신이 상대방에게 느끼는 감정과 태도에 따라 우호적인 인간관계와 적대적인 인간관계로 나눌 수 있다. 인간관계는 다른 사람과의 상호작용을 의미한다고 할 수 있다. 따라서 우호적인 인간관계는 서로에 대한 신뢰감과 상대방에 대한 호감을 지니고 있다. 우호적인 인간관계는 서로에게 좋은 영향을 미치기 위해서 서로를 이해하고 도와주며 공동의 목표를 향해 협동하는 상호작용이 일어난다. 이에 반해, 적대적인 인간관계는 서로를 적이나 경쟁상대로 인식을 한다. 따라서 서로 불신하고 적대감정을 갖고 상대방의 일을 방해하거나 비협조적인 태도를 보인다. 적대적인 인간관계는 서로에게 악영향을 끼치기 때문에 만일 적대적인 인간관계를 맺고 있는 사람이 있다면 원인이 무엇이고, 해결방법은 무엇인지 고민하여 우호적인 인간관계를 맺도록 하는 것이 필요하다.

3. 의사소통

원만한 인간관계는 서로의 의도나 생각을 원활하게 주고받으며 긍정적인 감정을 교환하는 것을 의미한다. 원만한 인간관계를 형성하고 유지하기 위해 필요한 것이 의사소통이라고 할 수 있다. 의사소통은 각각의 의도, 생각, 감정을 상대방에게 전달하고 그 내용을 전달받는 과정으로 이루어진다. 따라서 효과적인 의사소통을 하기 위해서는 자신의 의도, 생각, 감정을 분명한 메시지로 상대방에게 전달하여야 하고, 상대방의 메시지를 정확하게 전달받아야 한다. 인간관계에서 발생하는 대부분의 문제는 의사소통이 효과적으로 이루어지지 못하고 있기 때문이다. 따라서 인간관계에서 의사소통은 매우 중요하다고 할 수 있다.

1) 의사소통의 의의와 중요성

"인간관계는 커뮤니케이션이다"라는 말이 있다. 인간은 누구나 깨어있는 시간의 70%를 의사소통에 할애하기 때문에 인간의 삶 중에서 의사소통 활동이 3/4을 차지한다고 한다. 그 만큼 인간의 삶에 있어서 의사소통은 중요하다고 할 수 있다.

의사소통이란 무엇인가? 의사소통(communication)의 어원은 라틴어의 코뮤니스(communis)에서 유래된 말로 '공통적인', '공공의', '나눈다' 등의 의미를 가지고 있다. 의사소통의 본래의 의미를 따져본다면 한 사람의 일방적인 의사전달이 아닌, 두 사람 이상의 사이에서 서로의 공통성을 만들어내는 과정이라고 할 수 있다. 즉 의사소통이란 최소한 두 사람 이상이 서로 관계를 맺으면서 언어적·비언어적 수단을 통하여 자신들의 생각, 감정, 의견, 신념, 사실이나 정보 등을 전달하는 총체적 과정이며 의미의 공유를 위해 사람들 사이에 사용하는 상징적이고 상호작용적인 과정이라고 할 수 있다. 이처럼 의사소통은 상호간의 공통적인 이해가 중심이 되어야 하는 것이기 때문에 말하는 사람의 메시지를 듣는 사람이 정확하게 이해하였을 때, 비로소 의사소통이 이루어졌다고 말할 수 있다.

인간관계의 성공은 의사소통을 얼마나 원만하게 하며 정확하게 의사표현을 하느냐에 있다고 할 수 있다. 따라서 의사소통은 인간관계를 보다 원활하게 촉진시키는 중요한 도구라고 할 수 있다. 의사소통이 원만한 인간관계에 영향을 주는 중요한 이유는 다음과 같다.

첫째, 의사소통이 원활하지 못하면 중병에 걸린 거와 같다고 할 수 있다. 의사소통의 경로를 인체의 혈관에 비유할 수 있다. 인체의 혈액순환은 맑은 피가 순환되어야 하는데, 혈관에 이상이 생겨 혈액순환이 원활하게 이루어지지 않으면 동맥경화증이 발생하여 성인병의 원인이 된다. 인간관계를 인체로 비유할 때, 만일 인간관계를 형성하고 유지하는데 의사소통이 원활하지 못하면 언로가 막혀 살아가는데 많은 어려움이 발생하여 중병에 걸리는 것과 같다고 할 수 있다.

둘째, 의사소통에 문제가 생기면 커다란 시행착오를 가져올 수 있다. 의사소통은 두 사람 이상이 메시지를 공유하는 것이다. 따라서 효과적인 의사소통은 말하는 사람과 듣는 사람이 주고받고자 하는 메시지가 정확하게 전달되어야 한다. 만일 메시지의 내용이 잘못 전달되면 말하는 사람이 전달하고자 하는 메시지가 왜곡되어 커다란 시행착오를 가져오게 할 수도 있다. 잘못된 메시지 내용은 원만한 인간관계를 맺지 못하게 하며, 왜곡된 의사소통으로 인해 인생의 대사를 그르칠 수도 있다.

셋째, 의사소통은 가정과 조직의 민주화 및 공동체를 형성하기 위해서 중요하다. 의사소통이 원활하지 못하면 상호작용이 안 되기 때문에 여러 가지 문제를 야기할 수밖에 없다. 상호관계의 대화가 없는 가정과 조직은 환경의 변화에 대한 대처능력이 떨어지게 되며, 구성원의 사고와 행동을 고착시킴으로써 조직의 운영을 어렵게 할 수 있어 공동체 형성에 많은 어려움을 가져올 수 있다.

2) 의사소통에 대한 오해

의사소통에 대한 개념에 대해 잘못 이해하고 있는 사람들이 많다. 의사소통이 무엇인지 분명히 의미를 알고 있어야 의사소통할 때 불필요한 갈등과 오해를 피할 수 있다. 의사소통이 원활하게 되었다는 것은 의사소통을 통하여 상대방의 마음이 움직였다는 것을 의미한다. 태양과 바람이 지나가는 나그네의 옷을 벗기는 시합에서 승자는 태양이었다. 그 이유는 바람은 바람을 불어 자신의 힘으로 나그네의 옷을 강제로 벗기려 하였지만, 태양은 뜨겁게 하여 나그네 스스로 옷을 벗게 하였다. 태양은 바람과는 달리 나그네의 마음을 움직여 나그네 스스로 옷을 벗게 하였다. 즉, 의사소통이란 상대방의 마음을 움직이게 하는 것이라고 할 수 있다. 그런데 많은 사람들은 의사소통에 대해 잘못된 오해를 하고 있다.

첫째, 의사소통은 단순히 어떤 말을 하는 것이다. 의사소통은 상대방에게 단순하게 어떤 말을 하는 것이 아니다. 말하는 사람이 어떠한 메시지를 듣는 사람에게 전달하였다고 하여 그 메시지가 말한 사람의 의도대로 듣는 사람에게 정확하게 전달되었다고 보장할 수 없다. 의사소통이란 말하는 사람의 메시지가 듣는 사람에게 정확하게 전달되고 이해되어야 하는 과정이라고 할 수 있다.

둘째, 의사소통은 많이 할수록 좋은 것이다. 상황에 따라서 때로는 의사소통이 비생산적일 때가 있다. 물론, 의사소통을 통해 문제가 해결될 수도 있지만, 어떤 문제는 오히려 너무 많은 이야기를 하면 할수록 부정적인 결과를 초래하기도 한다. 불필요한 의사소통은 오히려 인간관계에 부정적인 결과를 초래할 확률이 높다는 것도 의사소통의 특성이라고 할 수 있다.

셋째, 의사소통은 모든 문제를 해결할 수 있다는 생각이다. 우리는 살아가면서 어떠한 문제가 생기면 상대방과 의사소통을 하여 문제를 해결해 보라고 조언을 한다. 그런데 아무리 의사소통 기술이 뛰어난 사람이라고 해도 의사소통을 통해 모든 문제를 해결할 수는 없다. 가끔은 의사소통이 오히려 문제를 더욱 더 크게 일으킬 수 있다. 아무리 자신은 솔직한 마음을 가지고 문제해결을 하기 위해 의사소통을 했다 하더라도 그것이 항상 모든 상황에 도움을 주는 것은 아니다. 가끔은 침묵이 더 효과적일 수도 있다.

넷째, 의사소통은 자연적인 능력이다. '아' 다르고 '어' 다르다는 말이 있다. 또한, '말한 마디에 천 냥 빚을 갚는다'라는 말이 있다. 그런데 단지 말을 하는 것이 의사소통이라고 생각하는 사람들은 의사소통 능력은 저절로 발달하는 자연적인 것이라고 생각하는 경향이 있다. 의사소통은 자연적으로 발달한다는 생각 때문에 의사소통 기술을 익히기 위한 노력을 하거나 관심을 갖지 않는다. 그러나 의사소통 능력은 교육과 훈련을 통해 효과적으로 증진시킬 수 있다. 따라서 원만하고 성공적인 인간관계를 형성하고 유지하기 위해서는 의사소통 능력을 터득하기 위한 교육과 훈련이 필요하다.

3) 의사소통 방법

의사소통이라고 하면 대개 언어라고 하는 하나의 방법만을 생각하지만 사람들은 다양한 방법으로 의사소통을 한다. 언어를 통한 의사소통은 사람들이 사용하는 전체의 의사소통 가운데 아주 작은 부분에 지나지 않는다. 의사소통은 언어적인 의사소통과 비언어적인 의사소통의 통합으로 이루어진다. 언어적 의사소통은 주로 내용적인 언어 메시지를 전달한다면, 비언어적인 의사소통은 강약, 어조, 억양 등의 준언어적인 측면과 몸짓이나 얼굴표정 등을 말한다. 비언어적 의사소통은 메시지 전체의 언어적인 내용을 보충해 주기도 하며 강화해 주기도 한다. 또한, 메시지를 약화시키거나 모순되게 할 수도 있기 때문에 매우 중요한 역할을 한다. 따라서 완전한 의미의 의사소통은 언어적 의사소통과 비언어적 의사소통이 상보적인 역할을 할 때 가장 효과적이라고 할 수 있다.

(1) 언어적 의사소통

언어적 의사소통은 주로 말이라는 음성언어를 사용하여 자신의 사고, 감정, 경험을 언어로 전달하기 때문에 청각적이라고 할 수 있다. 의사소통 과정에서 말하는 사람은 언어적 의사소통을 통해 자신이 상대방에게 전달하고자 하는 메시지를 정확하고 분명하게 전달하였다고 생각한다. 그러나 언어적 의사소통은 듣는 사람의 언어에 대한 이해와 사용방법 및 정서 상태에 따라 그 의미가 다르게 해석되고 받아들일 수 있다. 따라서 말하는 사람은 언어적 의사소통을 통해 자신이 전달하고자 하는 메시지를 분명하게 전달하였다고 생각하지만 듣는 사람에 따라 그 의미가 매우 애매하고 불확실한 메시지로 전달될 수도 있다. 따라서 언어적 의사소통은 같은 단어일지라도 상대방이 그 의미를 다르게 해석하느냐에 따라 메시지가 달라지기 때문에 언어적 의사소통이 가지고 있는 한계와 문제점을 간파해야 한다.

신경언어학(Neuro Linguistic Programming)자들에 의하면, 사람들이 언어적 의사소통을 하는 과정에서 상대방이 말하는 메시지를 듣는 사람이 정확하게 듣는 것이 아니라 생략, 일반화, 왜곡의 오류를 범한다고 한다. 즉, 말하는 사람의 메시지의 내용을 듣는 사람이 있는 그대로 정확하게 이해하는 것이 아니라, 자신의 주관적인 경험을 바탕으로 메시지의 의미를 받아들인다는 것이다. 언어적 메시지의 변형의 오류 세 가지는 다음과 같다.

첫째, 생략(deletion)이다. 생략은 언어적 메시지 내용의 일부분을 듣는 사람이 제거하거나 누락시키는 것을 말한다. 사람들은 의사소통 과정에서 자신이 흥미를 느끼거나 관심 있는 메시지의 내용만을 선택하고 나머지 메시지는 걸러내는 경향이 있다. 따라서 의사소통을 할 때 자신이 중요하다고 선택한 메시지의 내용은 기억하지만 그 외의 메시지는 생략하거나 무시를 한다. 이러한 생략의 오류로 인해 말하는 사람이 중요하게 생각하는 내용을 듣는 사람이 생략하는 경우가 종종 발생한다.

둘째, 왜곡(distortion)이다. 왜곡은 자신의 무의식적인 욕구에 따라서 메시지의 내용을 다르게 인식하는 것을 말한다. 사람들은 때때로 자신이 하고 싶은 이야기나 상황을 강조하기 위해 상대방이 말한 메시지의 사실을 왜곡하기도 한다. 또한, 사람들은 자신의 경험을 바탕으로 동일한 메시지라도 메시지의 의미를 자신의 욕구에 맞추어 확대하거나 축소함으로써 상대방의 메시지를 다르게 해석하기도 한다. 이러한 메시지의 왜곡은 자신도 모르게 무의식적으로 일어난다. 의사소통 과정에서 일어나는 자신의 경험과 욕구에 의한 상대방의 메시지에 대한 무의식적인 해석은 자신에게 도움이 될 때도 있지만 해가 되는 경우도 있다. 언어적 의사소통 과정에서 일어나는 메시지의 왜곡은 상대방의 마음을 자기 나름대로 알고 있다고 판단하기 때문에 인간관계에 악영향을 미치기도 한다.

셋째, 일반화(generalization)이다. 일반화는 자신의 과거의 경험을 바탕으로 서로 다른 메시지를 같은 것으로 해석하는 것을 말한다. '자라보고 놀란 가슴 솥뚜껑 보고 놀란다'라는 속담이 일반화의 예라고 할 수 있다. 사람들은 자신의 과거의 경험을 전체 경험으로 확대시켜 상대방의 메시지의 내용을 이해하고 예측하는 경향이 있다.

(2) 비언어적인 의사소통

미국의 사회학자 알버트 메러비안(Albert Meharabian)에 의하면, 의사소통 요소는 시각적, 청각적, 말의 내용이 있다고 한다. 메시지의 전달에서 말이 차지하는 비중이 7%, 청각적인 목소리(음조, 억양, 크기)가 38%, 시각적인 비언어적인 태도가 55%에 달한다고 한다. 그 만큼 언어 못지않게 비언어적인 의사소통의 중요성도 크다고 할 수 있다. 또한, 사람들이 의사소통할 때 언어적 메시지와 비언어적 메시지가 서로 상충될 때 비언어적인 메시지를 더욱 신뢰하는 경향이 있음이 여러 연구 결과에 의해 입증된 바 있다. 비언어적 의사소통은 언어를 사용하지 않는 방법으로 이루어지는 의사소통으로, 이를 통해 자신의 감정을 표현한다. 비언어적 의사소통은 사람들이 메시지를 전달할 때 사용하는 다양한 손과 팔 동작, 얼굴표정, 몸짓, 눈의 움직임, 그 밖의 모든 신체동작을 사용하여 시각적인 메시지를 전달한다. 비언어적인 의사소통은 언어적 의사소통을 돕는 역할을 한다. 따라서 대부분 언어적 의사소통과 비언어적 의사소통이 일치하는 것이 일반적인 대화의 양상이다.

언어적 의사소통과 비언어적 의사소통이 동일하게 메시지를 전달한다면 아무런 문제가 없다. 그러나 언어적 의사소통과 비언어적 의사소통이 각각 다른 메시지를 전달하고 있다면 사람들은 비언어적인 메시지를 더 신뢰한다. 그 이유는 비언어적인 메시지는 그 사람의 속마음과 진짜 기분을 무의식적으로 표현하고 있기 때문이다. 비언어적 의사소통인 몸짓언어는 해석자 혹은 문화에 따라 다르게 해석 될 수 있기 때문에 문화적 제약을 받는다. 예를 들면, 엄지와 검지로 동그라미를 만드는 동작에 대한 해석은 나라마다 다르다. 한국이나 일본에서는 '돈 혹은 좋다'의 의미를 뜻하며, 프랑스나 벨기에에서는 '쓸모없는 혹은 형편없다'의 의미를 뜻하고, 브라질이나 러시아에서는 '동성애자'를 의미한다. 이처럼 어떤 문화 내에서는 적합한 비언어적인 표현이 다른 문화 내에서는 적합하지 않을 수 있다. 성공적인 의사소통을 위해서는 비언어적인 표현을 상황에 맞추어 적절하게 사용하는 것이 중요하다.

또한, 비언어적인 의사소통은 다음과 같은 기능을 한다. 첫째, 보완기능이다. 비언어적 의사소통은 언어적 의사소통을 보완하는 기능을 수행한다. 보완기능이란 언어적 의사소통의 중요한 부분을 강조하기 위해 슬픔의 표현으로 눈물을 흘리거나, 고맙다는 표현을 할 때 고개를 숙여 감사의 마음을 전하는 것 등을 말한다. 보완기능은 언어적 의사소통을 효과적으로 전달하기 위해 자신의 감정 상태를 자연스럽게 반영한다.

둘째, 규제기능이다. 비언어적 의사소통은 언어적 의사소통의 피드백 기능을 한다. 말하는 사람의 메시지에 듣는 사람은 반응을 한다. 그런데 듣는 사람이 말하는 사람의 메시지에 긍정적인 반응을 보이면 의사소통은 계속되지만, 만일 부정적인 반응을 보이면 시선 처리로 듣는 사람에게 자신의 감정을 전달하여 상대방의 행동을 규제한다.

셋째, 대체기능이다. 비언어적 의사소통은 언어적 의사소통을 대체하는 역할을 한다. 예를 들면, 상대방의 질문에 언어적으로 대답을 하지 않고 비언어적으로 몸짓, 눈맞춤, 얼굴표정 등 다양한 몸동작으로 대답을 대신하는 것을 말한다.

넷째, 강조기능이다. 비언어적인 의사소통은 동시적으로 발생하는 언어적 의사소통의 메시지를 강조하는 역할을 한다. 예를 들면 중요한 메시지의 내용을 전달할 때 목소리의 어조나 강도가 높아지는 것이나, 혹은 화가 났을 때 주먹을 불끈 쥐며 자신이 정말 화가 많이 났다는 것을 상대방에게 표현하는 것 등이라고 할 수 있다.

4. 효과적인 의사소통 기법

인간은 혼자서 살아갈 수 없으며 집단 속에서 하나의 구성원으로 다른 사람과 상호작용을 하면서 살아가야 한다. 다른 사람과 상호작용에 필수적인 것이 의사소통이라고 할 수 있다. 따라서 의사소통은 다른 사람에게 자신의 의사를 가장 간편하고도 명확하게 전달하는 방법이고 상대방과 보다 좋은 관계를 맺기 위한 수단이다. 따라서 효과적인 의사소통을 하기 위해서는 먼저 인간존중이 전제되어야 한다. 인간존중을 전제로 의사소통을 한다면 원만한 인간관계를 형성하고 유지할 수 있다. 원만한 인간관계를 위한 효과적인 의사소통 기법은 다음과 같다.

효과적으로 의사소통하는 방법

- 듣는 사람의 입장을 고려해서 말한다.
- 명료하지 않고 애매모호한 말은 삼가고 구체적으로 말한다.
- 듣는 사람이 불쾌감을 느끼는 않도록 적절한 화법을 골라 사용한다.
- 대화를 할 때 언어적인 메시지와 비언어적인 메시지를 일치시켜 말한다.
- 때와 장소를 가려서 이야기 한다.
- 습관적인 말의 사용은 피한다.
- 밝고 명랑한 표정으로 말한다.
- 정확한 발음, 적절한 속도로 말한다.
- 상대방의 흥미를 끌 수 있고 관심 있어 하는 주제를 말한다.

1) 적극적 경청

의사소통 할 때 상대방을 배려하는 사람은 얼마나 될까? 의사소통을 하고 있으니 상대방이 자신의 말을 당연이 잘 듣고 있을 것이라고 생각을 한다면 큰 오산이다. 대부분의 사람들은 상대방의 이야기를 경청하기 보다는 자신의 이야기를 하는 것에 더 관심이 많다. 의사소통은 기본적으로 말하는 사람과 듣는 사람이 있다. 듣는 사람이라는 말은 말 그대로 다른 사람의 이야기에 귀를 기울이는 사람을 말한다. 듣고 있다는 것은 상대방에 대한 관심의 표명이다. 따라서 듣는 다는 것은 단순히 상대방의 소리를 듣는 것(hearing)이 아니라, 상대방이 말하고자 하는 의도를 파악함과 동시에 전달하고자 하는 메시지의 의미를 듣는 것(listening)을 의미한다. 원만한 인간관계를 맺으며 의사소통을 하는 사람들은 듣기와 말하기를 6대 4의 비율로 한다고 한다. 사람의 눈과 귀 등 신체기관의 대부분은 둘인데 입이 하나인 이유는 많이 보고 듣지만 말은 조금만 하라는 것이다.

인간관계 형성과 유지를 위한 기본은 관심을 갖고 상대방의 이야기를 경청하는 것이라고 할 수 있다. 즉 바람직한 인간관계의 형성과 발달은 상대방의 이야기를 경청하려는 노력에서부터 시작된다. 상대방이 표현하는 언어적 메시지뿐 아니라 비언어적인 메시지의 표현과 상대방의 감정, 사고, 맥락 등에 주의를 기울여 상대방의 말의 의도를 이해하려고 노력하는 것을 적극적인 경청이라고 한다. 즉, 적극적 경청이란 상대방이 표현하는 여러 단서들에 주의를 기울여 상대방이 말하는 메시지의 숨겨진 의도까지 파악하고 반응하는 것이다. 적극적 경청은 상대방이 자신의 생각이나 감정을 자유롭게 표현할 수 있도록 하며, 상호작용하는데 발생하는 문제가 무엇인지 탐색하고, 그 문제를 해결할 수 있도록 도와준다. 또한, 적극적으로 경청을 하게 되면 상대방은 자신이 대접을 받고 있다는 느낌과 뭔가 이야기하면 통할 것 같다는 느낌을 갖게 하여 방어적인 태도를 완화시키고 솔직하게 자신의 의사를 표현하게 된다.

인간관계에서 경험하는 많은 갈등은 상대방의 말을 잘 듣지 않거나 적극적으로 경청하는 능력이 없어서 생긴다고 한다. 원만한 인간관계를 위해서는 상대방의 말을 적극적으로 경청하여 상대방이 전하고자 하는 메시지의 의도를 잘 파악하여야 한다. 상대방의 이야기를 적극적으로 경청하기 위해서는 다음과 같은 노력이 필요하다.

첫째, 상대방의 이야기에 주의집중 하여야 한다. 주의집중 한다는 것은 상대방의 이야기에 관심을 가지고 귀 기울여 듣고 있다는 것을 상대방에게 보여주는 것이다. 즉, 상대방의 이야기에 관심을 나타나는 자세, 눈 맞춤, 맞장구, 적절한 신체움직임 등이 상대방의 이야기에 주의를 기울이는 자세이다. 주의집중 자세는 상대방의 이야기에 관심이 있다는 것을 나타내는 비언어적인 메시지의 신호를 보내는 것으로, 어떠한 이야기도 들을 수 있다는 것을 상대방에게 전달하는 것이다. 의사소통할 때 주의집중 하여 상대방에게 자신이 지금 상대방의 이야기를 진지하게 경청하고 있다는 것을 전달하는 것은 상대방의 이야기를 촉진시킨다.

둘째, 상대방의 말을 잘 따라가는 것이다. 상대방의 말을 잘 따라간다는 것은 상대방의 말의 흐름에 맞추어 의사소통을 해야 한다는 것을 말한다. 상대방이 이야기를 할 때 아무리 궁금한 것이 있거나 상대방의 이야기에 반박을 하고 싶어도 상대방의 이야기가 끝날 때까지 기다리는 것이 필요하다. 그러나 상대방의 이야기 중 애매모호한 부분이나 자세한 설명이 필요한 부분에서는 질문을 하는 것이 상대방의 대화를 촉진시킨다. 상대방이 이야기하는 주제에서 벗어나거나 주제와 맞지 않은 빗나간 질문 혹은 성급한 판단은 의사소통을 하는데 장애요인이 되기 때문에 주의를 기울려야 한다.

셋째, 끝까지 경청한 후 상대방의 이야기를 자신이 어떻게 이해하였는지 전달하는 것이 중요하다. 즉, 상대방이 이야기한 내용을 요약하거나 상대방의 이야기를 들으면서 자신이 느낀 감정을 전달하는 것이다. 자신이 이해한 바를 정확하게 요약하여 확인하는 것은 자신이 상대방의 이야기를 적극적으로 경청하였다는 것을 상대방에게 전달하는 것이다.

데이비스(K. Davis)는 훌륭한 경청을 위한 십계명을 다음과 같이 제시하였다. ① 말하지 말 것 ② 말하는 사람을 편안하게 해 줄 것 ③ 말하는 사람에게 당신이 그의 말을 듣고 싶어 한다는 것을 보여줄 것 ④ 주의를 산만하게 하지 말 것 ⑤ 말하는 사람과 감정이입을 할 것 ⑥ 인내심을 가질 것 ⑦ 자신의 감정을 억제할 것 ⑧ 항의나 비판에 대해 가벼운 마음을 가질 것 ⑨ 질문을 할 것 ⑩ 말을 멈출 것이다.

의사소통을 실패로 이끄는 10계명

- 처음부터 끝까지 자신의 이야기만 한다.
- 상대방이 말을 끝내기 전에 도중에 말을 가로채 끼어든다.
- 상대방이 싫어하는 주제를 화제로 삼는다.
- 맞장구 대신 엇장구를 쳐서 대화에 김을 뺀다.
- 딴 생각을 하고 있다가 이미 했던 이야기를 되묻는다.
- 상대의 이야기에 무관심한 표정과 시큰둥한 태도를 보인다.
- 상대방이 이야기하는데 아무런 반응을 하지 않는다.
- 상대방의 이야기가 지루하다는 표현을 노골적으로 한다.
- 말하는 사람 보다 다른 사람에게 관심을 보인다.
- 자신의 말은 옳고, 상대방의 말은 틀렸다는 것을 기를 쓰고 증명하려고 한다.

2) 공감적 이해

의사소통을 할 때 발생하는 많은 갈등의 원인은 상대방의 입장을 고려하지 않고 자기중심적으로 생각하기 때문이다. 이러한 문제해결을 위한 방법은 상대방의 이야기에 공감적 이해를 하는 것이다. 공감적 이해를 한다는 것은 상대방의 관점에서 문제를 바라보는 것을 의미한다. 상대방의 관점으로 상대방의 내면세계를 마치 자신의 내면세계 인 것처럼 바라보기 위해서는 정확한 이해와 정서적인 연결이 이루어져야 한다. 따라서 상대방을 공감적으로 이해하기 위해서는 자기중심적인 생각, 편견, 선입견을 버리고 상대방이 경험한 내면의 세계를 마치 자신이 경험한 것처럼 느끼고 받아들여야 한다. 사실 상대방의 내면세계를 자신이 경험한 것처럼 상대방을 공감해 준다는 것은 쉽지 않다. 하지만 의사소통할 때 상대방에게 자신이 공감적으로 이해하고 있다는 것을 느끼게 해주면 상대방은 자신이 이해 받고 있다는 느낌을 갖게 되어 상대방을 보다 신뢰하게 되어 방어적인 태도를 풀고 자신을 더욱 깊이 드러내 보이게 된다.

코미어와 코미어(Cormire & Cormire, 1985)는 공감을 전달하는 방법으로 언어적인 것과 비언어적인 것으로 나누고, 비언어적인 행동을 다음과 같이 구분하였다.

〈표 5-1〉 따뜻함과 차가움을 전달하는 비언어적인 행동

비언어적인 행동	따뜻함	차가움
목소리	부드럽고 위로하는 목소리	냉담하거나 수줍어하거나 딱딱한 목소리
얼굴표정	미소를 띠고 관심을 갖는 얼굴	무관심하거나 인상을 찌푸리며 무표정한 얼굴
자세	이완하여 몸을 상대에게 기울임	긴장돼 있고 몸을 상대로부터 멀어지게 함
눈 맞춤	상대를 바로 쳐다봄	눈 맞춤을 피함
신체 접촉	적절한 시기에 부드럽게 터치함	모든 종류의 터치를 피함
제스처	개방적이고 우호적임	폐쇄적이고 무언가 감추는 듯함
물리적 거리감	가까움	거리를 둠

출처: 코미어와 코미어(Cormire & Cormire, 1985)

공감적 이해를 잘 하기 위해서는 크게 지각(perceiving)과 의사소통(communication)이라는 두 가지 기술이 필요하다. 지각은 상대방의 언어적인 메시지와 비언어적인 메시지 속에 숨겨져 있는 상대방이 지니고 있는 중요한 감정, 태도, 신념, 생각 등을 포착하는 것이다. 지각을 한다는 것은 상대방을 공감적으로 이해하고 있다는 것을 인식하는 능력을 가지고 있다는 것을 의미한다. 의사소통 기술은 자신이 파악한 상대방의 감정이나 생각을 상대방에게 적절하게 전달하는 능력을 가지고 있어야 한다는 것을 의미한다. 즉, 상대방을 공감적으로 이해를 한다는 것은 상대방의 경험과 감정을 자신이 직접 경험하지 않았지만 상대방의 감정을 거의 같은 내용과 수준으로 이해하는 것뿐만 아니라, 상대방의 경험과 감정을 잘 이해하고 있다는 것을 언어와 태도로 표현을 해주어야 한다. 의사소통 과정에서 상대방을 공감적으로 이해하고 있다는 것이 전달되면 상대방은 자신이 이해받고 있다는 느낌을 갖게 되며, 상대방을 보다 신뢰하게 되어 자신을 깊이 드러내 보이게 된다.

의사소통 할 때 상대방의 말에 공감을 하는 반응은 크게 인습적 수준, 기본적 수준, 심층적 수준 세 가지로 구분 할 수 있다. 첫째, 인습적 수준은 상대방의 상황이나 의도를 인식하지 못한 채 자기위주로 의사표현을 하는 것을 말한다. 인습적 수준은 상대방이 말한 내용에서 벗어나거나 상대방의 말에 주의를 기울이지 않고 자기위주의 표현을 하지 때문에 상대방이 표현하는 것 보다 훨씬 못 미치는 의사소통을 한다. 따라서 상대방의 감정이나 생각과 일치된 의사소통을 하지 못하기 때문에 인간관계에 많은 손상을 가져올 수 있다.

둘째, 기본적 수준은 상대방이 명확하게 표현한 말이나 행동만을 인식하여 자신이 인식한 바를 표현하는 것을 말한다. 기본적 수준은 상대방의 감정 및 사고와 일치된 의사소통은 하지만, 상대방의 내면적 감정이나 생각에는 반응을 보이지 못한다. 즉, 상대방이 표현한 것과 같은 정서와 의미를 표현하기는 하지만 상대방의 내면의 감정까지는 반응하지 못하는 수준이라고 할 수 있다. 따라서 기본적 수준은 인간관계를 맺는 기초수준의 의사소통 수준이라고 할 수 있다.

셋째, 심층적 수준은 상대방이 명확하게 표현한 내용을 인식할 뿐 아니라 상대방이 미처 표현하지 않은 내면의 세계까지 느끼고 표현해주는 것을 말한다. 즉, 상대방이 말한 표면적인 감정뿐만 아니라 상대방의 내면의 감정에 대해서도 정확하게 반응하여 주는 것이다. 심층적 수준은 상대방의 가장 깊은 감정까지 포용하여 정확하게 공감적으로 이해하는 높은 의사소통 수준이라고 할 수 있다.

예) "우리 집은 왜 이렇게 시끄러운지 모르겠어요. 집에선 영 공부할 마음이 없어요."

인습적 수준: "뭐가 시끄럽다고 그러니? 공부하기 싫으니까 핑계도 많구나."

기본적 수준: "그래, 우리 집이 시끄러우니까 공부하기 힘들지?"

심층적 수준: "식구들이 좀 더 조용히 해주면 공부를 잘 할 수 있을 것 같단 말이지?"

3) 질문하기

의사소통할 때 질문을 통해 상대방의 생각을 파악할 수 있으며, 상대방이 가지고 있는 의도와 의견을 알아볼 수 있다. 따라서 질문을 어떻게 주고받느냐에 따라 의사소통의 효과는 큰 차이가 있다. 질문의 방법은 다음과 같다.

첫째, 개방적인 질문과 폐쇄적인 질문이다. 개방적 질문과 폐쇄적 질문의 장단점에 대해서는 누구나 알고 있지만, 의식적으로 구분하여 사용하는 사람은 별로 없다. 개방적인 질문은 포괄적인데 반해, 폐쇄적인 질문은 범위가 좁고 한정되어 있다. 개방적인 질문은 상대방의 관점, 의견, 사고, 감정까지 끌어내는 질문으로 상대방에 대한 많은 정보를 얻을 수 있다. 개방적인 질문은 상대방으로 하여금 자신의 생각을 보다 상세하게 표현할 수 있게 하기 때문에 질문을 통해 상대방에 대해 많은 정보를 얻을 수 있다는 장점이 있다. 개방적인 질문은 상대방에 대해 많은 정보를 획득할 수 있기 때문에 인간관계를 맺을 때 바람직한 관계를 형성하도록 한다. 개방적 질문의 단점은 대화의 초점이 애매한 상황에서는 대답하기 어렵고, 질문을 통해 얻고자 하는 것과는 다른 답을 들을 수 있다는 단점이 있다.

폐쇄적인 질문은 답이 "네" 혹은 "아니요"처럼 단답식으로 끝나는 것을 말한다. 폐쇄적 질문의 장점은 구체적인 내용을 확인하고 싶을 때, 듣고 싶은 답이 즉시 나와 때로는 유용할 때도 있다. 그러나 폐쇄적인 질문은 간결한 반응을 유발하며 명백한 사실만을 요구한다는 단점이 있다. 개방적인 질문과 폐쇄적인 질문의 장단점을 알고서 상황에 따라 적절하게 질문을 구별하여 사용하여야 한다. 개방적인 질문과 폐쇄적인 질문의 예는 다음과 같다.

예) 주말에 여자 친구 만났니? (폐쇄적 질문)
　　주말 어떻게 보냈니? (개방적 질문)

둘째, 직접적인 질문과 간접적인 질문이다. 직접적인 질문은 상대방에게 질문을 직선적으로 물어 단순한 정보를 제공 받는 것이다. 이에 반해, 간접적인 질문은 상대방의 감정을 유발하기 위해 넌지시 물어 보는 것을 말한다. 직접적인 질문은 그 끝이 물음표로 끝나는 것이 보통이지만, 간접적인 질문은 그 끝에 물음표가 없는 서술형으로 이루어지는 것이 보통이다. 간접적인 질문은 물음표가 아닌 서술형으로 끝나지만 분명히 질문을 하는 것이고 상대방의 답변을 요구한다. 간접적인 질문은 상대방에게 질문을 하는 것이지만 상대방이 질문처럼 느끼지 않는다는 점에서 가치가 있다고 할 수 있다. 직접적인 질문과 간접적인 질문의 예는 다음과 같다.

예) 여자 친구에 너에게 한 행동을 어떻게 생각하니? (직접적 질문)
　　여자 친구가 너에게 한 행동을 어떻게 생각하는지 궁금하구나. (간접적 질문)

셋째, "왜"보다는 "어떻게"나 "무엇 때문에"로 바꾼다. 질문할 때 가장 많이 사용하고, 질문을 가장 잘 상징하는 단어는 "왜"라는 단어 일 것이다. 원래 "왜"라는 말은 정보를 구하거나 사건 또는 행동의 원인이나 이유를 탐색하는데 사용된다. 그런데 인간관계를 맺을 때 "왜"라는 말을 잘못 해석하면 원래 의미를 왜곡시킬 수 있다. 질문을 하는 사람은 "왜"라고 쉽게 묻지만, 질문을 받은 사람은 가끔은 대답하기를 어려워하기도 하고 상대방이 자신을 공격하고 비난하고 있다고 생각할 수 도 있다. 그 이유는 "왜"라는 질문에 대한 해석을 어떻게 하느냐에 따라 다른 감정을 유발할 수도 있기 때문이다. "왜"라는 질문이 가끔은 자신이 잘못했거나 나쁘게 행동을 해서 상대방이 자신을 비난하고, 평가, 변명하라는 뜻으로 왜곡하여 불쾌감을 느끼게 할 수도 있다. 따라서 이러한 상황에서는 "왜"라는 질문에 대해 자신을 방어하거나, 그 상황을 회피하거나 혹은 공격적으로 답변을 할 가능성이 있다. 따라서 원만한 인간관계를 형성하고 유지하기 위해서는 "왜"라는 질문보다는 "어떻게" 혹은 "무엇 때문에"로 바꾸어 사용하는 것이 좋다.

예) 너 왜 그렇게 했니? (왜 질문)
너 무엇 때문에 그렇게 했니? (무엇 때문에 질문)

넷째, 이중질문 사용금지이다. 이중질문이란 동시에 두 가지 질문을 하는 것이다. 이런 경우 질문을 받은 사람은 혼란을 경험할 수 있고 상대방의 질문의 의도를 이해하기 어려울 수도 있다. 또한, 두 가지의 질문 중 어떤 것을 선택해서 반응을 해야 될지 몰라 대화할 때 침묵이 흐를 수도 있다. 질문은 한 번에 한 가지씩 하여야 하며 또한 한 가지 질문이 끝나고 나서 다른 질문을 하는 것이 좋다.

예) 왜 그랬니? 지난번에도 그랬지? (이중질문)

4) 나-전달법(I-Message)

전달법에는 나-전달법(I-Message)과 너-전달법(You-Message)이 있다. 나-전달법은 자신의 생각이나 감정을 '나'를 주어로 하여 상대방의 행동에 대한 나의 생각과 느낌을 상대에게 전하는 것이다. 나-전달법은 문제를 해결하기 위하여 상대방을 비난하지 않고 자신의 감정이나 의견을 표현하는 방식이다. 나-전달법은 상대방을 비난하지 않고 자신의 의견을 말하는 것으로 문제해결을 위한 의사소통을 하기 위해서는 나-전달법을 사용하는 것이 효과적이다. 이에 반해, 인간관계에서 의사소통에 걸림돌이 되는 것은 너-전달법(You-Message)이다. 너-전달법은 '너'를 주어로 시작하는 것이다. 많은 사람들은 의사소통을 할 때 '너 왜 그래', '너 이것 밖에 못해'등의 '너'를 주어로 사용한다. 너-전달법은 의사소통에 많은 역작용을 불러일으킨다. 너-전달법의 사용은 첫째, 상대방에게 문제가 있다고 표현함으로써 상호관계를 파괴하게 된다. 둘째, 주어가 너에게 초점을 두고 있기 때문에 일방적으로 강요, 공격, 비난하는 느낌을 전달하게 된다. 셋째, 상대방이 자신의 행동에 대해 반성하기 보다는 오히려 반감, 반항, 저항, 공격성을 보이게 된다.

나-전달법(I-Message)의 사용의 원칙은 첫째, 자신에게 문제가 되는 상대방의 행동과 상황에 대해 구체적으로 말한다. 이때 상대방에 대한 평가, 비판, 비난의 의미를 담지 말고, 객관적인 사실만을 말한다. 둘째, 상대방의 행동이 자신에게 미친 영향에 대해 말한다. 셋째, 그러한 영향에 대해 자신이 느끼는 감정을 솔직하게 언어로 표현한다. 넷째, 상대방에게 내가 바라는 바를 말한다.

① 문제가 되는 상대방의 행동과 상황을 구체적으로 말한다. 이때, 평가, 비난, 비판의 의미를 담지 말고, 객관적인 사실만을 말하는 것이 좋다.

예) "네가 약속시간에 늦을 때" (○)
"툭하면 약속시간에 늦고" (×)

② 상대방의 행동이 자신에게 미친 영향을 구체적으로 말한다.

예) "네가 약속 시간을 안 지키면 아르바이트에 결국 늦게 되거든" (○)
"네가 약속 시간을 안 지키면 힘들어지는 게 한두 가지가 아니야" (×)

③ 그러한 영향 때문에 생겨난 감정을 솔직하게 말한다.

예) "네가 늦으니까 사실 기분이 되게 나빠지더라. 한편 걱정도 되었고" (○)
"네가 늦어도 할 수 없지 하고는 이해하려고 한다" (×)

④ 상대방에 대한 나의 바람을 말한다.

예) "앞으로는 미리 연락이라도 해줬으면 좋겠어" (○)
"다음부터는 빨리 좀 와" (×)

나-전달법 사용 시 주의해야 할 점은 다음과 같다. 첫째, 자신의 감정을 나-전달법으로 표현한 후에는 다시 적극적 경청의 자세를 취한다. 그 이유는 상대방 때문에 나에게 좋지 않은 감정이 생겼다는 이야기를 반복적으로 하게 되면 상대방을 일방적으로 공격하는 셈이 되기 때문이다. 둘째, 상대방의 행동으로 인해 생긴 부정적인 감정만을 강조하지 않는다. 부정적인 감정과 함께 긍정적인 감정도 전하게 되면 상대방도 개방적인 태도를 가질 수 있기 때문이다. 셋째, 상대방의 행동 중 무엇이 문제가 되는지 구체적으로 밝힌다. 문제가 되는 행동을 추상적으로 말하게 되면 자신의 행동 중 무엇이 문제인지를 정확하게 인지할 수 없게 되기 때문이다.

활동 1 공감적 이해

◆ 공감적 이해의 세 가지 수준

1) 인습적 수준(자기중심의 이해)

상대방의 상황이나 의도 및 상대방이 표현한 내용, 감정, 생각조차도 정확히 인식 하지 못하고 자신의 관점에서 자기위주의 의사소통을 하는 것이다.

2) 기본적 수준(타인중심의 피상적 이해)

상대방의 상황이나 의도 및 상대방이 표현한 내용, 감정, 생각 등을 인식하고 자신이 인식한 바를 표현하는 것이다. 상대방의 언어적, 비언어적 표현들에 주의를 기울임으로써 표면적 수준에 나타난 상대방의 감정이나 사고와 일치된 의사소통을 하지만, 상대방의 내면적 감정, 사고에까지는 반응을 보이지 않는다.

3) 심층적 수준(타인중심의 심층적 이해)

상대방의 상황이나 의도 및 상대방이 표현한 내용, 감정, 생각뿐만 아니라 언어로 명백히 표현되지 않은 상대방의 내면적 감정, 사고를 인식하여 표현하는 것이다. 상대방의 내면 안에 숨어있는 긍정적 성장 동기까지 포착하여 반응해 준다.

◆ 공감적 이해의 세 가지 수준의 대화의 예

예 1) "우리 학교에 친한 친구가 하나도 없어요. 마음 터놓고 이야기할 만한 애가 없어요."

1) 인습적 수준: 넌 사교성이 없어서 큰 탈이야. 혹은 친구 없으면 어때. 대신 공부에 재미 붙이면 되잖아.
2) 기본적 수준: 마음에 맞는 친구가 없어 고민이구나.
3) 심층적 수준: 마음 터놓고 이야기할 만한 친구가 없으니 외롭기도 하고 학교생활하기도 힘들겠다. 혹은 마음 터놓고 이야기할 만한 친구가 있어서 의미가 있고 깊은 우정도 나누고 학교생활도 생기가 있었으면 하는 마음이구나.

활동 2 공감적 이해의 세 가지 수준구분

가. "공부만 하려면 잡념이 들어. 시험은 가까워 오는데 큰일 났어."

① 공부가 하기 싫으니 잡념이 들지. 넌 어째 그 모양이냐?

② 이렇게 중요한 때에 집중이 안 되니 속이 타겠구나.

③ 시험은 얼마 안 남았는데 공부가 안 돼서 걱정이겠구나.

나. "난 친한 친구가 없어. 마음 툭 터놓고 이야기할 만한 친구가 없어."

① 마음 터놓고 이야기 할 만 한 친한 친구가 없단 말이지?

② 넌 사교성이 없어서 큰 탈이야.

③ 마음에 맞는 친구가 있어 깊은 우정을 나눌 수 있으면 좋겠단 말이지?

다. "우리 교수님은 상담할 때마다 공부 더 열심히 하라는 잔소리만 하니 정말 싫어. 공부는 스스로 알아서 하는 게 아냐?"

① 다 알아서 할 텐데 교수님이 참견하니까 오히려 더 하기 싫어지는 모양이지?

② 교수님한테 잔소리를 들으니까 기분이 나쁜가 보구나.

③ 알아서 한다는 게 겨우 그거냐? 잔소리 들을 만하지, 뭐.

활동 3 공감적 이해의 세 가지 수준 반응 찾기

다음의 대화에서 앞의 세 수준에 따르면 어떻게 반응할 수 있을지 나름대로 적어 보시오. 혹은 자신의 평소에 반응과 효과적인 반응으로 나누어 반응해 보시오.

가. "오늘 아침엔 버스가 제 시간에 오질 않아 어쩔 수 없이 지각하게 되었어요."

- 인습적 수준: ______________________
- 기본적 수준: ______________________
- 심층적 수준: ______________________

나. "아무리 제가 잘못했다고 해도 아빠의 그런 말과 행동은 제게 너무 심한 것 같아요."

- 인습적 수준: ______________________
- 기본적 수준: ______________________
- 심층적 수준: ______________________

다. "요즘은 학교 오는 것도 귀찮아요, 산다는 것이 너무 힘들어요."

- 인습적 수준: ______________________
- 기본적 수준: ______________________
- 심층적 수준: ______________________

6장

더불어 잘 살기

학습목표

1. 더불어 잘 살기 위한 나의 윤리·도덕적 자세가 무엇인지 이해한다.
2. 더불어 잘 살기 위한 관계에 대해서 이해한다.
3. 더불어 잘 살기 위해 필요한 제도에 대해 살펴보고, 그 적용 방법을 논의한다.

1. 문제제기

청년들 사이에 비혼주의자(결혼은 필수가 아니라, 선택이라고 생각하는 이를 일컫는 말)가 많아진다는 소식은 기성세대에게는 낯선 이야기이다. 그렇다고 사람이 살아가기 위해서 누구나 결혼을 해서 가정을 꾸려야 한다는 생각은 굳이 고정관념이라고 폄하할 수 없다. 하지만 우리나라에서 소위 'n포세대', 즉 사회·경제적 상황 때문에 연애, 결혼, 취업, 희망 등을 포기한 세대의 문제는 결코 가볍게 볼 수 없는 일이다.

연애와 결혼을 못 하는 사람들이 많아지면서 우리나라에는 '인구절벽'이라는 불편한 사회현상을 경험하고 있다. 출산율이 떨어지면서 생산인구가 감소하고, 이는 전체 인구의 감소로 귀결되고 있다. 누군가는 2750년 한반도 인구를 0명이라고 예상하고 있다. 심각한 문제임에 틀림없다. 그런데 이런 문제는 우리나라만의 문제가 아니다. 이미 선진국들은 오래 전부터 이를 극복하기 위해 천문학적인 비용을 지불하여 출산율을 높이려 노력하고 있고, 크고 작은 성과를 거두고 있다. 우리나라도 전국가적으로 노력하고 있지만, 우리의 출산율은 여전히 하향곡선을 그리고 있다. 이를 극복할 근본적인 방법은 무엇인가?

이런 국가적인 문제를 놓고 세대 간의 협력, 즉 기성세대와 신세대 간의 협력은 당연히 전제해야 할 부분이다. 뿐만 아니라 나와 내 가족, 내 친지만으로 한계 지어진 관계를 넓혀야 한다. 한 마디로 내가 알지 못하고, 나와 전혀 관계가 없는 다른 사람들과 더불어 잘 살기를 희망해야 한다. 이것이 우리가 직면한 난관 극복을 위한 첫 걸음이 될 것이다. 이런 맥락에서 본 장에서는 더불어 잘 살기 위한 다양한 방안에 대해 논의할 것이다. 즉 더불어 잘 살기 위한 나의 태도의 문제, 관계의 문제, 제도의 문제 등에 대해 깊이 있게 고민함으로써 문제에 대한 해결책을 함께 모색하도록 하자.

2. 더불어 잘 살기 위한 나의 윤리·도덕적 자세

우리나라가 직면한 다양한 문제 가운데 하나는 1인 가구 수가 증가하고 있으며 혼자 밥을 먹는 사람(혼밥족)이 늘어난다는 것이다. 이는 우리나라가 공동체 사회에서 개인중심 사회로 변화하고 있음을 반증한다. 아리스토텔레스는 "인간은 사회적 동물이다"라고 규정하였다. 이 규정에도 불구하고 혼자 밥을 먹는 사람이나 가족 없이 홀로 사는 1인 가구들이 정말로 고립된 채 홀로 산다고 할 수 있을까?

참고자료

통계청이 발표한 지난해 인구주택총조사에서는 나 홀로 사는 1인 가구가 가장 흔한 가구 유형으로 자리 잡아 눈길을 끈다. 1인 가구는 총 520만3000가구로 집계돼 전체(1911만1000가구)의 27.2%를 차지했다. 1990년 102만1000가구였던 1인 가구는 25년 사이 5배로 늘었다. 1인 가구 다음으로 2인 가구(26.1%)와 3인 가구(21.5%), 4인 가구(18.8%), 5인 이상 가구(6.4%) 순이었다. 부부와 미혼 자녀로 구성된 4인 가구는 1990년부터 2005년까지 가장 보편적인 유형이었지만 지난해에는 그 비중이 20% 밑으로 떨어졌다. 1인 가구 증가에 따라 지난해 평균 가구원 수(2.53명)는 2010년(2.68명)보다 0.15명 줄어들었다.

- 동아일보, 2016.9.8.

현실에서 우리는 다른 사람들과 끊임없이 관계로 맺으며 그들과 더불어 살아야 한다. 이처럼 더불어 살기가 선택 사항이 아니라 필수 사항이라면 우리는 더불어 잘 살기 위한 방법을 배워야 한다. 이런 맥락에서 더불어 잘 살기를 실천하기 위해 나에게 요구되는 윤리·도덕적 자세는 무엇인가? 내가 어떤 자세로 살아야 남들과 좋은 삶을 영위할 수 있고, 또한 내가 사람으로서 행해야 할 마땅한 도리는 무엇인가?

더불어 잘 살기를 지향하는 정치가 아무리 훌륭하고 그 체계가 잘 잡혀있다 하더라도 그것을 실제로 운영하는 당사자에게 문제가 있다면 그것은 무용지물에 불과하다. 그렇기 때문에 나라를 통치하고 경영하는 정치에 선행하는 것이 한 사람의 윤리·도덕적 자세이다. 게다가 더불어 잘 살기의 출발점은 나 자신이므로 다른 사람과 평화롭게 공존하기 위해서는 나의 윤리·도덕적 태도를 우선적으로 점검해야 한다. 이런 이유로 공자는 '수신제가치국평천하(修身齊家治國平天下)'를 강조했다. 자신의 몸과 마음을 바르게 한 사람만이 가정을 다스릴 수 있고, 가정을 다스릴 수 있는 자만이 나라를 다스릴 수 있으며, 나라를 다스릴 수 있는 자만이 천하는 평화롭게 다스릴 수 있다. 이렇듯 윤리·도덕적 담론이 정치적 담론에 우선시 되는 경우는 적지 않다.

더불어 잘 살기를 바라는 전통은 "남에게 대접받고자 하는 대로 너희도 남을 대접하라"는 성경(누가복음 6:31)의 황금률과 밀접하게 연결되어 있다. 황금률은 우리가 가져야 할 윤리적 자세, 즉 목적론적 지향점을 잘 보여준다. 이는 다른 사람을 배려하는 그를 향한 나의 움직임—이를 '호의적 자발성'이라고 부른다—이다. 정리하면 황금률은 자발적으로 내가 남에게 다가서겠다는 움직임이며, 남을 위해 그리고 남과 함께 더불어 잘 살기를 희구하는 태도이며, 좋은 삶을 추구하겠다는 내 의지의 표명이다.

그렇다고 황금률이 오로지 윤리적 목적론만을 내포하고 있는 것은 아니다. 성경의 황금률을 부정적으로 묘사한 2세기의 문서 아리스티데스의 변명(Apology of Aristides)에서 황금률은 도덕적 규범으로 재해석된다. "다른 사람이 너희에게 하지 않기를 원하는 것을 너희도 다른 이에게 행하지 말라." 금지 형식을 띈 이 황금률은 전적으로 규범적이다. 공자의 사상을 정리한 『논어』에 '자신이 원하지 않는 바를 남에게 행하지 말라'(己所不欲, 勿施於人)라는 말이 나오는데, 공자의 이 말 역시 규범적이다.

나와 너의 관계를 중심으로 사람의 행동을 구조적으로 분석해 보면, 한 쪽이 능동자라면 다른 한 쪽은 수동자가 될 수밖에 없다. 이런 비대칭적 구조는 사람사이의 불평등을 초래하고, 불평등이 심해지면 폭력으로 변질된다. 불평등한 관계와 폭력에 대한 위협 앞에서 동서양의 황금률이 생겨났음 알 수 있다. 이런 맥락에서 황금률은 칸트의 의무론, 특히 그의 두 번째 도덕법칙과 유사점이 많다. "네 자신에게나 다른 사람에게 있어서 인격을 언제나 동시에 목적으로 대우하고 수단으로 대하지 말라."[14]

다시 성경의 황금률(누가복음 6:31)로 돌아가면, 금지와 호의적 자발성에 선행하는 요소가 있음을 알 수 있다. 그것은 사랑의 계명(누가복음 6:27)이다. "그러나 너희 듣는 자에게 내가 이르노니 너희 원수를 사랑하며 너희를 미워하는 자를 선대하며, (…) 남에게 대접받고자 하는 대로 너희도 남을 대접하라."

나의 원수와 나를 미워하는 자를 사랑하라는 이 구절은 "네 이웃을 네 자신과 같이 사랑하라"(마가복음 12:31)는 계명과 연결되어 있다. 그런데 어떻게 이웃을 심지어 원수까지 사랑할 수 있을까? 사랑의 계명 안에 그 해답이 있다. 네 이웃을 네 자신과 같이 사랑하라는 구절을 다음과 같이 해석할 수 있기 때문이다. 즉 먼저 네 자신을 사랑하라, 그렇다면 네 이웃을 사랑할 힘이 생긴다. 이 해석의 의미는, 다른 사람(이웃을 넘어 원수까지도)을 사랑하기 위해서는 자기 자신을 사랑할 능력이 있어야 한다는 것이다. 자기를 사랑한다는 것은 무엇인가?

첫째, 자기를 사랑하기 위해서는 자기를 긍정적으로 평가할 수 있어야 한다. 자기 긍정평가는 자기의 모든 행동—당연히 윤리·도덕적 행동을 포함해야 한다—에 대한 반성을 전제로 한다. 자기 행동에 대한 끊임없는 성찰과 반성이야말로 자기를 긍정적으로 평가할 수 있는 원동력이다. 자기 긍정평가는 자기의 순간순간의 행동뿐만 아니라, 전 생애에 걸쳐 자기의 삶을 검토하고 반성하고 수정하는 역할을 한다. 하지만 이런 역할은 자칫 독아론에 빠질 위험성이 있다. 물론 자기 긍정평가는 자기애(프로이트적 나르시시즘)와 동일시할 수 없다. 즉 자기 긍정평가는 자기 연민이나 자기에 대한 동정, 혹은 자아도취 등으로 환원되지 않는다.

둘째, 자기를 사랑하기 위한 자기 긍정평가는 자기유지로 대변된다. "내 욕구가 변

---

14 참고로 칸트의 첫 번째 도덕 법칙은 "네 의지의 격률이 언제나 동시에 보편적 입법의 원리가 되도록 행위하라"이다.

하고 내 의견이나 내 취향이 바뀔지라도 내가 한 약속에 대해 끝까지 책임지고 실행할 것이라는 의지의 표명"[15]이 자기유지이다. 자기 자신에 대한 약속 때문에, 그리고 타자가 자기에게 보이는 신뢰 때문에 자기 약속을 지키려는 태도가 자기유지이다. 자기유지는, 스피노자의 윤리학으로 설명하면, 존재에 대한 열정(*Conatus essendi*)이며 훌륭하게 살겠다는 자기의 욕망이다. 이를 아리스토텔레스 윤리학으로 설명하면, 좋은 삶에 대한 윤리적 추구이다.

셋째, 자기유지와 자기의 긍정평가로 표상되는 자기에 대한 사랑은 다른 사람과의 관계에서 나의 바람직한 삶의 태도를 보여준다.[16]

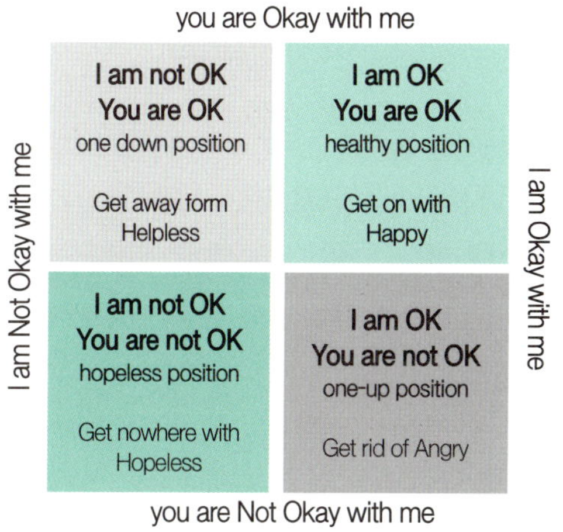

[그림 6-1] 삶의 자세

이 그림에 따르면, 자기를 사랑하고 긍정적으로 평가할 때, 다른 사람을 긍정적으로 평가할 수 있고, 결과적으로 나와 타자의 관계가 건강하고 행복함을 알 수 있다.

---

15 P. Ricœur, *Soi-même comme un autre*, Editions du Seuil, 1990, p.148.

16 OK Corral(Franklin Ernst).

3. 더불어 잘 살기 위한 관계

2011년에 개봉한 프랑스 영화 ‘언터처블: 1%의 우정’은 우리에게 여러 가지를 생각하게 한다.

참고자료

언터처블: 1%의 우정

상위 1% 귀족남과 하위 1% 무일푼이 만났다.

불의의 사고로 하루 24시간 내내 돌봐주는 손길이 없으면 아무 것도 할 수 없는 전신불구의 상위 1% 백만장자 필립은, 어느 날 우연히, 가진 것이라곤 건강한 신체가 전부인 하위 1% 무일푼 백수 드리스를 만나게 된다. 필립은 거침없이 자유로운 성격의 드리스에게 호기심을 느껴 특별한 내기를 제안한다. 2주 동안 필립의 손발이 되어 한시도 떨어지지 않고 자신을 간호하며 버틸 수 있는지 시험해보겠다는 것이다. 그런데 참을성이라곤 조금도 찾아 볼 수 없던 드리스는 오기가 발동해 엉겁결에 내기에 동의한다. 이렇게 전혀 어울릴 것 같지 않던 극과 극인 두 남자의 예측불허 기막힌 동거가 시작 된다.

풋 크림을 샴푸로 착각하고 머리를 감기거나, 필립의 식사를 돕는 도중 여자에게 한눈을 팔아 엉뚱한 곳에 음식을 들이대는 등 두 남자의 좌충우돌 동거 생활이 시작된다. 시간이 지남에 따라 필립은 자신을 장애인으로 생각지 않고 다른 사람과 동등하게 대해주는 드리스에게 깊은 호감을 느끼며 둘의 사이는 점점 가까워지게 된다. 그렇게 필립과 드리스는 조금씩 마음을 열어가며, 또 조금씩 서로를 닮아가면서 오랫동안 잊고 있었던 행복함을 느끼게 된다.

계층과 인종을 극복한 친구관계는 정말 가능한지? 유익을 전제하지 않은 친구관계가 옳지 않다면 어떤 친구관계가 필요한지? 한 마디로, 우리에게 바람직한 친구관계란 무엇인지? 등을 고민하게 한다. 여러분이 생각하는 친구는 어떤 존재이고, 그와 어떤 관계를 맺어야 할까?

1) 친구관계

삶을 살아가며 좋은 친구를 두는 것은 세상에게 가장 가치 있는 일이다. 우리는 인생을 살아가며 많은 사람들을 만나게 되지만 그 중 친구로 발전하고 지속적인 우정관계를 맺게 되는 사람들은 소수의 사람들이다. 이들과 지속적인 관계를 맺음으로서 더 깊은 관계로 발전하는 것은 서로의 삶에 의미 있는 존재가 되는 것이며, 세상을 살아가는데 중요한 자원이 될 수 있다.

아리스토텔레스는 우정은 일종의 탁월성이거나 혹은 탁월성을 수반하는 것이며, 삶에게 가장 필요한 것이라고 말했다. 재산이 많은 사람이나 높은 자리와 권세를 가진 사람들에게도 친구가 필요하며, 곤궁할 때나 어려움을 겪을 때에도 친구가 필요하고, 젊은이나 나이든 사람에게도 친구관계는 필요하다고 말했다. 또한 아리스토텔레스는 친구의 조건으로 서로에 대한 선의를 갖고 있으며, 상대방이 잘되기를 바라며, 동시에 그런 사실을 서로가 알고 있어야 한다고 말하였다.

(1) 친구관계의 일반적 특성

친구관계의 일반적인 특성은 다음과 같다(권석만, 1997). 첫째, 친구관계는 대등한 위치의 인간관계이다. 일반적으로 친구관계는 가장 수평적인 관계이며, 서로 간의 서열이 존재하지 않는다. 둘째, 친구관계는 가장 순수한 인간지향적인 대인관계이다. 친구관계는 어떠한 목적을 이루기 위해 만나고 과업을 이루기 위한 관계가 아닌 실리적 목적보다는 상대방의 개인적 속성이 친구관계를 형성하는 주요한 요인이 되며, 이해타산적인 관계보다는 상대방에 대한 호감과 우정이 친구관계를 유지하게 하는 주요한 요인이 된다. 셋째, 친구관계는 인간관계 중 가장 자유롭고 편안한 관계이다. 친구관계는 동등한 위치에서 맺는 인간관계이기 때문에 위계적 관계에서 지켜야 되는 심리적 부담과 제약이 적으며, 연인관계에서 경험하는 구속력과 책임감에서 자유로울 수 있으며, 자신을 가장 솔직하게 표현할 수 있는 인간관계이다. 넷째, 친구관계는 여러 측면에서 유사점을 지닌 사람들이기 때문에 서로 공유할 삶의 영역이 넓다. 친구관계는 나이, 학력, 지식수준, 사회적 수준 등에 있어 비슷한 사람들끼리 형성되는 경향이 있으며, 삶의 체험도 유사하기 때문에 서로를 이해하고 공감할 수 있는 공유영역이 가장 넓은 관계이기도 한다. 마지막으로 친구관계는 구속력이 적어 해체되기 쉽다. 친구관계는 다른 관계에 비해 가입과 탈퇴가 자유로우며, 관계를 유지하기 위한 의무나 구속력이 적다. 따라서 친구관계를 유지하기 위한 자발적이고 적극적인 노력을 기울이지 않는다면 약화되고 해체되기 쉬운 인간관계이기도 하다.

(2) 친구관계의 기능

친구관계의 기능은 다음과 같다(권석만, 1997). 첫째, 친구는 주요한 정서적 공감자이자 지지자가 된다. 친구는 만나서 편안하고 서로 힘을 줄 수 있어야 한다. 서로를 이해하고 공감하며 인정하는 정서적 지지는 친구관계를 유지하고 심화시키는 주요한 요인이 된다. 둘째, 친구는 자기 자신과 자신의 삶을 평가하는 주요한 비교준거가 된다. 우리는 타인과 비교를 통해 자신을 평가한다. 자신과 여러 가지 조건에서 차이가 있는 사람보다는 비슷한 사람과의 비교자료가 자신을 평가하는 자료가 될 수 있다. 셋째, 친구는 즐거운 체험을 공유하는 사람이다. 친구는 만나서 즐거워야 하는데, 서로 만나서 재밌게 놀 수 있어야 한다. 공통의 화제, 관심사, 취미가 같은 사람들끼리 서로 나누는 재미와 즐거움은 친구관계를 유지하는 주요한 원천이 된다. 넷째, 친구는 안정된 소속감을 제공한다. 인간은 누구나 소속감의 욕구를 지니는데, 친구집단에 소속됨으로서 그 집단을 자신의 준거집단으로 삼게 되고 여러 가지 긍정적이 경험과 도움을 안정되게 공급받을 수 있다. 마지막으로 친구는 삶에 현실적인 도움을 준다. 현실적인 곤경이나 도움이 필요한 상황에서 그러한 도움을 요청할 수 있는 주요한 대상은 친구이다. 현실적으로 도움이 되는 친구관계는 잘 유지될 수 있다.

(3) 친구관계의 우정의 강도

친구관계에서 우정의 강도는 친구관계를 유지한데 필수적인 요소이다. 우정의 강도는 친밀도로 표현되기도 하는데, 몇 가지 기준에 비추어 평가될 수 있다(권석만, 1997). 첫째, 우정은 친구관계에서 경험하는 정서적 만족도에 비례한다. 정서적 만족도는 친구관계에서 경험하는 긍정적 감정과 부정적 감정의 비율에 의해서 평가될 수 있다. 유쾌하고 즐거우며 편안한 친구는 부담스럽고 불편한 친구보다 우정의 강도가 높다고 할 수 있다. 아울러 미래에 정서적 만족도가 높아질 것이라고 예상하는 친구관계는 그렇지 못한 관계보다 강한 우정을 느끼게 된다. 둘째, 우정은 현재의 친구관계에 투여하는 심리적 또는 물질적 양에 비례한다. 만남을 위해 많은 시간을 투여하고 심리적인 관심과 애정을 보여주며 때로는 물질적으로도 친구에게 투자하게 된다. 이러한 투자량은 친구관계의 강도를 반영하는 것이다. 셋째, 우정은 미래에 친구를 위해 투자할 수 있는 최대의 양에 비례한다. 친구가 도움을 요청하는 경우 그 도움에 적극적으로 임하는 것이 우정에 질에 영향을 미친다. 요청하는 도움은 돈, 시간 등이 될 수 있는데 서로 간의 신뢰도에 따라 친구를 위한 자기희생이 우정의 강도를 평가하는 수단이 될 수 있다. 마지막으로 우정의 강도는 친구관계의 지속기간이나 만남의 빈도와 관계가 있다. 오랜 기간 우정을 유지하고 빈번하게 많은 만남을 가져온 친구관계는 견고해진다. 이렇게 오랜 기간 친구관계를 유지해왔다는 것은 그동안 많은 우여곡절 속에서 친구관계를 지탱하고 심화시키는 요인들이 충분히 시험되고 검증되었다는 것을 의미한다.

2) 친구관계의 발전단계

친밀하고 깊은 관계는 첫 만남부터 자연스럽게 발생하는 것은 아니다. 서로의 만남이 지속되면서 점차적으로 친밀감을 느끼게 되고, 친밀감의 증진은 깊은 우정관계로 발전하게 된다. 인간관계의 발전 정도는 친밀감의 정도에 의해 평가된다.

Huston과 Levinger(1978)는 인간관계의 친밀성이 두 사람 사이의 상호 의존성 정도에 따라 결정된다고 주장한다. 이들은 친교관계는 세 가지 단계는 다음과 같다. 첫 번째 단계는 면식의 단계로서 두 사람 간 직접적인 접촉은 없고 다만 관찰을 통해 서로 알고 있는 단계로서, 두 사람 중 한사람 혹은 서로가 상대방의 존재를 알고 있지만 대화나 함께 하는 활동 등의 직접적인 접촉이 이뤄지지 않은 상태이다. 다만 상대방에 대한 관심이나 호기심을 지니고 있는 상태이다. 두 번째 단계는 접촉의 단계로서 두 사람 사이에 직접적인 교류가 일어나는 단계이다. 그러나 이 단계에서는 접촉이 피상적인 수준에 머물거나 과업과 관련된 역할수행을 위해서 접촉이 일어나는 형식적인 관계에 머물게 된다. 세 번째 단계는 상호의존의 단계로서 두 사람 사이에 크고 작은 상호의존이 나타나게 된다. 이 단계는 두 사람 사이의 교류가 증가되고 심화되어 공유된 경험의 영역이 확대된다. 특히 상호교류가 개인적인 측면의 수준까지 발전하는 사적인 관계로 진전된다. 이러한 수준에서는 자기개방이 활발히 이루어지는데, 서로의 성격, 가치관, 고민 등을 공유함으로써 상호의존의 깊이가 깊어지고 영역이 넓어진다.

3) 사랑관계

더불어 잘 살기 위해서는 친구가 필요한 것처럼, 우리에게는 사랑을 주고받을 대상이 필요하다. 왜냐하면 모든 인간관계 중에서 사랑은 우리에게 가장 강렬하고 황홀하고 소중한 감정을 경험하게 해주기 때문이다. 사랑이란 일반적으로 이성 관계에서 경험하는 감정이며, 사랑은 기쁨과 슬픔, 행복과 불행, 환희와 고통 등을 좌우하는 가장 중요한 요인이다. 이성 관계에서 성숙한 사랑을 하게 되면 긍정적인 감정인 기쁨과 행복, 환희를 경험하게 되지만 성숙하지 못한 사랑은 부정적인 감정인 슬픔과 불행, 고통을 경험하게 한다.

(1) 사랑의 구성요소

Sternberg(1986)는 연구를 통해 사랑의 기본적인 구성요소를 설명하는 사랑의 삼각형 이론을 제안하였다. Sternberg는 사랑의 세 가지 구성요소를 열정, 친밀감, 책임으로 구분하였고, 이 세 가지 요소가 적절히 조합되어야 성숙한 사랑을 할 수 있다고 주장하였다.

사랑의 세 가지 구성요소 중 첫 번째는 열정이다. 열정은 사랑의 동기적인 측면으로써 상대방에 대한 뜨거운 감정을 의미한다, 사랑에 빠진 사람을 흥분시키고 들뜨게 하며 사랑하는 사람과 한시도 떨어지고 싶지 않으며 사랑하는 사람과 하나가 되고 싶어 하는 마음을 일으킨다. 열정은 다른 인간관계와 사랑관계를 구분하는 가장 핵심적인 요인으로써 사랑관계에서 유일하게 나타나는 요소가 바로 열정이며, 상대방에 대한 강렬한 감정을 불러일으키는 요소이다. 열정은 흔히 첫눈에 반하는 것처럼 만남의 초기부터 급속도로 가열될 수 있지만 오랫동안 지속되기는 어렵다. 열정은 시간이 지남에 따라 점차 사그라지며 친밀감이나 책임감으로 변화하는 것이 일반적이다.

사랑의 구성요소 중 두 번째는 친밀감이다. 친밀감은 서로에 대한 익숙함과 편안함이며, 상대를 가깝고 편하게 느끼고 서로를 잘 이해할 수 있으며, 원활한 의사소통이 이뤄나며, 지지받는다는 것을 느끼는 것이다. 친밀감은 사랑의 정서적인 측면이며, 서로에 대해 편안하고 안정감을 느낄 수 있도록 돕는다. 친밀감은 지속적인 만남을 통해 서로를 신뢰하게 될 때 형성되는 느낌으로서 서서히 증가하는 경향이 있다.

사랑의 구성요소 중 세 번째는 책임이다. 책임은 인지적인 측면으로써 상대방을 사랑하겠다는 결심과 책임이며, 상대방에 대한 의지적인 태도이기도 하다. 책임이 구체적으로 나타나는 것은 약혼과 결혼이다. 사랑에 대한 약속은 고백이나 반지 등의 상징적 행위를 통해 이루어진다. 이것은 신뢰감의 기초를 이루며, 사람에 대한 책임은 상대방에 대한 헌신과 돕는 행동 등을 통해 지속되며 확인된다.

열정만 있는 사랑은 불꽃처럼 빠른 가까워지지만 열정이란 불꽃은 그렇게 오래 지속될 수 있는 것은 아니다. 나이가 들어가면서 신체적 매력은 떨어지며, 서로에 대해 알아갈수록 신비로움은 사라진다. 또한 서로에 대해 책임 져야 할 것이 많아질수록 열정은 식게 된다. 열정이 친밀감과 책임이란 요소로 뒷받침되지 않으면 관계는 깨뜨려지게 된다. 열정은 사랑을 시작하는 원인이 될 수 있지만 사랑을 유지하고 성숙한 사랑을 하기 위해서는 친밀감을 발전시키고 서로의 관계에 책임을 지는 행위가 필요하다.

열정이 불꽃이라면 책임은 불꽃을 담아두는 등잔이라고 볼 수 있다. 책임이란 등잔에 열정이 활활 타오르며 친밀감이란 기름이 지속적으로 제공될 때 사랑은 유지되고 발전하게 된다. 이 가운데 어느 것 하나만 있다면 온전한 사랑이 도지 못한다. 젊은 시절에는 사랑에 있어 열정이 더 없이 중요하지만 나이를 먹어갈수록 친밀감과 책임이 중요해진다.

(2) 사랑의 유형

Lee(1977, 1988)는 사랑의 의미를 내포하고 있는 다양한 그리스어에 근거하여 사랑의 유형을 여섯 가지로 분류하였다.

첫째, 낭만적 사랑(EROS: romantic love)은 열정과 욕망이 중요한 요소가 되는 사랑이다. 낭만적 사랑을 하는 사람은 사랑하는 사람에 대해 지속적으로 생각하며, 그 사람과 하나 되고 싶은 강한 열망을 느낀다. 주로 신체적인 매력에서 출발하여, 사랑하는 사람을 위해서라면 무엇이든지 다 불태울 수 있을 것 같은 느낌을 갖는다. 낭만적 사랑은 사랑이 영원할 것이라고 믿으며 사랑을 위해선 무엇이든지 하려는 충동과 더불어 강렬한 성적인 요소가 개입된다. 사랑의 열병을 겪는 것이 바로 이 낭만적인 사랑이다.

둘째, 우애적 사랑(STORGE: companionate love)은 친밀감이 주된 요소가 된다. 우애적 사랑은 낭만적 사라처럼 불타오르는 뜨거움보다는 서서히 만들어져서 오랫동안 지속되는 평안한 사랑이다. 친구처럼 지내다가 사랑하는 관계로 발전하면서 나타나는 사랑이다. 주로 관심과 취미 등이 비슷한 사람들이 함께 생활을 공유하면서 친밀감을 발달시키며, 친구처럼 우정을 나누듯이 사랑을 나눈다. 결혼생활의 후반으로 갈수록 서로에게 친밀감을 느끼는 우애적인 사랑이 중요해진다.

셋째, 유희적인 사랑(LUDUS: playful love)은 마치 놀이를 하듯이 재미와 쾌락을 중요하게 여기는 사랑으로, 플레이보이들이 나타내는 사랑에서 그 예를 찾아볼 수 있다. 유희적인 사랑은 사랑하는 사람에 대한 책임에는 관심이 없고 사랑이 주는 열망과 재미를 중요하게 여긴다. 자유롭게 사랑하고 싶어 하며 책임을 지는 일이 생기는 것을 싫어하여 장기적인 계획을 세우기를 바랄 때 사랑을 그만두고 다른 사람을 찾아 떠나는 경향이 있는 사랑이다.

넷째, 실용적인 사랑(PRAGMA: pragmatic love)은 관계가 주는 기능적인 면을 중요하게 여기는 합리적인 사랑이다. 실용적 사랑을 하는 사람은 불꽃같은 열정에 치우치기보다는 관계가 안정적일 수 있도록 상대방의 성격, 교육수준, 경제적 상태, 종교, 취미 등의 조건을 이성적으로 고려하여 자신과 조건이 적합한 사람을 선택한다. 일반적으로 선이나 중매, 혹은 결혼정보 회사의 도움 등을 통해 사랑을 시작하는 것이 한 예가 될 수 있다. 소개를 통해서 서로의 조건에 적합한 사람을 만나서 사랑을 시작하여 연애를 통해 상대방에 대한 애정과 책임이 생기게 되는 경우이다.

다섯째, 이타적인 사랑(AGAPE: altruistic love)은 무조건적이고 헌신적으로 상대방을 지원하고 보살피는 사랑이다. 이타적인 사랑은 상대에게 사랑받기 보다는 상대가 필요한 것을 파악하여 자신이 줄 수 있는 경제적 심리적 사랑을 주는 것이다. 이런 종류의 사랑은 헌신성이 가장 중요한 덕목으로, 진정한 사랑이란 자신보다 상대의 행복과 성취라고 믿는다. 이타적 사랑의 대표적인 예는 어머니의 사랑이라고 볼 수 있다. 간혹 자신은 사랑받을 만한 가치가 없다고 믿는 낮은 자존감의 소유자들이 사랑받기 위해 다 주어야 한다고 믿어서 자신은 제대로 대우받지 못하면서도 헌신하는 경우 이타적 사랑의 모습을 보일 수 있다.

여섯째, 소유적 사랑(MANIA: possessive love)은 상대방에 대한 강렬한 집착을 중요한 요소로 하는 강렬한 사랑이다. 소유적 사랑을 하는 사람은 사랑이란 상대방을 소유하거나 자신이 상대에게 소유당하는 것이라고 믿는다. 이들은 상대방이 자신의 소유라고 생각될 때 편안함과 강한 열망을 느낀다. 사랑을 확인하기 위해 노력하고, 사랑이 떠나가지 않을까 불안해하며 의심한다. 사랑을 얻기 위해 헌신적으로 노력하지만 상대방이 떠나려는 움직임이 보이면 배신감에 분노하고 증오한다. 사랑하는 사람이 배신한다고 느끼면 상대방을 폭행하고 살해하는 극단적인 경우가 소유적 사랑의 예가 될 수 있다. 이를 데이트 폭력이라 한다. 이 부분에 대한 논의는 10장에서 심화시킬 것이다.

(3) 사랑의 발전단계

사람은 만남으로부터 시작된다. 처음에 낯설어하던 두 남녀가 만남이 지속되면서 점차 애정과 친밀감을 느끼게 된다. 시간의 흐름에 따라 친밀감이 증가되어 깊은 사랑의 관계로 발전하기도 한다. Altman과 Taylor(1973)은 이성관계의 발전 과정을 분석하였고, 사랑관계를 발전시키기 위해서는 일반적으로 다음의 단계를 거치게 된다고 하였다.

첫째, 첫인상 단계는 상대방을 만나게 된 후 외모나 행동에 대한 관찰을 통해 인상을 형성하고 이를 통해 호감을 갖게 되어 상대방에 대해 더 알고 싶은 마음이 생겨 상대방에 대한 개인적 정보에 관심을 가지게 된다.

둘째, 지향 단계는 상대방에 대한 호감을 바탕으로 상대방과 객관적인 정보를 공유하고, 피상적이지만 개인적인 정보를 나누며, 자신에게 관심이 있는지 등을 탐색하게 된다. 이때 상대방에게 좋은 인상을 주기 위해 노력하게 된다.

셋째, 탐색적 애정교환 단계는 만남이 잦아지고 상대방이 자신에 대해 호감이 있다고 느껴지면 상대방에 대한 호감 이상의 초보적인 애정이 생기는 단계이다. 이때 대화의 양도 많아지고 깊어지며, 상대방이 자신을 사랑하는지 혹은 거부하는지에 대한 관심이 높아진다. 이 시기는 매우 불안정한 시기로 사랑을 고백할 것인지 말 것인지를 고민하게 된다. 이때 상대방의 거부로 관계가 끝나게 되는 경우 절망과 좌절감을 느끼게 된다.

넷째, 애정교환단계는 사랑고백이 받아들여지게 되고 서로 간에 애인으로서 교류를 시작하게 된다. 빈번한 데이트가 이루어지고 더 많은 선물과 이벤트가 제공되며, 더 확실한 방법으로 애정을 표현하게 된다. 하지만 이 시기는 아직 상대방에게 자신의 약점이 보이지 않을까 조심하고 상대의 사랑을 확인하고 신뢰감을 형성하려고 노력하는 시기이다.

마지막, 안정적 교환단계는 자신의 약점과 단점도 더 편안한 마음으로 두려움 없이 보이기도 하고 상대의 소유물을 더 편안하게 사용하기도 하며, 더 안정적으로 사랑을 표현하는 단계이다. 흔히 이 시기에 결혼에 대해 약속하게 되는 시기이다. 하지만 이 단계에서 사랑이 여러 가지 이유로 인하여 사랑이 끝나게 되는 경우 심한 마음의 상처를 받게 될 수 있다.

(4) 미래의 사랑관계에 대한 논의

4차 산업혁명의 시대를 살아가는 우리가 생각해 볼 사랑의 관계는 '인간과 인공지능(AI, artificial intelligence)과의 사랑은 과연 가능한가?'이다. 2013년에 만들어진 영화 '그녀(Her)'를 보면, 주인공 테오도르는 인공지능 운영체제(OS, Operating System) '사만다'와 사랑하는 관계로 발전한다. 간단히 줄거리를 살펴보면, 테오도르는 손 편지를 대신 써

주는 일을 하고 있었다. 그의 필력은 누구에게나 칭찬을 받고 있었지만 반면의 그의 삶은 재미가 없는 삶이기도 했다. 그 이유는 결혼한 아내와 별거 중이었고, 그로 인해서 그의 삶이 재미가 없다고 판단을 했기 때문이다. 외로움이 그에게 가장 큰 문제였다. 그러한 삶을 살아가던 테오도르는 어느 날 집에 가던 도중 인공지능 운영체제를 알게 된다. 그 운영체제의 이름은 사만다라라고 하는 OS였다. 참고로 유명 배우 스칼렛 요한슨이 사만다의 목소리 연기를 책임졌다. 그녀는 오늘날의 알파고(AlphaGo)처럼 딥러닝(Deep Learning)을 통해 스스로 진화하는 능력을 가졌고, 주인공의 모든 부족한 부분을 채워주는 존재로 발전한다. 주인공에게 부족한 점은 단 하나 '그녀'를 실제로 만날 수 없었다는 것이다. 그럼에도 불구하고 이 영화는 인간의 미래의 사랑관계에 대해 숙고하게 한다. 반려동물이 사람을 대체하는 새로운 사랑관계로 등장한 현재, 인간과 인공지능 사이의 사랑관계가 가능할 미래를 상상하는 것은 지나친 오버일까?

4. 더불어 잘 살기 위한 제도

앞선 장에서 해결하지 못한 문제가 있다. 즉 우리와 아무런 관계가 없는 사람인 제3자에게 사랑을 실천할 방법이 무엇인지 묻기만 하고 그 해결책을 찾지 않았다. 그러면서 이 문제는 우정이나 사랑의 문제가 아니라, 제도의 문제라고 했다. 그렇다. 적어도 아리스토텔레스와 그의 사상을 계승한 사상가들의 입장에서 윤리의 문제는 정치의 문제이자 제도의 문제이다.

몇몇 개인이나 특정한 공동체라는 친근하고 제한적인 범주를 뛰어 넘어, 우리와 멀리 떨어져 있어 우리와 아무런 관계가 없는 사람인 제3자에게로 사랑의 범주를 확장할 수 있는 효과적인 방법은 바른 제도를 만들고, 그것을 실행하는 것이다.

사랑의 실천과 제도의 문제를 이웃과 동료에 대한 문제와 결부시켜 살펴보기 위해 다음의 사례를 가정해 보자. 어떤 사회복지사에게 딸이 있다. 그는 자신의 딸을 사랑하면서, 동시에 경범죄에 연루된 다른 청소년을 돌볼 수 있다. 이 예를 주의 깊게 살펴보면, 첫 번째 행동은 지극히 개인적이고, 독점적이고, 배타적이다. 반면, 두 번째 행동은 추상적이지만 보다 폭넓은 행동이다. 특히 후자의 행동에서 주목해야 할 '추상적'이고 '보다 폭넓은'이란 말은 사회적이고 제도적인 관계로 이해할 수 있다. 이 사례에서 우리는 좋은 점과 나쁜 점을 동시에 발견한다.

좋은 점에 대해 살펴보면, 이웃 관계, 즉 개인적이고 배타적인 '짧은' 관계는 '긴' 관계, 즉 집단적인 관계와 동료 관계로 확장될 수 있다. 우정에 근거한 상호 인격적 관계가 개인적이고 쉽게 깨질 수도 있는 관계이다. 제도적 관계는 지속적이고 집단적인 관계를 제공한다. 이럴 경우 개인적 관계는 제도적 관계에 의해 정해진 공공질서에 의해 보호받을 수 있다. 제도적 관계의 나쁜 점에 대해 살펴보면, 제도적이고 사회적인 관계에서 우리는 익명의 존재로 취급될 위험성뿐만 아니라, 추상적인 관계로 타인과의 관계를 맺게 될 수도 있다. 이는 왜곡된 사회적·제도적 관계가 낳는 '소외' 현상에 기인한다. 제도적 관계에 대한 이런 부정적 시각은 비정상적이고 정의롭지 않은 제도의 문제를 부각시킨다. 즉 현실의 비정상적인 제도는 더불어 잘 살기를 꿈꾸는 미래의 긍정적이고 바람직한 제도를 모색하게 한다. 이는 제도 그 자체가 갖는 비판 기능 때문이다. 즉 비판 기능을 통해 제도는 여러 가지 모순과 부정적 요소로 실망스런 이 세상을 살만한 세상으로 바꿀 것을 기획하고 정의로운 사회를 지향한다. 이처럼 제도는 살만한 세상과 더불어 잘 살기를 실현하기 위해 필요불가결한 요소이다.

존 롤스(John Rawls, 1921~2002)도 정의 실현을 위한 제도적 장치의 필요성을 고찰했다. 그의 입장은 아리스토텔레스의 목적론적인 윤리보다 칸트의 의무론적인 도덕에 가깝다. 그는 근대의 사회계약론자들(홉스, 루소, 로크 등)의 계약론을 재해석함으로써 '공정으로서의 정의'가 세워지는 사회를 세우고자 노력했다. 그는 공정한 절차에 의해 사회 구성원들이 합의한 것이 정의롭다고 보았다. 그래서 공정한 절차를 위해 합의하는 당사자는 합리적인 선택을 해야 할 것과 최소 극대화의 규칙에 따를 것을 동의해야 한다. 최소 극대화의 규칙(maximin, maximum minimorum[최소 중의 최대])이란 "어떤 대안으로부터 발생한 최악의 결과(최소)가 여러 대안으로부터 나타난 최악의 결과와 비교하여 최고로 우월할 경우(극대화)에만 그 대안을 택한다는 규칙을 말한다."[17] 다시 말해, 최악의 경우 발생 가능한 손실, 즉 최대 손실을 최소화한다는 의사결정 원칙으로서, 선택한 대안을 실제로 행할 때 일어날 수 있는 최악의 경우에 주목하고 그에 비추어 결정하라는 것이다.

이를 보다 잘 이해하기 위해 구체적 사례를 통해 최소 극대화(맥시민) 규칙에 대해 알아보자. 철수는 봉사를 목적으로 아프리카에 갔다. 그가 찾아가 곳은 아프리카 오지(奧地)라서 주위 사람들과 소통이 어려운 상태였다. 그런데 그곳에서 쿠데타가 발생하여 철수는 반군 지도자에게 끌려가게 되었다. 반군 지도자는 철수에게 다음과 같은 명령을 내렸다. "지금 내게 20명의 포로가 있다. 네가 이들 중 1명을 선택하면 그 사람만 죽이고 나머지는 모두 살려줄 것이다. 그런데 네가 1명을 선택하지 않으면 다 죽일 것이다." 이 명령을 받은 철수는 다른 사람과 논의할 수 없는 상황이다. 철수는 어떤 선택을 해야 할까? 철수에게 누구를 살리고 누구를 죽일 선택권이 있는가? 그렇다고 죽을 1명을 선택하지 못해 모두를 죽이는 것은 옳은 일인가? 여러분이 철수의 입장이라면 어떤 선택을 할 것인가? 이와 같은 최악의 상황에서 차선책, 즉 최소극대화는 무엇인가?

더불어 잘 살기 위한 제도가 왜 필요한지는 우리나라의 현실을 보면 더 잘 알 수 있다. 우리나라 현 정부에서 제시한 국가비전의 키워드는 '정의'이다. 이런 맥락에서 국정기획위에서 롤스의 정의론을 언급했다는 사실은 결코 우연이 아니다. 국정기획위에 따르면, "정의로운 제도만이 공정한 사회를 만들 수 있고 정의로운 제도의 설계와 운영이 바로 정치와 정부의 가장 중요한 역할"이라며 "정의로운 대한민국은 특권과 반칙을 일소하고 원칙과 상식이 존중되며 누구에게나 공정한 기회가 보장되는 나라"이다.[18]

롤스의 공정으로서의 정의론은 아래의 표에서 볼 수 있는 정의의 두 원칙으로 요약된다. 그렇다면 이 원칙에 따라 시행되고 있는 제도는 어떤 것이고, 앞으로 시행되어야 할 제도는 무엇이어야 할까?

---

17 홍성우, 『존 롤즈의 정의론 읽기』, 세창출판사, 2015.

18 "롤스의 '정의론'으로 무장한 문재인 정부", 시사위크 2017.07.19. (http://www.sisaweek.com/news/articleView.html?idxno=94475)

참고자료

존 롤스의 정의의 두 원칙(Two Principles)

- 정의의 두 원칙은 제1원칙인 '자유의 원칙'과 제2원칙인 '차등원칙과 공정한 기회의 원칙'이다.
- 정의의 두 원칙에는 우선순위가 있어서 제1원칙이 제2원칙에 앞선다. 그리고 제2원칙에서는 공정한 기회의 원칙이 차등원칙에 우선한다.
- 제1원칙인 자유의 원칙은 개인의 자유를 강조한다. 즉 개인의 자유가 사회적, 경제적 효율성을 위해 희생될 수 없다.
- 제2원칙인 차등원칙은 사회적 경제적 불평등이 사회의 최소수혜자에게 최대 이익이 될 때에만 정당화될 수 있다.

※ 롤스는 이 같은 원칙을 통해 사회적 약자들이 자선의 대상이 아닌 그들에게 이득이 되도록 돕는 것이 정의(justice)라는 새로운 관점을 제시하였다.

연계 활동

이웃이라는 작은 공동체를 넘어서서 우리와 아무런 관련이 없는 제3자와 더불어 잘 살기를 실천하기 위해 필요한 제도적인 장치를 생각해 보고, 구체적으로 어떤 제도가 필요한지 찾아보자.

예) 내가 생각하는 정의로운 제도로는 소외된 제3자의 고독사를 예방하기 위해 소외계층 1인 가구를 수시로 점검하고 돌볼 사회복지사를 확충하는 것이라고 생각합니다.

(1) 나의 의견:

(2) 우리 조의 의견:

7장

시민 사회

학습목표

1. 시민개념의 발달과정을 이해하고 바람직한 시민 생활에 관심을 갖는다.
2. 시민교육의 목적을 알고 시민으로서 실천역량을 기른다.
3. 세계시민이 되기 위한 대학생의 자질을 함양한다.

1. 문제제기

나에게 어떤 친구를 사귀고 싶은지 묻는다면, 당신은 무엇이라고 대답할 것인가? '나와 잘 통하는 사람', '나와 성격이 비슷한 사람', '나와 생각이 같은 사람' 등의 대답이 떠오를 것이다. 그러나 사고방식, 언어, 피부색, 국적 등 나와 같은 사람으로 구성된 사회에서 사는 것은 점차 어려워질 것이다. 지구촌이라는 말처럼, 세계는 하나의 마을이고 이웃이다. 따라서 나와 다른 사람들과 더불어 살아가는 능력이 이제는 중요한 역량으로 강조되고 있다. 즉, 세계화 시대를 살아가는 지금은 '나와 다른 것'을 잘 받아들일 수 있는 능력이 필요한 시기이다. 개인과 국가를 넘어선 지구촌 사회에서 '더불어 잘 살기' 위한 노력에 관심을 가져야 할 때이다.

다음의 글을 보면서, 사례 속 주인공이 되어 생각해 보자.

사례 1. 핑거볼의 물을 마신 엘리자베스 여왕

중국 고위관리자가 영국에 초대되었다. 만찬을 즐기던 중, 중국 고위관리자는 레몬 한 조각이 띄워진 핑거볼(finger bowl)의 물을 시원하게 마셨다. 이 모습을 본 영국 고위관리자들은 몹시 당황 하였다. 손을 씻는 핑거볼의 물을 마셨기 때문이다. 그러나 이를 본 엘리자베스 여왕은 망설임 없이, 핑거볼의 물을 마셨다.

영국의 만찬장에서 여왕은 상대방을 식사예절도 모르는 사람으로 생각하지 않고 핑거볼의 물을 똑같이 마셨다. 지혜로운 엘리자베스 여왕의 행동으로 만찬은 계속될 수 있었다. 손 씻는 물을 마시면서까지 상대방을 배려한 엘리자베스 여왕의 이야기는 그 후로 글로벌 매너의 대표적인 사례로 유명해졌다.

사례 2. 한 손으로 악수하는 빌게이츠

마이크로소프트(MS) 공동창업자인 빌 게이츠가 한국에 방문하였다. 이 때, 빌 게이츠가 청와대에서 대통령과 악수를 한 모습이 이슈가 되었다. 빌게이츠가 왼손을 주머니에 넣은 채, 대통령과 한 손으로 악수를 했기 때문이다. 실제로 빌 게이츠는 독일의 메르켈 총리, 프랑스의 프랑수아 올랑드 대통령, 미국의 클린턴 대통령, 중국의 후진타오 주석 등과 악수할 때도 한 손으로 하였다.

만약 어떤 사람이 나에게 무례한 행동을 했다면, 무슨 생각이 들겠는가? 최소한 좋은 사람으로 생각하지는 않을 것이다. 그러나 우리가 이러한 상황을 상대방의 입장 즉, 빌 게이츠가 되어 생각해 보면 예의 없는 행동을 하려 한 것이 아니라 자신도 모르게 한 하나의 습관일 수 있다. 이 사례와 같이 상대방의 행동은 내가 어떻게 이해하느냐에 따라 전혀 다르게 해석될 수 있다(신군재, 2017).

중국 고위관리자가 핑거볼의 물을 마신 후에 엘리자베스 여왕이 핑거볼에 손을 씻었다면 어떠했겠는가? 중국 고위관리자뿐만 아니라 그곳에 함께 있던 영국, 중국 관계자 모두 불편한 만찬 분위기가 되었을 것이다. 또, 빌 게이츠의 한 손 악수가 국가 간 행사에 예의 없는 행동으로 간주 되었다면 대통령에게 결례를 범한 큰 사건이 되었을 것이다. 그러나 핑거볼의 물을 마신 엘리자베스 여왕과 빌 게이츠의 한 손 악수 사건을 우리가 배려나 문화차이로 생각해 본다면 전혀 다른 해석도 가능하다. 두 사례는 개인의 유연한 생각 하나가 구성원 전체를 편안하게 만들 수 있고, 개인의 행동 하나가 사회·정치적 영역까지 미칠 수 있음을 시사한다. 이러한 사례를 통해 우리는 한 개인의 역할과 행동이 주변사람, 사회, 국가에까지 중요한 영향이 될 수 있음을 생각해 볼 수 있다.

2. 시민의 이해

오늘날 '시민'이라는 용어의 사용이 증가되고 있다. 이는 시대적 상황의 요구로 시민의 역할과 참여가 강조되고 있는 것이다. 본 장에서는 시민의 개념과 변화과정 및 다양한 시민유형을 알아보고, 바람직한 시민생활에 대해 생각해 보고자 한다.

1) 시민개념의 변화

시민개념의 원형은 고대 그리스의 두 가지 경로로 설명될 수 있다. 첫 번째는 고대 그리스의 폴리스(polis)에서 찾아 볼 수 있다. 그리스의 소규모 국가인 폴리스는 스스로 의사결정하고 독자적인 정책을 집행하는 기관으로, 폴리스에서 국정을 운영하고 국가 방위를 위해 일 하는 사람을 시민이라고 불렀다. 이 때 폴리스의 시민들은 어느 정도의 재산과 시간적 여유를 가지고 자비로 국정운영이나 전쟁에 참여한 사람들이다. 따라서 혈통과 재산이 일정한 수준이 되어야만 시민의 자격을 가지고 국정에 참여할 수 있었다(서울대학교 역사연구소, 2015). 두 번째로 시민개념의 원형은 고대 그리스의 도시 국가인 아테네에서 찾아볼 수 있다. 아테네의 중요한 정치 기구인 의회는 모든 시민이 구성원이 되는 직접 민주정치의 형태였다. 그래서 시민들이 정치적 문제를 포함한 사회의 모든 문제를 정확히 이해하고, 올바르게 판단할 수 있는 지적 능력과 덕성을 갖추어야 했다. 그렇지 않으면 국가라는 공동체가 유지될 수 없고, 구성원을 위한 공동선이나 질서가 유지될 수 없기 때문이다(배한동, 2005). 고대 그리스의 폴리스와 아테네로 본 시민들의 공통점은 스스로 개인적인 시간과 비용을 들여 국가의 공익을 위해 스스로 참여하는 것을 당연한 책무로 여겼다는 것이다.

중세에는 종교가 모든 권력의 중심이 되어 시민이라는 개념이나 역할이 중요하지 않은 시대가 되었다. 그러나 종교개혁, 계몽주의, 사회계약론 등의 영향으로 중세의 봉건체제가 흔들리게 되었고 새로운 근대시대가 시작되었다. 근대시대에는 개인의 경제활동, 사유재산의 소유, 평등사상의 영향으로 부르주아(bourgeois)라는 신흥 계층이 생겨났고, 이들이 납세를 통해 왕실 재정을 유지 시켰다. 그러나 부르주아 계층은 어느 정도의 사회, 경제적 지위를 누렸으나, 여전히 왕과 귀족의 지배를 받고 있었다. 이에,

자신들의 신분적 모순을 변화시키기 위해 경제력을 바탕으로 한 인간의 존엄성 및 자유·평등, 정치참여의 확대를 요구하였다. 이러한 부르주아 혁명은 국가로부터 개인의 자율성을 획득하고, 정부 권력을 국민에게 옮기고자 한 것이다. 그 노력의 결과로 재력을 가진 사람들은 시민권을 획득하게 되었고 여성, 노동자, 빈민층 등은 여전히 투표권이나 선거권이 제한되어 있었다.

민주주의의 발달과 함께 현대에 들어, 시민개념이 여성, 노동자, 빈민층 모두를 포함한 사회 구성원에게 재산, 지위, 학력, 성 등의 차별 없이 평등하게 적용되었다. 그래서 현대의 시민 개념은 민주주의에 대한 지식을 갖추고, 민주주의를 위하여 정치 과정에 적극적으로 참여할 뿐만 아니라 그 책임도 질 수 있는 사람을 말한다(배한동, 2005). 따라서 현대의 시민은 민주주의와 관련된 지식과 가치를 담아 능동적으로 사회나 국가에 행동하고 실천할 수 있어야 한다.

시민개념은 저절로 생겨난 것이 아니다. 시민정신과 권리의식, 참여 자세와 책임성 등을 지닌 사람들의 노력에 의해 변화하고 발전해 왔다. 즉, 인류의 역사와 함께 시민은 사회적·문화적, 정치적·시민적, 경제적·직업적 영역에서 책임과 권리를 배경으로 한 개념이다. 따라서, 현대의 시민은 사회 전반적인 영역에서 인간으로서 보편적 권리와 책임을 자각할 수 있는 주체적 존재가 되어야 한다.

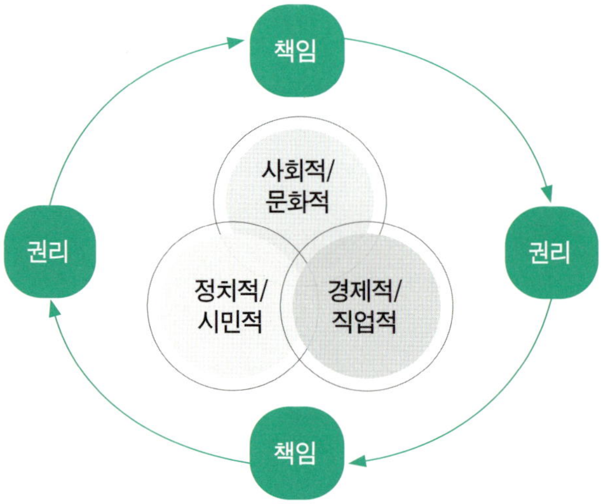

[그림 7-1] 시민의 개념

2) 시민 유형

시민유형은 활동지향성과 활동자발성을 기준으로 구분해 볼 수 있다. 먼저 활동지향성은 사회 전체의 공공선과 민주주의 가치실현을 위해, 사회의 공적영역에 참여하는 공익추구와 개인적 권리 및 이익에 관심을 가지고 활동하는 사익추구로 나눌 수 있다. (공익추구와 사익추구는 공적영역에 참여한다는 공통점이 있지만, 공익과 사익이라는 목적에 차이가 있다.) 활동자발성의 기준은 적극성의 정도에 따라 능동성과 수동성으로 나눌 수 있다. 능동성은 시민활동에 적극적이고 자발적으로 참여하는 것이고, 수동성은 시민활동에 소극적으로 참여하거나 회피하려는 것이다.

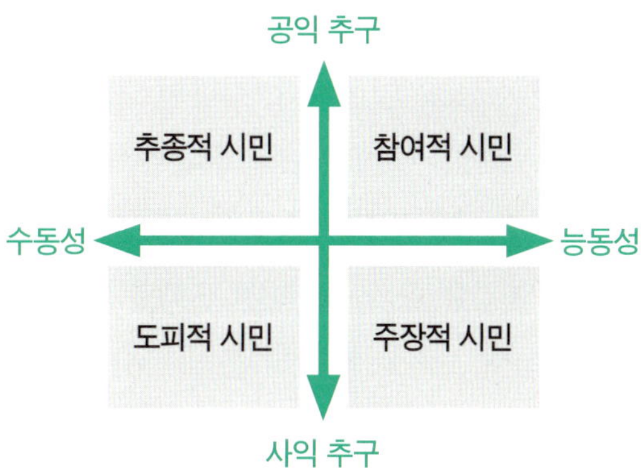

[그림 7-2] 시민의 유형

[그림 7-2]와 같이, 활동지향성(공익추구, 사익추구)과 활동자발성(능동성, 수동성)에 따라 시민유형은 참여적 시민, 추종적 시민, 주장적 시민, 도피적 시민의 4가지 유형으로 나눌 수 있다. 참여적 시민은 공적영역을 위해 자발적이고 능동적으로 참여하는 유형이고, 추종적 시민은 공익을 위해 타인의 권유나 동원에 의해 수동적으로 활동하는 유형이다. 주장적 시민은 개인적 이익추구를 위해 적극적으로 활동하는 유형이며, 도피적 시민은 개인적 이익추구에는 관심이 있지만 공적영역에 대해서는 소극적이거나 무관심한 유형이다.

예로, 다문화 인구에 대한 무관심과 편견이 사회에 내재되어 있을 때 사회의 인식

개선을 위해 내가 먼저 그들에게 인사하거나 SNS 활동에 참여하면서 다양성과 평등을 위해 적극적으로 행동한다면 참여적 시민이다. 이러한 활동에 친구의 권유로 SNS에 '좋아요'를 눌러 주거나, 차별 인식개선 운동에 서명하는 행동은 추종적 시민유형이다. 개인적 이득을 목적으로 SNS에 참여하거나 다문화 활동에 자신을 적극적으로 홍보하면서 활동한다면 이는 주장적 시민유형이다. 마지막으로 도피적 시민은 다문화에 대한 인식개선 활동이 자신에게 도움이 되지 않는다고 생각하고 소극적으로 참여하거나 무관심한 태도를 보이는 유형이라 할 수 있다. 이러한 시민으로서의 활동은 우리와 거리가 멀지 않다. 일상생활에서 스스로 필요하다는 생각이 드는 사회, 정치, 경제적 문제에 관심을 가지는 것부터 시민 역할의 시작인 것이다.

관점을 달리하여 사회 및 국가의 입장에서는 어떤 시민 유형이 가장 필요하겠는가? 참여적 시민이라고 답할 수 있을 것이다. 그렇다면, 참여적 시민이 필요한 이유는 무엇일까? 여러 가지 이유로 설명할 수 있겠으나, 자본주의의 발달은 공동체적 가치와 삶을 쇠퇴하게 하였고, 정치에 대한 냉소와 이기주의를 만들었다. 또한 인간의 편리를 위한 지나친 개발은 자연과 환경을 파괴하고 인간의 생존 마저 위협하고 있다. 게다가 정보매체의 발달은 사생활 침해, 인간소외 등의 문제와 사회계층간 격차를 더 크게 만들었다. 이러한 현상은, 국가의 이익을 우선시하는 전쟁의 지속, 환경 파괴, 종교 갈등, 빈곤과 굶주림, 핵무기 등과 같은 지구촌 문제를 끊임없이 발생시키고 있다. 이러한 끊임없이 발생하는 현대사회의 문제를 해결하고, 지속가능한 세계평화와 인간 개개인의 행복증진을 위해 우리는 공적영역과 공익에 관심을 두고 능동적이고 적극적으로 활동하는 참여적 시민이 되어야 한다.

3) 바람직한 시민생활

민주사회에서 개인의 의식과 생각은 사회에 긍정이든, 부정이든 어떠한 영향을 주기 때문에 시민생활은 바람직한 시민의식과 시민정신을 토대로 해야 한다. 여기에서 시민의식이란 시민들의 일상적이고 현실적인 사고로, 일반적인 시민들이 지니고 있는 현상에 대한 인식을 말한다. 시민정신은 시민으로 살아가는 데 있어서 갖추어야 할 이상적이고 당위론적인 생각이나 가치이다. 바람직한 시민생활을 위해 요구되는 시민의식 및 시민정신을 협동정신, 개방정신, 자율정신, 참여의식, 공익의식, 책임의식 6가지로 살펴보고자 한다(배한동, 2008).

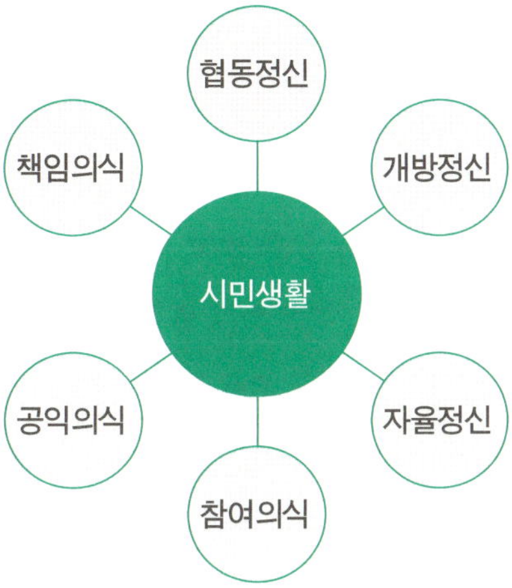

[그림 7-3] 바람직한 시민생활

첫째, 협동정신은 자신의 의견과 타인의 의견을 존중하고, 설사 의견이 다르다 하더라도 서로 인정하고 타협하여 공동의 목표를 달성하려는 정신이다. 이를 위해서 자신의 존재 가치와 능력이 소중하듯, 타인의 존재 가치를 소중히 여기는 태도를 가져야 한다. 둘째, 개방정신은 시민 서로가 상대방을 '있는 그대로' 받아들이고 상호 존중하는 정신을 말한다. 자신의 의견이 '무조건 맞다'고 생각하지 않고, 자신의 생각이 진리일 수 없음을 인정할 수 있어야 한다. 더불어, 타인의 의견을 수용적으로 받아들여 더 나은 방향으로 나아가려는 태도를 함양하는 것이 중요하다. 셋째, 자율정신이란 자신이 주체가 되어, 외부의 구속이나 간섭 없이 스스로 선택하고 통제할 수 있는 정신을 말한다. 모든 시민은 자신의 운명을 스스로 결정할 수 있는 주체가 자신이라는 사실을 깨닫고, 자신이 사회의 구성원으로서 주인이라는 의식을 가지고 능동적으로 살아가야 한다. 넷째, 참여의식은 시민 스스로가 자신과 공동체의 문제에 자발적으로 참여하려는 인식이다. 건전한 사회 발전은 시민이 사회경제적 문제를 자신의 문제로 여기고 해결하려는 참여의식을 가지고 있을 때 이루어질 수 있기 때문이다. 다섯째, 공익의식은 개인의 시민적 참여가 사적 이익추구가 아닌 공익을 전제로 한 참여인지에 대한 인식이다. 시민은 자기의 의견을 주장할 때, 민주적인 원리에 맞는지 또는 공익을 추구하는 것인지를 먼저 생각해야 한다. 문제해결의 방법 또한 자신의 독단이나 혈연, 지연 등에 따라 결정하는 것이 아니라 공익의 측면도 생각해야 한다. 여섯째, 책임의식은 개인에게 부여된 최대한의 자유와 권리에 책임과 의무가 뒤따른다는 것을 인식하는 것이다. 시민 개개인은 자신과 사회를 위해 자유롭게 행동하되, 동시에 그에 따른 책임과 의무가 있음을 반드시 기억해야 한다.

3. 시민교육의 이해

교육(敎育)은 한자어의 뜻으로 풀어보면 '가르치고 기르는 것'으로, 시민교육이란 시민으로서 필요한 지식·기술·태도 등을 가르치고 기르도록 돕는 것이다. 이는 시민으로서 역할과 책임이 저절로 습득되는 것이 아니기 때문에 교육을 통해서 배우고 실천할 수 있어야 함을 의미한다.

1) 민주주의와 시민교육

인간의 자유와 평등을 기본이념으로 한 민주주의가 우리나라에 들어온 것은 19세기 후반이다. 그러나 서양의 근대사상을 수용하고 새로운 정치 체제를 수립하는 일은 쉽게 이루어지지 않았다.

일제의 식민지 지배로 민주적 국가의 수립이 어렵게 되고, 민주주의 국가는 식민지 해방 후 또 다시 해결해야 할 과제로 남게 되었다. 1948년 8월 15일 대한민국 정부의 수립과 함께 역사상 최초의 민주 공화국을 만들고자 하였으나, 자신의 세력 기반이 무너질 것을 두려워한 친일 세력들이 또 한번 기회를 무너뜨렸다. 그 후로도 독재정권을 유지하기 위해 민주주의에 대한 국민의 요구를 외면하고 군대를 동원해 권력을 장악하여 강력한 권위주의적 정치를 펼쳤으나 사회·정치문제에 대한 국민적 관심과 저항도 함께 있었다. 부정선거와 독재에 저항하기 위한 4.19혁명, 군사정권이 들어설 것을 우려한 5.18 광주민중항쟁 등이 좋은 예이다. 무엇보다 부적절한 대통령을 퇴진시키기 위해 대규모의 평화적 집회로 기록된 촛불집회는 2016년 10월 말부터 2017년 4월 말까지 23차례에 걸친 전 세계적인 국민행동의 모범으로 찬사를 받았다. 이 나라의 오늘날 민주주의를 실현하기까지 수 많은 시민들의 희생과 참여가 있었음을 기억해야 한다.

민주주의 실현의 주체는 국민이다. 국민 한 사람, 한 사람이 시민이 되어야 민주주의를 꽃피울 수 있다. 정치권력에 대한 동의와 지지를 기반으로 하는 정치 형태의 민주주의뿐만 아니라, 일상생활에서 공공기관의 정책이나 사회제도 등에 관심을 가지고 비판과 토론, 타협 할 수 있는 생활양식으로서의 참여도 중요하다.

2) 시민교육의 의미

시민교육은 민주적 정치문화를 위한 필수불가결한 요소로, 시민교육의 의미는 두 가지로 살펴볼 수 있다. 좁은 의미에서 시민교육은 청소년과 성인이 사회·정치생활의 참여에 필요한 지식과 기술 및 바람직한 인성을 갖추도록 가르치는 조직적, 체계적, 지속적인 활동이다. 이는 주로 학교에서 사회나 도덕, 윤리 등의 교과 수업을 통해 이루어지며, 학교 밖의 활동을 통해서도 이루어진다(허영식, 2003).

넓은 의미에서 시민교육은 사회·정치적 구성원인 우리가 다른 집단에게 영향을 주는 모든 과정을 포괄한다. 즉, 개인이 자신이 속해 있는 공동체의 각 활동공간과 기능면에서 시민으로서의 다양한 역할과 필요한 자질들을 함양하도록 가르치는 것이다. 그래서 시민교육은 공익을 위한 개인의 권리, 의무, 책임 등을 강조한다. 특히, 세계화 시대의 공동체적 과제를 해결하기 위해, 시민교육은 개인의 공간차원과 시간차원을 고려해야 한다. 공간차원은 '나-지역-국가-세계'의 상호관계에 주의를 기울여 '나'의 행동을 세계적 차원까지 고려하는 것이다. 시간차원은 '나'의 행동을 '과거-현재-미래'의 상관성에 기반하여 미래를 위한 현재를 구성하는 것을 의미한다.

시민교육은 시민 각자가 민주적인 사회·정치생활을 하는데 있어서 방향감각을 획득하고, 자신의 주체성을 유지하는 데 도움을 준다. 특히, 정규교육의 마지막 단계인 대학에서 학생들이 자기와 관련된 환경이나 사회·정치적인 문제에 대해 필요한 정보를 찾아 올바르게 인식하고, 합리적인 판단을 내리며 자신의 결정에 따라 행동 할 수 있는 능력을 갖추도록 교육을 실시해야 한다. 그래서 시민교육은 대학생들이 '시민'으로서 '공동체적 삶'을 살아갈 수 있도록 지적·윤리적·사회적 능력과 역량을 길러내는 데 힘써야 한다. 대학생은 시민으로서의 능력과 역량을 갖춘 성숙한 민주시민을 길러내기에 법적으로 신분이 보장되는 중요한 시기이기 때문이다.

사람의 타고난 능력과 자질로, 시민이 저절로 되는 것이 아니다. 그래서 교육을 통한 시민양성이 중요하다. 이러한 시민교육의 필요성은 개인적, 사회적, 국가적, 인류적 차원에서 살펴볼 수 있다.

먼저 개인적 차원에서 시민교육은 첫째, 개인이 시민으로서 역할을 수행하기 위해 필요한 지식, 기능, 태도, 가치 등을 함양하기 위해 필요하다. 이는 자연인인 개인을 공적영역의 시민으로 태어나게 하는 것이다. 둘째, 시민교육은 개인의 권리행사와 책무이행의 자세를 함양하기 위해 필요하다. 개인의 권리행사와 책무이행은 그에 상응하는 책임과 의무가 개인에게 부과됨을 인식하게 하는 초석이 된다. 셋째, 시민교육은 개인의 능동적인 참여능력을 갖추기 위해 필요하다. 개인은 공익을 위한 국가나 사회의 일에 자발적으로 참여하려는 자세를 함양해야 한다. 넷째, 개인의 자치능력 형성을 위해 필요하다. 즉, 각 개인은 삶의 주권자로서 스스로 자기 삶을 결정하고 실행하고 책임지는 능력을 갖추어야 한다.

사회적 차원에서 시민교육은 다양한 차이를 인정하고, 최소한의 공동체적 가치와 태도, 예의와 배려, 관용과 연대감, 공동체 의식이 강조되는 사회적 통합을 위해 필요하다. 국가적 차원에서는 민주주의 발전과 독재방지를 위해 시민교육이 필요하다. 깨어 있는 시민과 참여하는 시민이 있어야 건강한 민주주의가 유지될 수 있기 때문이다. 인류적 차원에서도 시민교육은 박애정신, 인류애, 지구공동체의식 등의 세계 시민사회와 세계 시민의식 형성을 위해 필요하다. 인류가 대화와 타협을 통해 지구촌 문제의 해결을 이루어야 하고, 다양성과 차이를 인정하여 서로 배려하는 상호공존의 상태를 가져야 하기 때문이다.

3) 시민교육의 목적과 내용

시민교육의 목적은 시민이 민주주의 가치실현에 헌신적이고, 공적영역의 문제해결에 능동적으로 참여하도록 하는 것이다. 이러한 교육의 목적달성을 위해 시민교육은 인간의 존엄성, 기본질서, 자유사회에서의 절차, 합리적 의사결정 등이 교육내용으로 구성되어 있다. 더 나아가 인권존중, 봉사와 협동, 자유와 책임, 준법정신, 반성적 사고, 자치생활에서의 참여능력 등을 시민교육의 요소로 포함한다. 아래는 이러한 내용을 바탕으로 시민 교육과정을 구성한 예이다(허영식, 1994).

〈표 7-1〉 시민 교육과정 구성

지식	기능	가치·태도
사실, 개념, 일반화	정보수집·활용기능 탐구기능, 사회적 기능	합리적, 바람직한 가치·태도
① 문화 - 다민족·다문화적 관점 - 다원주의적 시각 ② 시간·연속성·변화 ③ 인간·공간·환경 ④ 개인의 발달과 정체성 ⑤ 개인·집단·제도 ⑥ 권력·권위·통치 ⑦ 생산·분배·소비 - 상호의존성 ⑧ 과학·기술·사회 ⑨ 지구적(범세계적) 관련성 ⑩ 시민성의 이념과 실천	① 정보의 획득기능 - 자료 읽기 기능 - 학습 및 연구기능 - 탐구기능 - 기기조작기능 ② 정보의 조직·활용기능 - 지적 기능(분류·해석·분석·요약·종합·평가) - 의사결정 기능 ③ 대인관계와 사회적 참여기능 - 개인 내적 기능 - 집단내 상호작용 기능 - 사회적·정치적 참여기능 ④ 다문화 수용·이해 기능 ⑤ 참여기능	① 윤리적 이해능력의 부각 ② 타인보호와 감사의 윤리 ③ 친사회적 가치관 ④ 융화·다원사회 유지 가치 - 다원적·개인적 요소의 증진(다양성, 자유, 개인 의사생활 존중, 과정의 준수, 인권존중) - 응집력, 통합의 요소 증진(정의, 평등, 진리, 권위, 책임, 권리와 재산권의 존중, 공공선에 대한 개인의 의무)

시민교육은 지식, 기능, 가치·태도의 습득 자체가 목적이 아니라 행동할 수 있는 역량으로 이어져야 한다. 역량은 그 일을 잘 해낼 수 있는 힘이나 능력을 의미하는 것

으로, 시민이 시민으로서 활동할 수 있는 능력을 키워 실천하게 하는 것이 시민교육의 궁극적인 목적이어야 한다.

4. 세계시민 되기

현재를 살아가는 사람들에게 세계화를 준비하는 자세는 필수적이다. 특히 본격적인 사회생활을 준비하는 대학생에게 세계시민으로 살아가기 위한 준비는 더욱 중요하다. 세계화가 급격하게 이루어지는 시기에 대학생으로서 필요한 세계시민역량을 알고 세계시민으로서 필요한 자질을 함양하는 일은 중요한 일이다.

1) 세계시민의 필요성

세계가 하나로 연결되어 가는 것은 거스를 수 없는 현상이다. 이러한 시대에 인류사회가 처한 세계화(globalization)의 흐름은 지속가능한 미래, 국제적 협력과 지역적 연대, 문화적 다양성에 대한 존중 등과 같은 사회적 담론을 제기한다. 세계화는 부, 재화, 교육, 기술 등이 양적·질적으로 향상되어 세계적인 민주화를 유도하는 긍정적 변화를 이끌어냈으나 환경문제, 경제위기, 빈부격차, 전쟁, 전염병 등 다양한 부작용 또한 초래하였다. 이에, 긍정적 효과를 극대화시키고 부작용에 대처하기 위해 개인이나 국가차원을 넘어, 세계 차원의 협력적 노력이 필요하다. 이러한 상황에서 강조되는 것이 세계시민(global citizen)이다. 세계시민은 세계의 문제를 보다 광범위하고 포괄적인 관점에서 접근, 포용, 해결하려는 책임감 있는 윤리적인 사람으로, 지역적·세계적 공동체에 참여하고 기여하는 시민을 말한다(UNESCO, 2013).

세계시민은 국제적으로 통용되는 예의범절을 갖추는 것 뿐만 아니라 세계시민으로서 갖추어야 할 능력을 갖추어야 한다. 즉, 세계에 대한 인식을 토대로 세계시민으로서 자신의 역할과 책임을 알고 다양성의 인정 및 존중, 세계가 연결되어 움직인다는 것의 인식, 사회적 불의에 대한 관심, 지역·국가·세계 수준에서 공동체에 참여 및 기여,

세계 공존을 위한 실천과 자신의 행위 등에 책임감을 가져야 한다. 세계시민은 세계화 시대를 살아가는 사람들이 지녀야 할 바람직한 삶의 자세인 동시에 지녀야 할 태도이다. 이제 세계의 중심에 서서 자신을 바라보고, 세계 속 시민으로 살아가는 것을 준비를 해야 할 때이다.

2) 대학생과 세계시민

우리나라 대부분의 대학 신입생들은 처음으로 선거권을 가지게 되는 만 19세에 해당된다. 법적으로도 성인이 되는 시기로, 학생들은 시민으로서 역할도 인지해야 한다. 즉, 세계화된 사회에서 대학생들은 시민으로서 필요한 지식, 기능, 가치, 태도 등을 배우고, 사회의 유지와 발전에 기여할 수 있는 역량을 갖추어야 한다. 대학 또한 인류사회에 기여할 수 있는 인격적으로 성숙하고 건전한 시민양성을 위해 힘써야 한다(고등교육법, 2011).

세계화의 흐름은 지역, 국가, 세계 수준의 시민의식을 요구한다. 세계 시민의식은 세계적 차원에서 사회정의, 다양성, 지속가능성 등의 인류 보편가치를 향상시키기 위해 필요한 개인의 역량이라고 정의할 수 있다. 대학생에게 요구되는 세계시민 역량은 지식, 기술, 태도, 실천의지로 살펴볼 수 있다(윤성혜, 2017).

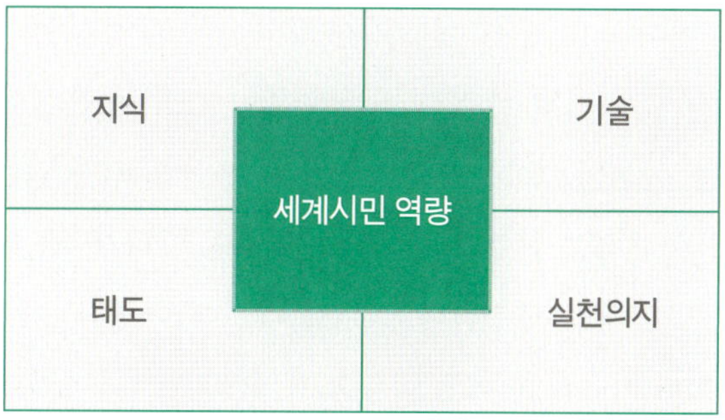

[그림 7-4] 세계시민 역량

첫째, 세계시민으로서 지식은 세계화된 사회에 대해 알고, 국가와 세계와의 상호 의존적 관계를 이해하는 것이다. 즉, 세계시민으로서 대학생은 글로벌 이슈와 문제에 대해 관심을 가지고 이에 대한 정보를 알고 있어야 한다. 둘째, 세계시민으로서 기술은 세계적 참여 행동에 필요한 비판적·창의적 사고, 의사소통 및 네트워킹 능력 등을 말한다. 이를 위해, 대학생은 세계적 차원에서 현상을 분석하고, 실현가능하면서도 창의적인 대안을 제시할 수 있는 분석적 기술이 있어야 한다. 또한 상호이해의 관점에서 바람직한 토론 능력을 갖추고, 네트워킹 할 수 있는 사회적 기술도 있어야 한다. 셋째, 세계시민으로서 태도는 인간의 존엄성과 가치, 다른 사람의 견해와 감정, 다양성 등에 대해 인정하고 존중하는 자세이다. 세계시민으로서 대학생의 태도는 타인의 주체성을 인정하고, 다른 사람의 견해와 감정을 존중하는 것에서부터 시작해야 한다. 세계시민으로서 실천의지는 지식, 기술, 태도를 바탕으로, 능동적이고 적극적으로 공동체 활동에 참여하고자 하는 의지이다. 즉, 타인을 돕고자 하는 마음으로 지구촌 이슈를 다루는 시민활동에 참여하거나 인류 공영의 가치를 추구하는 행동을 함으로써 보다 나은 사회를 만드는 데 기여하고자 해야 한다.

3) 세계시민의 자질

세계화 시대에 우리가 다양한 사람들과 관계를 형성하면서 살고 있지만, 인간으로서의 도덕적 본질은 변하지 않는다. 신용없는 장사꾼이 결국 망할 수밖에 없듯이 세계화 사회에서도 공통적인 도덕적 본질과 변하지 않는 도덕적 본질이 존재한다. 국가의 발달수준을 의미하는 '선진국'이라는 말은 국민소득 4만 달러가 넘는다고 되는 것이 아니라, 국민의 품격을 이해하는 말로 더 많이 사용된다. 따라서 국민 한 사람, 한 사람의 도덕적 역량이 국가의 품격을 좌우한다고 해도 과언이 아니다. 개인의 도덕역량을 자동차의 내비게이션으로 비유하는 이유는 우리가 삶을 어떻게 살아가야 하는지에 대해 중요한 방향을 제시해주기 때문이다.

글로벌 인재가 갖추어야 할 도덕역량은 동정심(Sympathy), 절제(Moderation), 자율성(Autonomy), 존중(Respect), 관용(Tolerance)이다(추병완, 2011). 세계화 시대를 이끌어 갈 세계시민의 도덕적 자질로 스마트(SMART)를 요구하고 있다.

[그림 7-5] 세계시민의 자질(SMART)

세계시민의 도덕적 자질 첫 번째는 동정심과 공감이 풍부한 사람이다. 우리가 아는 존경받는 리더, 훌륭한 교사, 닮고 싶은 부모의 공통점은 공감 능력이 뛰어나다는 것이다. 타인의 고민이나 어려움을 제대로 이해하지 않고서는 타인을 제대로 도울 수 없기 때문이다. 두 번째, 절제하고 인내할 줄 아는 사람이다. 타인과의 평화적 공존을 위해 자신의 감정과 욕구를 절제하고, 상대방의 말과 행동에 인내심을 가지고 반응하는 것이다. 세 번째, 자율적이고 책임감이 강한 사람이다. 세계시민으로서 자율적인 사람은 자신의 신념과 가치 기준에 따라 행동하고, 이에 따르는 책임을 질 수 있는 사람을 의미한다. 네 번째, 다름을 인정하고 존중하는 사람이다. 우리가 나와 다른 것을 이해하고 받아들이기가 쉽지 않은 이유는 우리가 서로 다르다는 것을 인정하지 못하기 때문이다. 광활한 세계 속에 자신이 존재한다는 것과 공존을 위한 상호존중의 인정이 필요하다는 것을 깨우쳐야 한다. 다섯 번째, 관용과 배려심이 가득한 사람이다. 즉, 남의 잘못을 너그럽게 받아들여 용서하고, 상대방에 대해 관심을 가지고 도와주려 하는 마음이다. 내가 베푼 관용과 배려의 작은 행동 하나가 세계화 사회에 공유될 수 있으며, 이는 세계시민 모두의 행복감을 증진 시킬 수 있음을 인식하는 것이 필요하다.

읽기자료

[탈무드]에 이런 이야기가 있다.

한 남자가 자그마한 보트를 가지고 있었다. 그는 여름이 되면 가족들을 그 보트에 태우고 호수로 나가 낚시를 하며 여가를 보내곤 했다. 어느 해 여름, 내내 즐거운 시간을 보내고 늦가을이 되자 보트를 뭍으로 끌어 올렸다. 그때 보트 밑바닥에 구멍이 뚫려 있는 것을 발견했다. 하지만 매우 작은 구멍이었고, 겨울동안 사용하지 않을 것이기에 사용할 때 수리해야겠다고 생각하고 그대로 내버려 두었다. 그리고는 페인트공에게 색칠만 새로 해달라고 부탁했다.

다음 해, 여름이 되었다. 두 아들이 보트를 타고 호수에 나가고 싶다고 했다. 남자는 보트에 구멍이 나 있다는 사실을 잊은 채 아들에게 그래도 좋다고 승낙했다. 두 시간이 지난 뒤, 그 보트에 구멍이 뚫려 있었다는 사실을 기억하고 남자는 소스라치게 놀라서 호수를 향해 미친 듯이 달려갔다. 두 아이가 보트를 뭍으로 끌어올리고 있었던 것이다.

"오! 세상에……."

그는 두 아이를 덥석 끌어안고는 한동안 그대로 있었다. 영문을 모르는 아들이 동그라진 눈으로 물었다.

"아빠, 갑자기 왜 그래요? 무슨 일 있어요?"

"아냐. 그냥 안아주고 싶어서 그런거야."

그는 보트 바닥을 살펴보았다. 구멍은 완벽하게 수리가 되어 있었다. '누가 수리해 놓았지?' 그는 혼잣말로 중얼거리다 지난 늦가을 페인트칠을 했던 페인트공이 생각났고, 찾아가서 사례금을 내놓았다.

"아니. 이게 무슨 돈입니까?"

페인트공은 의아한 얼굴로 물었다.

남자는 오늘 있었던 이야기를 설명하고, 감사하고 고마워서 찾아왔다고 말했다.

"아, 그랬군요. 맞습니다. 페인트를 칠하는데 구멍이 나 있기에 간단하게 막았었지요. 그러나 이 돈은 받을 수 없습니다. 그건 너무 쉬운 일이었으니까요."

"아닙니다. 이것은 감사한 마음에서 드리는 것이니 받아주세요."

남자는 머리 숙여 깊이 감사함을 표시했다.

- 추병완, 『다문화사회와 글로벌 리더』, 대교, 2011

"정의를 외면하는 국가, 선량한 시민 하나라도 버리는 국가는 결코 훌륭한 국가라 할 수 없다. 이런 국가에서는 시민의 삶도 훌륭하기 어렵기 때문이다."(유시민, 2011) 이 말은 훌륭한 시민 없이는 훌륭한 국가란 존재할 수 없고, 훌륭한 삶도 기대할 수 없음을 의미한다. 우리 모두가 훌륭한 시민이 되어야 비로소 나의 시민으로서의 삶도 보장되는 것이다. 지금부터 가정, 사회, 국가, 인류를 위해 '내가 무엇을 할 수 있는가?'를 작은 것부터 생각하여 하나씩 실천하는 시민이 되어 보자.

활동 1 대학생용 세계시민의식 검사

문항	전혀 그렇지 않다 (1점)	그렇지 않다 (2점)	보통이다 (3점)	그렇다 (4점)	매우 그렇다 (5점)
1. 세계문제는 여러 요소들이 복잡하게 연결된 것임을 알고 있다					
2. 전 세계에는 가난과 불평등이 존재한다는 것을 알고 있다					
3. 가난과 불평등은 정치·사회 구조와 연관되어 있음을 알고 있다					
4. 세계 곳곳에는 독특한 고유문화가 있음을 알고 있다					
5. 인종이나 문화에 대한 편견과 차별이 세계 곳곳에 있다는 것을 알고 있다					
6. 다양한 문화에는 공통으로 나타나는 보편성이 있음을 알고 있다					
7. 다른 나라에서 일어난 환경문제가 우리나라에도 영향을 미친다는 것을 알고 있다					
8. 문제해결을 위한 다양한 대안의 장단점을 평가할 수 있다					
9. 내가 속한 공동체의 목표달성을 위한 적절한 방안을 찾을 수 있다					
10. 나는 지구촌 사회 이슈에 대해 비판적으로 생각할 수 있다					
11. 나는 지구촌 사회 이슈를 합리적이고 이성적으로 분석할 수 있다					

12. 지구촌 상황을 이해하는 데 기본적인 지식과 원리를 적용할 수 있다					
13. 지구촌 공동체의 일원으로서 나의 강점과 약점을 파악할 수 있다					
14. 다양한 의견을 가진 사람들과 원만하게 토론할 수 있다					
15. 다양한 사회 구성원들과 네트워킹 할 수 있다					
16. 나는 인간의 존엄성이 중요한 가치라고 생각한다					
17. 다른 사람의 견해와 감정을 존중한다					
18. 모든 사람들이 동등한 권리를 가진다고 믿는다					
19. 다양한 문화 간 차이를 존중한다					
20. 세계의 다양한 생활양식들이 각기 다른 문화적 가치를 가지고 있다고 생각한다					
21. 다른 사람의 종교를 인정한다					
22. 다양한 배경을 가진 사람들과 협력하는 것이 중요하다고 생각한다					
23. 위기에 처한 사람들을 돕기 위한 모금에 참여할 생각이 있다					
24. 다른 사람들을 돕기 위해 자원봉사를 할 생각이 있다					
25. 가능하면 공정거래 제품을 구입하려고 한다					

26. 가능하면 소외된 사람이나 지역을 지원하는 브랜드의 제품을 구입하려고 한다					
27. 지구촌 이슈를 다루는 시민활동에 참여할 생각이 있다					
28. 여러 문화에 익숙해질 수 있는 기회를 자주 가지려고 한다					
29. 사회적 약자가 부당한 대우나 처벌을 받는다면, 이를 개선하기 위해 내가 할 일을 찾아 노력한다					
30. 다른 문화 사람들과 함께 일할 기회가 생기면 적극적으로 참여하려고 한다					
31. 지구 환경문제를 해결하기 위해 내가 할 수 있는 것을 찾으려고 한다					

- 윤성혜, 대학생용 세계시민의식 척도 개발, 이화여자대학교 박사학위논문, 2017

세계시민의식 요인		문항	합계 점수	평균 점수 (점수/문항수)
지 식		7문항 (1-7번)		
기술	분석적 기술	6문항 (8-13번)		
	사회적 기술	2문항 (14-15번)		
태 도		7문항 (16-22번)		
실천	공감적 실천	2문항 (23-24)		
	공의적 실천	7문항 (25-31번)		

◎ 평균점수를 기준으로 자신의 세계시민의식을 구분해 보자.

상위점수 요인(3개)	하위점수 요인(3개)
1. 2. 3.	1. 2. 3.

◎ 위의 상위요인, 하위요인 중, 각 1요인씩을 정하여 필요한 상황과 이유를 적어보자.

요인명	상황 및 필요한 이유

활동 2 조별 Testing 게임

◎ 본 장에서 다룬 내용을 중심으로 조별로 문제를 출제 합니다.

Round	분야 (ex.시민유형)	배점 (100점)	문제 및 정답 (배점에 따른 난이도 조절, 힌트, 정답 기재)
1			
2			
3			
4			
5			

※ 출제시간을 충분히 준 후, 조별 순서대로 문제를 제시하여 조별 점수를 계산합니다.

활동 3 Testing 게임 역할 분석

구분	역할 요소	잘된 점	개선 할 점
1	지식 측면 (문제 출제, 답 맞추기, 게임이해 등)		
2	기술 측면 (문제제시 순서, 의사소통 등)		
3	태도 측면 (인권존중 및 참여자세 등)		
4	실천 측면 (배려, 적극성 및 자발성 등)		

◎ 조별 Testing 활동의 경험을 통해, 시민이 해야 할 바람직한 역할(지식, 기술, 태도, 실천)에 대해 토의해 보자.

활동 4 **토의 활동**

◎ 한 가지 주제를 정하여, (세계)시민으로서의 역할을 생각해 봅시다.

- 토의 주제 예.

1. 최근 이슈가 되고 있는 뉴스 중, 시민의 역할과 관련된 기사.
2. 대학 캠퍼스 내에서 비주류 학생(ex. 장애, 유학생)을 위한 이슈.
3. 내가 느끼는 사회적 불합리 또는 부정의에 대한 내용.

주제는?		
지식측면의 역할	정책, 역할, 사회 서비스들에 대한 지식 관련 권리/책임	
기술측면의 역할	사람들 차이에 따른 의사소통, 이해, 자원활용 능력 관련 권리/책임	
태도측면의 역할	편견이나 고정관념의 융통성 있는 반응 및 수용 관련 권리/책임	
실천측면의 역할	지식, 기술, 태도를 바탕으로 능동적, 적극적 활동 참여 관련 권리/책임	

활동 5 기본예절

- 인도, 러시아, 미국의 기본예절 -

* 아래의 내용 중, 잘 알고 있었던 내용은 "○", 한두 번 들어본 내용은 "△", 처음 접해 본 내용은 "V" 표시 해 봅시다.

구분	내 용
인도	• 카스트를 묻지 않기.(계급 상하를 막론하고 계급이 무엇이냐고 묻는 것은 실례) • 채식주의자들을 존중하기.(채식주의자인지 육식주의자인지 사전에 물어보고 음식 준비) • 오른손으로 밥을 먹기.(왼손은 불결한 손으로 간주. 악수할 때, 물건 건넬 때 등 오른손 사용) • 사원에 들어갈 때는 맨발로 들어간다.(맨살을 순수한 정의 요소로 여김) • 다른 사람의 머리나 어깨를 만지는 것은 예의에 어긋남. 특히 머리를 만지는 것은 삼가. • 남성이 여성과 악수를 하거나 타인 앞에서 여성과 접촉해서는 안 된다. • 발이 타인의 몸에 닿는 것은 실례. • 사람을 손가락으로 가리키는 것은 예의에 어긋남.(손바닥을 밑으로 하고 손으로 부름) • 시장에서 음식물이나 물건에 손이 닿으면 그것은 더러워진 것으로 간주. • 휘파람을 부는 것은 금기. • 소는 신성한 동물이므로 때리거나 학대해서는 안 된다. • 이성에게 윙크를 하는 것은 천한 행동으로 취급 받는다. • 다른 사람의 그릇에 손을 닿게 하면 안 되고, 식사를 준비할 때도 국자로 직접 맛을 보면 안 된다. • 침을 부정한 것으로 보기 때문에, 찌개 그릇처럼 함께 먹거나 같은 그릇으로 먹는 것은 안된다.
러시아	• 문지방 앞에서 절대로 악수하지 마라. 문지방을 밟지 마라.(문지방은 외부의 사악한 힘이나 불길한 액운이 집안으로 들어오는 것을 막아주는 보호막 역할) • 액운을 떨쳐버리기 위해서 왼쪽에 침을 뱉는다.(불행과 죽음이 왼쪽에 있다고 생각) • 테이블의 모퉁이에 앉지 말아야 한다.(미혼인 경우 7년 동안 싱글로 남는다고 믿는다)

러시아	• 자신이 착용한 반지는 타인의 손에 직접 건네주지 않는다.(영혼이 전달된다고 믿기 때문) • 건배사는 되도록 길게 하라.(러시아의 식사시간은 대개 3시간 이상, 다음 식사가 나올 수 있다) • 아이가 예쁘다고 절대 손으로 만지면 안 된다.(낯선 이의 과도한 행동이 아이에게 피해를 준다고 생각) • 꽃을 선물할 때는 반드시 홀수로 해야 한다.(짝수는 조문할 때) (노란색 꽃은 이별의 색으로 인식하고 있으므로, 노란 꽃 선물은 결례) • 지갑을 선물할 때는 돈을 넣어 선물한다.(그래야 부자가 될 수 있다고 믿는다. 신권이면 더 좋다)
미국	• 미국인은 서로 모르는 상대에게도 항시 친절함을 표시한다.(특별한 감정을 가지고 있다고 오해하기 쉽다) • 형식적인 의례는 매우 적다.(대체로 다양한 행위양식에 관대해 질 수밖에 없다) • 신체적 청결에 대한 강조는 지나칠 정도.(신체는 악의 근원이라는 생각에서 유래) • 미국의 백인 중류층은 영어를 잘 구사하지 못하는 사람에게 관대하지 않다. • 사회적 금기사항들 - 여성 혹은 소수 인종을 낮추어 취급하는 행위 - 정치나 종교에 관해 상대의 의견을 묻거나 자신의 견해를 강하게 말하는 행위 - 자신 혹은 상대의 사회경제적 지위에 관한 언급(수입, 재산, 직책, 거주지 등) - 상대의 사적인 생활에 관해 묻거나 자신의 사생활을 지나치게 말하는 행위 - 상대가 가진 물건의 가격을 묻는 행위 - 약속 시간이나 공식 장소에 5분 이상 특별한 사유없이 늦는 행위 - 예고 없이 상대의 집을 방문하는 행위 - 경찰이나 공무원에게 뇌물을 주는 행위 - 판매 창구에서 혹은 운전 중에 줄을 무시하고 끼어드는 행위 - 몸 혹은 옷에서 냄새가 나는 것 - 대화 중 침묵의 상태를 오래 유지하는 것 - 영어로 의사소통이 원활하지 않은 것

읽기자료

＊ 배려는 배려가 필요한 상황을 인식하는 것부터 시작되어야 한다.

① 소음을 내지 않기.(자동차 경적, 너무 큰 음악, 그릇 부딪치는 소리, 통화소리 등)
② 약속시간 지키기.(코리안 타임은 시간을 제멋대로 어긴다는 불명예스러운 말)
③ 불안 및 공포분위기를 조성하지 않기.(자동차 폭주, 싸움소리, 폭언, 협박)
④ 새치기를 하지 않기.(줄서기는 문화인의 습관)
⑤ 남의 안정을 방해하지 않기.(닫혀 있는 문 함부로 열기, 열려 있는 문 함부로 닫기, 빈자리 있다고 남의 옆자리를 양해 없이 무단점거하기 등)
⑥ 독선적이고 이기적인 행동을 하지 않기.(나만 옳고, 타인의 마음이나 처지 고려 없이 거들먹거리기)
⑦ 남을 멸시하는 행동을 하지 않기.(신분, 출신, 인종, 성별 등 선입견은 불쾌감 뿐만 아니라 상대방에게 분노까지 줄 수 있음)
⑧ 남에 대한 간섭이나 인격 모독을 하지 않기.(묻지도 않은 조언, 불필요한 비판, 비난, 용모 및 화장 등의 비판)
⑨ 남을 건드리거나 밀거나 부딪히지 않기.(타인의 신체나 의복의 일부를 건드리거나, 밀거나, 부딪쳤거나 했을 때는 사과하기)
⑩ 남의 시각 및 후각 등 불쾌감 주는 행동을 하지 않기.(타인의 눈에 거슬리는 행동, 후각에 불쾌감을 주는 행동, 또는 그런 물체의 휴대와 반입, 불결한 신체·의복·행동, 지나친 노출 등)
⑪ 오물을 투기, 방치하지 않기.(오물 투기, 침 뱉기, 담배꽁초 투기, 빈 캔, 과자봉지, 오물 배설 등 불쾌감과 혐오감을 주는 행동 삼가기)
⑫ 웃는 얼굴로 남에게 인사하기.(아는 사람이건 모르는 사람이건 눈이 마주치면 미소를 지으면서 인사하며 지나가는 것이 서양의 관습이다. 인사는 사회를 밝고, 즐겁고, 명랑하게 하자는 하나의 배려이자 관습이다)

이 외에도 남의 보행·주행·진로를 방해하지 않기, 남의 의견이나 의사를 차단하지 않기, 법과 질서를 지키기, 문을 열어주고 잡아주기, 우선권과 통행권을 인정하고 양보하기, 누군가 길을 물으면 친절하게 안내 하기(훗날 자신도 그런 친절을 받게 될 것이다), 짐을 든 사람, 어린아이를 데리고 있는 사람들을 도와주기, 노약자에게 자리를 양보하기, 장애인에게 도움을 주기 등 배려의 영역은 광범위하다.

- 추병완, 『다문화사회와 글로벌 리더』, 대교, 2011

8장

공동체 의식

학습목표

1. 공동체 의식의 개념을 이해하고 현대사회에서 공동체가 필요한 이유를 설명할 수 있다.
2. 건강한 공동체 의식을 함양하여 사회적으로 공헌할 수 있는 방법을 제시 할 수 있다.
3. 공동체의 한계를 이해하고 공동체가 앞으로 나아가야 할 방향을 제시할 수 있다.

1. 문제제기

인간은 기본적으로 행복을 추구한다. 개인주의, 물질만능주의가 팽배한 21세기 자본주의 사회에서 과연 인간의 행복해지고 싶은 기본적인 욕구는 충족될 수 있는 것일까? 아리스토텔레스는 인간이 '공동체적 동물'이 될 수 밖에 없는 '본성'을 지닌 존재라 확신한다. 오랜 세월동안 인간은 그 본성을 지키기 위해 공동체를 유지해 왔다. 우리나라의 경우 근대화가 되기 전 유교적 토대 위에서 향약이나 두레, 관혼상제 등에서 보는 바와 같이 공동체적인 사회를 형성하고 있었으나 근대화 과정에서 이는 배척해야 할 대상이 되었으며, 한편으로는 집권세력들의 이데올로기로 전락하였고 오직 시장자본주의와 개인주의만이 인간이 추구해야 할 가치가 되었다.

그러나, 오늘날 한국사회의 경우 다양한 지표에서 이러한 가치가 인간의 행복과 비례하지 않다는 것을 보여주고 있다. 예를 들어 구성원사이의 갈등지수, 자살률, 이혼율, 이웃과의 관계성, 공공성, 정부 신뢰도 등 많은 부분에서 이를 증명하고 있다. 그렇기 때문에 현대 사회에서 개인의 행복을 위한 공동체적 삶이 다시 재조명받고 있다. 과연 개인의 행복을 만족시킬 수 있는 진정한 공동체의 모습은 어떤 것일까? 그 공동체가 요구하는 구성요건과, 추구해야 할 공동체 의식은 어떠한 것이 있는지 심도 깊은 성찰과 합의가 필요하다. 이에 본 장에서는 공동체 의식을 함양하기 위해 과거 우리 사회에 존재했던 공동체를 살펴보고, 과거와 차별화된 현재 공동체의 특징과 공동체의 한계를 이해하고 이를 극복할 수 방법을 모색하고자 한다. 더 나아가 자신의 삶의 가치와 의미를 서로 공유하고 유지, 발전시킬 수 있는 공동체적 삶을 살기 위한 미래 지향적 대안을 찾아보고자 한다.

2. 공동체와 공동체 의식

공동체 개념은 다의적으로 쓰이고 있어 하나로 정의하기가 쉽지가 않다. 국어사전에서는 공동체를 "생활이나 행동 또는 목적 따위를 같이하는 집단"이라 정의하고 있다. 이를테면 집(가정), 학교, 또래 친구들, 일터(직장), 종교단체 등은 모두 공동체라고 할 수 있다. 시민들이 어떤 공동의 목표를 이루려고 모여서 만든 시민단체도 공동체이고, 노동자의 권익과 지위를 높이려는 조직인 노동조합도 공동체다. 요즘 빠르게 퍼지고 있는 협동조합도 공동체이다. 이처럼 뜻과 꿈이 맞는 사람들끼리 별도의 장소에서 자기들만의 공동체를 만들어 살아간다.

또 관점을 약간 달리하면 씨족, 부족, 민족 같은 핏줄 중심 공동체도 있고, 마을 공동체나 지역공동체나 도시공동체 같은 공간중심 공동체도 있다. 국가 또한 하나의 공동체임에 틀림이 없고, 유럽연합(EU)이나 유엔(UN)같은 아주 큰 단위의 공동체도 있다. 나아가 지구촌 공동체, 인류 공동체라는 용어도 널리 쓰이고 있다. 심지어는 자연생태계와 동식물을 포함한 생명공동체, 정보화 시대를 맞이하여 인터넷이나 사회관계망 서비스(SNS) 등으로 만들어지는 사이버 공동체, 갖가지 동호회, 동문회, 향우회, 취미 모임, 친목모임 같은 것들도 일종의 공동체라고 할 수 있다.

이처럼 공동체의 개념은 널리 확장 되어 다양하게 사용되고 있다. 이러한 공동체의 다양성 때문에 학자마다 각각 다른 의미로 공동체를 사용하고 있으며, 공동체의 범위도 제 각각이다. 그럼에도 전통적으로 학자들은 공동체의 세 가지 구성요소 즉, 지리적 공간, 사회적 상호작용, 공동의 연대 요소가 있다는 것에 대체로 의견을 같이하고 있다. 첫째, 지리적 공간은 공동체의 기본 조건으로서 사람이 여러 가지 활동과 일이 이루어지는 구체적인 장소를 말한다. 이것을 공동체의 본질이라고 하기는 어렵지만 일반적으로 공동체를 가능하게 하는 기본 조건으로 볼 수 있다. 둘째, 사회적 상호작용은 공동체의 출발점이자 핵심이다. 사람들 사이에 맺어지는 관계로 마음과 생활을 함께 나누고 함께 어려운 일을 해결하거나 필요한 것을 얻고자 하는 공동 목적을 가지고 자연스럽게 사람과 사람 사이에 관계가 형성되는 역할을 하며, 이는 관계의 망과 조직, 사회적 체계, 제도 등을 포함 한다. 셋째, 공동의 연대는 '우리'라는 공통의 감정, 구성원 사이에서 서로 지켜야 할 도덕과 규범, 구성원들이 공유하는 가치와 신념과 목표 등을 말하며, 하나의 공동체 속에서 느끼는 일치감, 동질감, 소속감, 안정감, 연대의식을 말한다. 이것이 바로 공동체 의식의 초석이라 할 수 있다.

아들러 심리학에서는 연대감과 유대감을 '공동체 감각'이라고 부른다. 가족, 지역, 직장 등 공동체 안에서 느끼는 소속감, 공감, 신뢰감, 공헌감을 총칭하는 것으로, 정신적인 건강의 척도라고도 할 수 있다. 연대감과 유대감(공동체감각)에서 중요한 것은 자신의 가정이나 지역과 같은 한정된 작은 공동체에 만족하고 적응하며 그 안에서의 이익만을 생각하는 것이 아니라, 이해관계가 있는 더 넓은 공동체나 미래의 공동체에서 살아갈 사람에게 불이익을 주지 않도록 배려하는 자세가 필요하다.

공동체 감각을 일상생활에서 활용하려면 직장이나 가정 등에서 어떤 문제가 발생했을 때 '이것은 나에게 어떤 의미일까?'라고 생각할 것이 아니라 '이 일이 우리 가운데 누군가에게 어떤 영향을 미칠 것인가?'라고 생각하는 자세를 가져야 한다. 즉 공동체 감각 훈련의 첫 번째 단계는 '나'에서 벗어나서 '우리'를 생각하는 것이다.

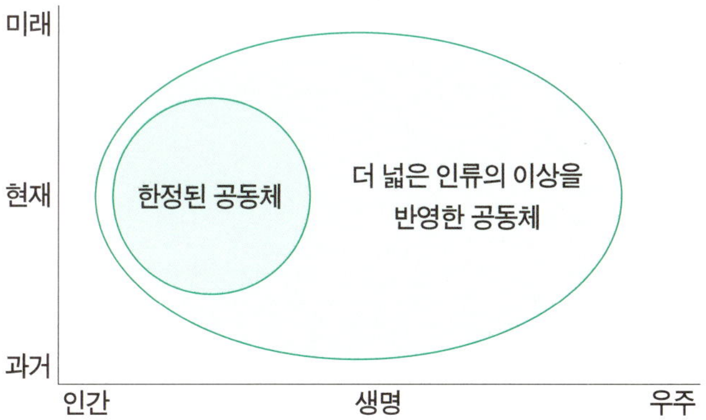

[그림 8-1] 공동체 감각

공동체 감각을 실천하려면 서로 존경하고 신뢰하는 관계가 필요할 뿐만 아니라 동료에 대한 공감이 있어야만 동료와 협력할 수 있고, 결과적으로 더 넓은 공동체를 위해서 또는 미래의 공동체 구성을 위해서 공헌할 수 있으며 더 풍요로운 인간관계를 형성할 수 있다. 이러한 내용을 그림으로 나타내면 [그림 8-2]와 같다.

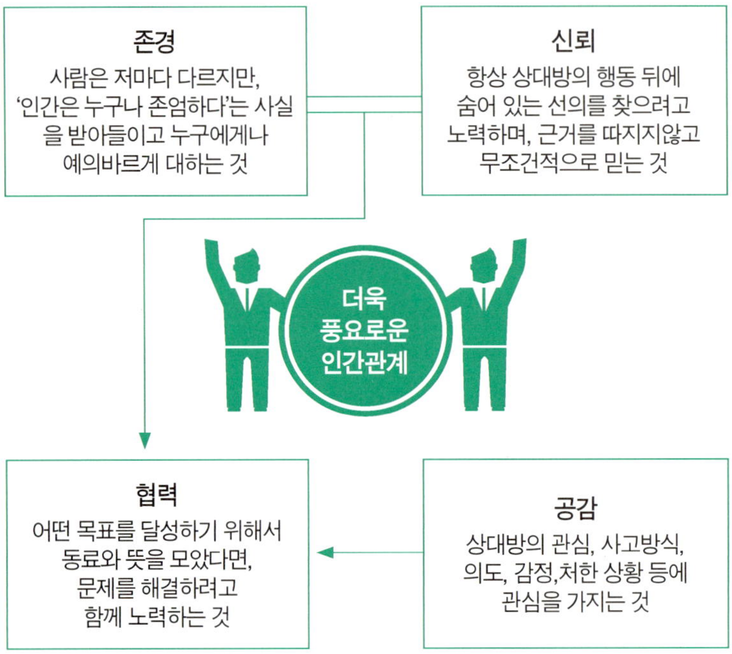

[그림 8-2] 공동체 감각을 실천하기 위한 요소

연대감과 유대감 발상(공동체 감각)

당신은 다음과 같은 아홉 가지 질문에 '예'나 '아니요' 중 어떤 답을 선택할 것인가?

(1) **자신에 대해서**

① 자신에게 결점이 있음은 알고 있지만, 그럼에도 불구하고 스스로에게 긍정적인 평가를 내리는가?

② 일이나 대인관계에서 문제에 직면했을 때 고난을 극복할 활력을 발휘할 수 있는가?

③ 가족, 지역, 직장 등 자신에게 중요한 장소에 자신의 자리가 있다고 느끼는가?

(2) **동료에 대해서**

④ 주변 사람들을 신뢰하는가?

⑤ 소중한 동료들이 어려움에 처했을 때 그 사람의 입장에 설 수 있는가?

⑥ 자신이 업무나 활동에 도움이 된다는 느낌이 있는가?

(3) **자신을 둘러싼 환경에 대해서**

⑦ 자신의 위치에 따라서 흔들리지 않고, 일정한 거리를 두며 궤도를 수정하고 있는가?

⑧ 분리수거, 자원 낭비 방지, 에너지 절약 등을 실천하여 친환경적인 생활을 하고 있는가?

⑨ 미래의 국가, 인류, 우주에 악영향을 미치지 않도록 생활하고 있는가?

※ 위의 질문들에 '예'라고 대답한 횟수가 더 많을수록 '연대감과 유대감(공동체감각)'이 높다고 판단할 수 있다.

(출처: 이와이 도시노리, 2015)

종합해보면 공동체란 '생활을 비롯해 공통의 활동이나 일이 이루어지는 공간에서, 서로 관계를 맺고 상호작용하면서, 유대감을 공유하는 집단'이라 정의할 수 있다. 물론, 이 세 가지 차원은 시대 흐름에 따라 그 의미나 중요성이 바뀌기도 한다. 이를테면 지리적 영역의 경우, 요즘은 사는 곳이 다르거나 멀리 떨어져 있어도 공동체를 이루는 것이 불가능한 것은 아니다. 사이버(온라인) 공동체처럼 지리적 영역과는 상관없는 공동체가 있을 수도 있다. 그래서 공동체의 핵심 차원으로서는 지리적 영역은 그 중요도가 조금 떨어졌다고 볼 수 있고, 두 번째로 말한 서로 돕고 의지하는 상호적 관계와, 세 번째로 언급한 공동의 연대의식을 더 중요하게 여기는 편이다.

공동체 의식은 자연발생으로 형성된 지역적 특성으로 국한하지 않고, 심리적인 요소를 포함한 개념으로 설명되기도 한다. 최근 많은 연구자들이 개인의 안녕을 증진시키고 스트레스 상황에서 심리적 고통을 최대한 보호하기 위한 방법으로 개인이 속해 있는 환경을 적극적으로 연구하기 시작하면서 공동체 의식의 중요성은 높아지고 있다. 공동체 의식의 대표적 연구를 한 McMillan & Chavis(1986)는 공동체 의식의 개념을 "구성원으로서의 지위를 갖게 하는 소속감, 구성원이 공동체에 영향력을 발휘함과 동시에 구성원이 공동체로부터 영향을 받는 상호간의 영향력, 공동체의 자원과 협력을 통한 구성원의 필요 충족, 공유된 구성원들의 정서 유대"의 네 가지 요소로 설명하였다. 이라영(2009)은 "개인이 그 공동체에 속하며 공동의 운명을 지닌다는 인식 하에, 같이 사는 이웃들과 밀접한 상호작용을 통해 연대의식을 가지며, 공동체 안에서 자기의 욕구를 충족하며, 공동체 활동 참여에 까지 이르게 되어, 결국 장소에 대한 애착을 느끼게 되며 지속적으로 정주하고자 하는 것"이라고 하였다. 이처럼 공동체 의식이란 특정 공동체에 소속감을 가지고 일체화되며 공통된 문제 해결을 위한 연대와 욕구충족을 기대하는 믿음이라 정의할 수 있다. 또한, 공동체 의식은 민주시민의식의 구성 요소로 시민성을 갖추기 위한 필요조건 중 하나가 되는데, 건강한 사회가 요구하는 자질인 시민성의 구성요소가 되는 공동체 의식은 사회적 발달을 촉진하고 협력을 통하여 상생하는 이상적인 사회를 건설하는데 기여한다.

3. 대학생과 공동체 의식

현대사회의 물질만능주의, 공동체의 파괴, 지나친 경쟁과 신뢰 상실 등의 문제를 해결하기 위해서는 자기 이익의 추구를 넘어 모두가 공동으로 추구하는 가치와 비전이 필요하다. 산업화, 도시화 등의 사회구조의 부조화가 빚어낸 제반 사회병리현상에 대한 치유책으로 공동체 의식이 하나의 방법이 될 수 있다. 특히, 사회 정체성이 확립되는 시기인 대학생에게 공동체 의식은 더욱 필요하다. 대학생시기에는 타인과의 상호작용 속에서 여러 가지 가치와 태도, 행동 등을 학습하고 다른 사람과 더불어 살아가는 방법을 익혀야 하는 시기이며 세계화, 다문화 등 서로 다른 목소리와 생각들이 존재하는 사회의 다양성 시대에서 살아가는 대학생에게 있어 조화와 균형을 갖춘 공동체 의식의 함양은 건강한 사회구성원으로 조화롭게 살아가기 위한 출발이 된다.

대학생은 미래사회 주역으로서 학생의 신분임과 동시에 예비 사회인으로서의 전이를 준비해야하는 시기이다. 대학생은 급변하는 사회의 흐름에 맞춰 각 분야의 전문성과 더불어 지구촌 사회의 구성원으로서 창조적인 사회, 행복한 사회, 조화롭고 지속가능한 사회를 만들어나갈 수 있는 역량이 요구된다. 그럼에도 불구하고 우리나라 대학생은 입시경쟁에서 벗어나자마자 취업을 위한 학점경쟁과 스펙 쌓기 등 학업 스트레스로 인한 심리적 우울과 상대적 박탈감, 불확실한 미래에 대한 압박감이 심하다. 특히, 대인관계에 대한 불안감으로 10명 중 7명이 고통 받고 있는 것으로 확인되었다. 이러한 문제를 극복할 수 있는 대안으로 공동체에 대한 관심이 증가하기 시작했다. 개인은 공동체를 통해 서로 상호작용하며, 소속감, 성취감, 심리적 안정감을 느끼며 그 속에서 성장을 이루기 때문이다. 이러한 관점에서 '공동체'는 현대사회의 양극화 문제, 상대적 박탈감, 사회통합의 저해 등의 문제를 해결하기 위한 방안으로 제시 되었다(미래 한국리포트, 2017).

대학생들의 공동체 의식이 중요한 이유는 다음과 같다. 첫째, 개인적 차원에서는 자신의 공동체에 대한 활동에 참여하고 시민의식을 높이는 행동을 하는 것은 청년 발달과 안녕에 긍정적인 영향을 줄 수 있다. 그러므로 대학생들의 공동체 의식 함양은 개인 발달적 측면에서 바람직한 역할을 한다. 둘째, 청년들의 공동체 의식이 높아진다는 것은 현재 뿐만 아니라 미래의 우리 사회에서 핵심적인 역량을 가진 인재를 기를 수 있는 토대를 마련할 수 있다는 점이다. 현재의 당면한 한국 사회의 여러 문제들을 해결하기 위해서는 청년들의 긍정적이고 바른 의식은 문제 해결의 필요충분조건이다. 그러므로 대학들은 학생 개인의 안녕과 사회적 참여에 밀접한 관련이 있는 공동체 의식을 높이려는 다양한 방안을 찾아보고 실행하려는 노력이 중요하다.

4. 공동체의 변화 과정

1) 전통적 공동체

공동체는 구성원들이 생존을 유지하기 위해 함께 노력해야 했던 가족이나 촌락에서부터 시작되었다. 가장 시원적 형태의 공동체는 가족, 씨족, 지역에 바탕을 둔 생활 공동체라고 할 수 있다. 전통사회에서는 농업 생산을 위한 협동을 강화하고, 구성원들 간의 화합을 증진하기 위한 공동체적 규범이 발달했다. 초기 공동체는 규모가 작고 지리적 경계가 뚜렷했다. 전통적인 공동체의 특성으로는 폐쇄성, 안정성, 대면적 관계, 전통 및 도덕적 규범 체계 등을 들 수 있다. 인구가 증가하면서 공동체의 범주와 규모가 확장되기 시작했으며, 공동체의 내용도 다양해졌다. 한국의 전통적인 공동체로는 혈연과 유교적 가치에 바탕을 둔 문중, 지역을 기반으로 하는 촌락, 협동적 노동 양식인 두레, 상부상조의 규범인 계(契) 등을 꼽을 수 있다. 이러한 공동체 및 공동체적 제도들은 서로 중첩되어 전통사회의 질서를 유지했다.

문중은 한국의 독특한 공동체로 17세기 중반 이후에 공고화된 것으로 보인다. 문중은 공동의 선조를 가짐으로써 본관과 성을 공유하는 남계 혈통 전체를 가리키는 것으로 제사, 유교적 위계질서, 상부상조, 교육 등을 담당하는 확대된 가족공동체이다. 대개 문중은 동성촌(同姓村)을 이루었다. 촌락은 농사를 짓는 수십 가구가 집단적으로 정주한 공동체이다. 자연부락 혹은 마을이라고도 불리는 촌락은 대개 논을 중심으로 농가들이 모여 있는 집촌(集村)의 형태를 띤다. 촌락공동체는 가족에 원형을 둔 지역집단이며, 생산을 위한 공동조직이고, 포괄적인 상호부조적인 집단이었다. 촌락공동체는 지리적 경계가 분명했으며, 강한 집단의식을 가지고 있었다. 또한 신분적 위계질서나 관습적 질서를 강요하는 엄격한 유교적 규범이 존재했다. 촌락공동체는 협동을 강조하는 다양한 제도와 문화를 발전시켰다. 두레는 노동을 같이 하는 작업공동체로, 조선 후기 이양법(移秧法) 보급이 활발해지면서 발달했다. 이러한 노동방식은 모내기 등 노동력 수요가 정점에 달할 때, 농민들이 함께 일하는 합리적인 노동 활용법으로 공동체적 농민문화의 물적 토대가 되었다. 두레는 농사일은 물론 마을의 공통 사안에 대해 협력하는 포괄적 공동체로 발전했는데, 이 과정에서 농악, 농요, 지신밟기 등의 놀이문화와 결합되어 주민들 간의 공동체적 유대를 강화했다. 두레는 노동능력 제고, 구성원 간의 상부상조, 협동 훈련, 노동의 오락화, 공동체 규범 강화, 촌락의 통합 강화, 지역 농민문화의 창조와 계승 등의 복합적 역할을 수행했다. 하지만 농촌 공동체 유지의 핵심적 제도였던 두레는 일제시대의 지주-소작제 강화와 수탈구조 속에서 사라졌다. 계는 동(洞)이나 리(里) 중심의 생활공동체로 볼 수 있다. 촌계(村契)는 상민마을 구성원들의 자생적인 필요에 의해 등장했다. 수해나 가뭄 등의 천재지변으로 마을에 피해가 있을 때면 계의 규약에 의거하여 공동 작업을 했다. 이를 통해 공동체적 연대와 공동체 성원으로서의 소속감을 가지게 되었다. 촌계는 상호부조·상호규범을 강조했으며, 임진왜란 후 전후복구를 위해 보편화 되었다.

2) 전통적 공동체 위기와 한국사회

전통적 공동체 위기는 일제강점기부터 시작되었다. 농촌공동체의 근간이었던 농민들이 식민지 수탈 체제 하에서 철저하게 핍박당했다. 소작농의 증가, 농민의 궁핍화, 일본식 제도 및 문화의 이식, 농민들의 이동 때문에 전통적인 농촌공동체 제도들이 급격히 쇠퇴했다.

광복이후 농촌의 공동체는 한국전쟁, 산업화, 도시화 등을 경험하면서 대부분 해체되었고, 특히 1960년대 이후 진행된 대규모 이농에 따른 농촌 인구 과소화는 농촌공동체의 인구학적 기반을 무너뜨렸다. 다른 한편 서울을 비롯한 대도시로 유입된 많은 인구는 새로운 환경 속에서 이익사회 및 2차적 관계 중심의 도시 생활을 영위했는데, 경쟁적인 도시 공간 속에서 공동체 문화가 만들어지기는 어려웠다.

해방이후의 한국의 정치는 전통적 공동체를 더욱 해체할 뿐만 아니라 부정적인 것으로 만들었다. 한국인의 부정적인 공동체 의식은 산업 사회 내부에 존재하고 있는 전(前) 산업사회적 생활양식 및 의식구조를 말한다. 이를테면 가부장적 전통과 신분 사회의 유습이라 할 수 있으며, 이는 퇴행적이고 시대착오적인 경향이 지배적이다. 전통적인 공동체 해체와 왜곡 그리고 부정적인 공동체 의식의 정치적 수단화는 급속한 경제개발을 경험한 한국사회에 '성공의 위기'를 겪게 하였다. 표면적인 물질생활의 수준은 대폭 개선되었지만, 인간의 존엄성과 이웃에 대한 배려는 많이 상실되었다. 이렇듯 한국인의 부정적인 공동체 의식은 사회불안과 그로 인해 파생될지도 모른다고 믿는 정체성 상실에 대한 공포감을 야기했고 타 집단을 향한 강한 불신, 경계심, 적대 의식이 개인주의적 태도를 갖게 했다. 그로부터 사회적 신뢰수준은 매우 낮아지고, 갈등의 수준은 매우 높아졌다.

공동체의 해체는 한국인의 행복의 만족도에도 영향을 미쳤다. 유엔지속가능발전해법네트워크(SDSN)가 발표한 '2016 세계 행복 보고서'에 따르면 2015년 47위에 올랐던 한국은 11계단 하락한 58위에 머물렀다. 이는 행복도가 매우 낮은 수준이다. SDSN은 세계 157개 나라를 상대로 국내총생산(GDP), 건강한 기대 수명, 정부와 기업의 투명성, 개인의 자유, 사회적 지원 등을 평가해 행복 지수를 산출했다. 어려울 때 주변에 의지할 사람이 있는지 등 정서적인 항목도 반영됐다. 이 보고서에 의하면 행복도의 조건은 "평등할수록 행복하다"는 것이다. "평등"이야말로 공동체 의식의 발현이라는 점에서 공동체와 인간의 행복도는 연관성이 매우 높다고 할 수 있다.

또한 공동체 위기는 개인의 존망을 허물어 버리기도 했다. 한국의 자살률은 2015년 OECD 34국 중 1위다. 한국은 12년째 1위를 차지하고 있다. 이는 단순한 자살문제로 그치는 통계가 아니라 한국사회의 비인격적이고 비인간적인 현재의 집단적 실태를 상징적으로 보여주는 자료이다. 자살과 같은 극단적 현상 이외에 한국의 공동체는 변동속도가 매우 빠르다. 예컨대, 1인가구의 비율이 놀랄 만한 속도로 증가하고 있다. 1인

가구의 증가 자체를 부정적으로 해석할 수 없다 하더라도 공동체 측면에서는 심각한 변화인 것은 기정사실이다. 1980년 한국사회의 전체 가구 대비 1인가구의 비율은 4.8%, 1990년 9%였으나 2000년 15.54%, 2010년 23.89%에 이르렀다. 이는 구성원 사이의 단절과 대체가족의 필요성 등 사회구조상 공동체적 어울림을 새롭게 형성해야 할 필요성을 보여주는 지표다.

한국은 매우 빠르게 경제개발을 해 오는 동안, 인간의 존엄성과 이웃에 대한 배려 그리고 행복한 삶에 대한 가치관을 상실하였다. 전통적 공동체는 해체되고 개인주의가 만연해지면서 인간은 점점 고립되고 사회적 갈등지수는 높아지고 삶의 만족도는 떨어졌다. 이처럼 공동체의 위기는 새로운 삶에 대한 열망으로 이어져 현대사회에서 새로운 공동체의 필요성이 부각되었다.

3) 현대사회에서의 공동체 재조명

공동체가 새롭게 부각되는 이유는 무엇일까? 현대사회에서 공동체가 떠오르는 이유는 이제는 본질적인 차원에서 참된 삶의 행복과 평안을 누리고자 한다는 것과 구체적이고 현실적인 차원에서 부닥치는 생활상 문제나 필요들도 국가나 사회에 의존하지 않고 우리 스스로 힘을 모아 해결해야한다는 생각 때문이다. 더불어 삶을 나누는 사람들, 가까운 곳에서 함께 사는 사람들, 꿈과 관심사와 문제의식을 함께하는 사람들, 비슷한 일을 하는 사람들이 모여 공동체를 이루는 것이다. 인간에게 있어 개인의 자유와 개성도 중요하지만 개인은 공동체 속에서 안정감을 가지고 생활할 수 있으며, 참된 행복을 찾을 수 있고, 개인과 집단에 일어난 문제에 대해 지혜로운 해결책을 찾을 수 있는 것도 공동체 안에서 가능하다.

이처럼 사람들은 공동체를 꾸리거나 공동체 활동에 참여하면서 삶의 새로운 부분을 느끼고 즐기게 된다. 그러므로 현대사회에서 어떤 공동체를 만들고 또 어떤 공동체를 선택하고 참여할 것인지 등 공동체에 대한 재조명이 필요하다.

5. 공동체의 사회적 공헌

인간은 공동체를 통해 서로 연대와 협동함으로써 혼자서는 감당하기 힘든 문제들을 보다 손쉽게 해결하기도 한다. 고립되고 단절된 개인으로 흩어져 살아가다가 여럿이 함께 어우러지니 사는 기쁨과 즐거움이 높아진다. 다수의 힘과 지혜를 모으니 할 수 있는 일과 하고 싶은 일이 더욱 많아진다. 그리하여 오늘날 공동체는 개인의 삶을 바꾸고, 세상도 바꾸고 있다. 개인과 모두에 활력과 생기, 상상력을 불어넣어 주는 또 하나의 원천이 되었다.

실제로 현대사회 위기에 대한 대처방안으로 새로운 개념의 공동체가 다방면에서 형성되고 있으며, 몇몇은 정착단계에 있으나 대체적으로 아직은 시작단계로 미흡한 실정이다. 그럼에도 불구하고 새로운 공동체 운동이 계속적으로 시도 되고, 지속적으로 발전되어야 하는 것은 공동체가 주는 사회적 공헌이 크고, 개인적인 삶에 있어서도 매우 중요한 역할이기 때문이다. 공동체의 사회적 공헌에 대해 비영리 사회적 경제활동 측면과 영리기업의 사회적 책임활동의 두 가지측면에서 살펴보고자 한다.

1) 비영리 사회적 경제활동

2017년 SBS에서 개최한 '제15회 미래한국 리포트'에 의하면 현대사회의 극심한 양극화와 불평등을 해소하는 방안으로 공동체 활성화를 제시하였다. 경제학자 칼 폴라니는 "시장경제를 탈피해 사람이 중심이 되고 관계를 회복하는 사회적경제로 패러다임을 전환해야한다"고 밝혀 2008년 세계 금융 위기 이후 크게 조명을 받았다.

사회적 경제의 개념을 드푸르니(J. Defourny)는 이념적, 기능적, 법률적인 세 가지 측면에서 정의하였다. 첫째, 이념적으로는 사회적 경제란 인간을 그 중심에 둔 경제영역을 지칭하며 자본의 이익보다는 일자리 창출과 이를 통한 사회적 연계를 중시하는 것이다. 둘째, 기능적으로는 민주적 의사결정구조를 갖추고 수익배분을 제한하는 원칙에 따라 운영되는 조직들의 활동영역을 지칭하는 것이다. 셋째, 법률적으로는 특정한 법적 구성요건을 충족하는 조직들의 활동영역을 지칭하며 그것은 법적 지위를 갖는 협동조합, 공제조합, 재단, 결사체(Associations), 최근 등장한 사회적 협동조합(Social

Cooperatives)과 사회적기업(Social Enterprises) 등을 지칭한다. 쉽게 말해 사회적 경제란 '사람중심의 경제'로서 이윤이 극대화가 최고의 가치인 시장경제와 달리 사람의 가치를 우위에 두는 경제활동으로 고용창출과 사회연대라는 목적을 중시한다.

사회 경제조직으로는 사회적 기업, 협동조합, 자활기업, 마을기업, 농어촌 공동체, 공정무역 등이 있다. 사회적 경제조직의 특징은 변화된 경제사회 환경속에서 정부나 다른 시민사회 주체들과 협력하는 개방형 구조를 취하고 있다는 것이다. 이 변화는 사회적 경제조직의 외연을 확대하고 규모를 키우는데 매우 큰 영향을 미치게 된다. 또한 취약계층을 이한 고용창출과 사회서비스 공급을 담당하는 각종 조직들이 새로운 경제조직에 포함되었다.

(1) 사회적 기업

사회적 기업이란 영리기업과 비영리기업의 중간 형태로, 사회적 목적을 우선적으로 추구하면서 재화·서비스의 생산·판매 등 영업활동을 수행하는 기업(조직)을 말한다. 사회적 기업 육성법에서는 사회적 기업을 취약계층에게 사회서비스 또는 일자리를 제공하여 지역주민의 삶의 질을 높이는 등의 사회적 목적을 추구하면서 재화 및 서비스의 생산·판매 등 영업활동을 하는 기업으로서 고용노동부 장관의 인증을 받은 기관으로 정의하고 있다. 영리기업이 주주나 소유자를 위해 이윤을 추구하는 것과는 달리, 사회적 기업은 사회서비스를 제공하고 취약계층에게 일자리를 창출하는 등 사회적 목적을 조직의 주된 목적으로 추구한다는 점에서 차이가 있다.

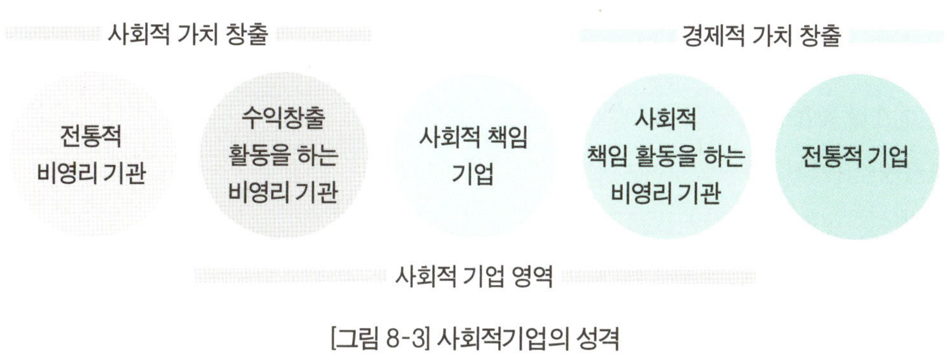

[그림 8-3] 사회적기업의 성격

사회적기업의 유형은 다음과 같이 5가지로 구분할 수 있다.

① 일자리 제공형 : 조직의 주된 목적이 취약계층에게 일자리를 제공

② 사회서비스 제공형 : 조직의 주된 목적이 취약계층에게 사회서비스를 제공

③ 지역사회 공헌형 : 조직의 주된 목적이 지역사회에 공헌

④ 혼합형 : 조직의 주된 목적이 취약계층 일자리 제공과 사회서비스 제공이 혼합

⑤ 기타형 : 사회적 목적의 실현여부를 계량화하여 판단하기 곤란한 경우

(2) 협동조합

협동조합은 재화 또는 용역의 구매·생산·판매·제공 등을 협동으로 운영함으로서 조합원의 권익을 향상하고 지역사회에 공헌하고자 하는 사업조직이다. 이는 사업체가 이익을 남겨 그 이익을 출자자가 분배하기보다 사업에 참여를 통해 편익을 얻는 구조로 인적 결사체와 사업조직으로서의 조직성격을 가지면서 공동으로 소유하고 민주적으로 운영하는 사업체다.

협동조합의 유형으로는 소비자협동조합, 직원협동조합, 사업자협동조합, 다중이해관계자 협동조합, 사회적 협동조합 등 목적에 따라 상이하다. 협동조합 지원정책은 2012년 시작되었는데, 지역주민을 중심으로 소득 및 일자리 창출과 사회서비스 제공을 목적으로 생산에서 판매에 이르기까지 전반적인 과정을 상담 및 컨설팅, 교육 및 홍보, 설립 및 인가 등 간접적 지원을 하고 있다. 협동조합은 전문 인력을 고용하여 조직을 운영할 수도 있으며, 시장경쟁에서 위험요소에 대한 책임을 분산하고 유통과 마케팅에서 비용을 줄일 수 있으며, 소득을 향상하여 조합원들의 이익을 극대화 할 수 있으며 대자본과 경쟁에서 살아남을 수 있는 등의 장점이 많다.

우리나라에서 대표적인 협동조합은 단연 소비자 생활협동조합(이하 '생협')이다. 한살림, 아이쿱, 두레, 행복중심 등을 비롯한 생협이 먹거리 문제를 중심으로 활발한 활동을 펼치고 있다. 생협의 전통적인 핵심 활동은 친환경 농산물 직거래이지만 생협의 꿈은 우리 생활 전반에 걸친 다양한 문제들을 협동의 힘으로 개선하고 해결하기 위해 일반 소비자, 곧 평범한 생활인들이 힘을 모아 자조와 자치와 자립을 추구하는 것이다.

농민과 도시 소비자가 함께 잘 사는 예는 전라북도 완주군 용지면에 있는 용진농협 로컬푸드 직매장 등이 있다.

협동조합 공동체의 으뜸 사례는 단연 원주의 협동조합이다. 원주의 협동조합은 1960년대 가톨릭 원주교구가 만들어지고 지학순 주교가 오면서부터이다. 그는 교육자이자사회운동가였던 장일순 선생과 함께 지역사회 발전을 위한 교육사업과 사회활동을 활발하게 펼쳐 1966년부터 신용협동조합운동으로 1972년 원주 밝음 신용협동조합을 만들었다. 이를 기반으로 1980년대부터 자연과 생명을 살리고자 유기농업 운동, 먹거리 직거래 운동, 생활협동운동 등을 한 살림 생협을 통해서 주도하였고, 원주의 다양한 협동조합 사이의 연대가 탄탄해짐에 따라 2009년 '원주협동사회경제 네트워크'가 형성되었다. 신용협동조합, 한살림 같은 먹거리 생협, 의료 생협, 공동육아 협동조합, 교육 협동조합, 농민협동조합 등의 참여로 원주의 조합원이 되면 일상생활의 수많은 일을 이 네트워크 안에서 손쉽게 처리할 수 있게 되었다. 원주의 조합 네트워크는 우리나라 최초로 학교급식 조례를 만들고, 친환경농업 지원육성 조례와 보육 조례도 만들었다. 원주의 협동조합의 참여율은 우리나라가 1.5%인데 반해 15%에 이른다.

(3) 마을공동체

마을 공동체는 90년대 지방자치의 시작으로 주민들과 지역의 리더를 맡고 있는 사람, 시민활동가들이 지역공동체의 회복을 도모하고 활성화를 위한 자발적인 노력을 전개하면서 생겨났다. '마을'이란 단어는 촌락과 같은 뜻으로 동 단위 보다는 작은 규모의 공간으로 일상생활을 함께 하면서 소통을 바탕으로 공동체 문제를 해결해 나가는 사람들이 모여 있는 공간을 의미한다. 즉 마을 공동체란 주민들이 모여 자신들이 속해있는 '마을'의 관한 일을 주민들 스스로 해결하고 결정하는 것을 말한다.

마을공동체는 농촌뿐만 아니라 도시에서 더욱 필요하다. 최근 들어, 서울을 비롯한 도시 곳곳에서 이런 마을 공동체 움직임이 활발해지고 있다. 마을에서 품앗이로 아이를 키우는 일, 건강하고 안전한 먹거리를 마을에서 공동구매하고, 반찬을 같이 만들어 먹는다거나, 일거리나 일자리를 마을에서 함께 만들어 나누는 일, 문화 활동이나 취미 생활을 이웃과 같이 즐기는 일 등의 다양한 활동이 증가하고 있다. 일상의 생활의 터전인 마을이 공동체의 산실이 되고 있는 것이다.

현재 전국의 마을공동체는 약 5,885개로 점점 증가하는 추세이다. 마을공동체의 종류는 정보화 마을, 평화생태마을, 체험휴양마을, 자연생태우수마을, 마을기업, 희망마을 등이 있다. 마을공동체 안에서 이루어지는 사업들도 다양한데 전통시장이나 상가 활성화, 자연생태관광사업, 수익을 목적으로 하는 사업, 생활공간 개선이나 사회복지 시설 확충 사업 등 다양하다. 지역별로 마을공동체 사례와 사업내용을 간단히 살펴보면 다음과 같다.

〈표 8-1〉 마을공동체 사업내용

지역	마을공동체 사업	사업내용
서울	성미산 마을(마포구)	도심형 생태마을
	장수마을(성북구)	주민 참여형 마을만들기
	북촌한옥마을(종로구)	마을공동체 활성화 및 전통성 회복
	두꺼비하우징사업(은평구)	민관합자 (주)두꺼비하우징 설립
	서원마을(강동구)	서울 휴먼 타운조성
안산시	환경보전 중심의 녹색마을 만들기	석수골 일반주택지역 마을정원 조성, 안산마을만들기 운동
수원시	마을르네상스 사업	마을공동체 시민운동
대전 광역시	무지개프로젝트	취약지역 4개구 취약동네 재생프로그램
전북	마을공동체 회사 육성(완주군)	커뮤니티 비즈니스
	임실치즈마을(임실군)	치즈만들기 체험, 치즈아카데미 개최

출처: 서울시 마을공동체 종합지원센터

마을공동체는 이처럼 다양한 측면의 사회경제적 효과를 거둘 뿐만 아니라 사회적 경제 기업으로 연결되는 경우가 많다. 마을 안에서의 친밀한 관계를 토대로 동아리와 같은 방식으로 시작한 마을활동들이 지속되려면 경제활동으로 변화되어야 한다. 마을공동체사업비는 초기 활동을 촉진하기 위한 마중물 차원의 금액이기에 시간이 지난 뒤에는 자립경제공동체를 만들어야 한다. 이렇게 되면 일과시간 이후의 만남, 자발적인 자원봉사만으로는 꾸려가기 어려운 규모가 된다. 즉, 사업을 기획하고 관리할 상근자가 필요하다. 이렇듯 관계를 기반으로 시작한 마을활동은 마을의 소비, 생산과 결합되며 지역사회가 운영하는 경제공동체로서 사회적경제와 연결된다. 마을 주민들이 함께 운영하는 마을카페, 마을식당이 만들어지는 것도 이런 까닭이다. 지역사회가 함께 소유하고 운영하는 마을공동체의 의미를 몇 가지로 요약하자면 다음과 같다. 첫째, 마을공동체는 생활공동체로서 서로 돕고 의지하는 상호부조와 연대가 가장 잘 이루어지는 구체적인 삶의 공간이다. 출산, 육아, 실직, 노후 등과 같이 누구나 살면서 부딪히는 중요한 문제들을 해결하기에 적합하다. 마을에서 작은 협동조합이나 마을기업 같은 걸 만들어 새로운 일자리를 만들어 낼 수도 있다. 마을과 이웃의 일에 함께 참여하는 경험을 제공하는 생생한 삶의 배움터이다. 둘째, 마을공동체는 주민들의 풀뿌리 자치가 이루어지는 민주주의 실천공간이다. 마을 공동체는 이미 완성된 것으로 주어지는 것이 아니다. 주민들 스스로 자기들의 필요와 욕구를 채워 가고, 지역의 문제를 해결해 가는 과정에서 역동적으로 형성되는 것이다. 그 과정에서 민주주의의 지역 자치와 주민 자치를 일구어 간다. 셋째, 마을공동체는 새로운 경제 질서와 문화가 꽃피는 대안적 경제 공간이다. 대부분 마을 공동체는 인간과 사회와 자연을 고루 중시하는 경제를 이루고자 한다. 경쟁과 효율과 속도를 앞세우지 않는다. 더불어 잘살고 모두가 골고루 나누는 경제를 이루고자 한다.

[그림 8-4] 서울 서대문구 연희동에서 열린 마을 총회의 분과별 의제발표 모습

2) 영리기업의 사회적 책임활동

기업의 사회적 책임에 대한 인식이 높아지면서 사회는 기업에 자선적이고 은혜를 베풀 수 있는 사회적 책임 활동을 더욱더 기대하게 됐다. 기업 또한 이런 사회적 기대에 부응하기 위해 보다 다양한 형태로 사회공헌 활동을 펼치며, 이러한 활동들을 기업 홍보차원에서 홈페이지나 지속가능 경영보고서에 사진과 기록을 남긴다. 그러나 사회의 요구에 대응하는 수준의 의무적인 사회공헌활동이나 기업이미지 제고 차원에서 진행되는 이벤트성 사회공헌 마케팅은 진정성을 갖기 어려우며, 사업파트너와 수혜자에게 실망감을 주는 경우가 많다.

기업의 사회공헌 활동을 다음과 같이 4단계로 나눌 수 있다. 첫째, 사회적 압박에 마지못해 하는 생존을 위한 사회적 활동이다. 기업이 생존을 위해 사회적 책임활동을 하게 된 예로 스타벅스가 있다. 스타벅스는 2005년부터 꾸준히 세계 최대의 공정무역 인증커피 구매업체로서의 입지를 다지고 있는 기업으로 유명하다. 그러나 스타벅스가 기업을 설립할 당시부터 공정무역에 관심을 가졌던 것은 아니다. 2000년 4월 미국의 시민운동가들은 스타벅스의 불공정거래로 개발도상국 농부들이 정당한 노동의 대가를 받지 못하고 있다며 대규모 항의 시위를 벌이려 했다. 이에 스타벅스는 공정무역 인증커피를 구매하기로 약속하며 시민단체의 요구를 반영했고 회사의 명성을 보호할 수 있었다. 그리고 이러한 스타벅스의 결정은 오늘날 스타벅스 사회공헌활동의 가장 큰 특징인 공정무역거래의 첫걸음이 되었다. 이처럼 기업의 생존을 위해 사회적 압력으로 사회적 활동을 시작하게 되는 것은 1단계 '생존을 위한 사회공헌활동'이다. 둘째, 자기만족을 위한 사회적 활동이다. 자기만족을 위한 사회공헌활동은 기업철학에 따라 지역사회를 위한 사회적 활동을 하거나, CEO의 의지에 따라 장학재단이 세워지는 경우처럼 CEO나 기업의 도덕적인 철학을 따르는 도덕적 만족형이다. 기업은 사회공헌활동을 통해 자기만족을 얻기 때문에 재정적 손실이 있다 하더라도 이를 감수하고 활동을 지속한다. 셋째, 이미지를 높이기 위한 사회적 활동이다. 기업은 전략적으로 기업의 사회적 책임활동을 마케팅 또는 이미지 관리 도구로 사용하기도 한다. 이미지를 위한 사회공헌활동은 기업의 사회적 활동을 대중에 노출해 '착한' 이미지로 기업 브랜드의 가치 제고를 추구하는 전략이다. 이때 기업은 브랜드 이미지 제고를 통한 이윤창출을 위해 사회적 활동에 자발적으로 참여한다. 기업과 사회의 이익을 동시에 추구하므로 기업은 전략적으로 사회적 활동을 계획하고 진행하게 된다. 넷째, 경쟁력 강화를 위한 사회적 활동이다. 가장 발전된 사회공헌활동의 유형은 '경쟁력을 높이기 위한 사회공헌활동'이다. 경쟁력은 기업의 경제활동 및 수익창출과 직접적으로 연관이 있기 때문에 기업은 가장 정교한 전략을 바탕으로 사회적 활동을 실시하여, 기업의 본업 또는 제품의 경쟁력을 높이는 전략이다. '경쟁력을 위한 사회공헌활동'은 두 가지 효과를 가지고 온다. 첫째, 사회적 활동을 기업의 가치에 반영하는 생산의 효율성이다. 월마트의 포장 감축 정책, 코카콜라의 에너지 효율적 자판기 설치, 식품회사의 영농기술 교육 및 인프라 설치 등은 사회적 활동을 통해 사회에 효과적으로 도움을 줄 뿐만 아니라 기업도 혜택을 누린 대표적인 예이다. 둘째, 사회공헌활동을 활용해 제품을 차별화함으로써 새로운 시장을 개척하는 '차별화 전략'이다. 1980년 당시 미국의 자동차 배기가스 규제가 강화되었는데 도요타는 이를 장애물이 아닌 기회로 보고 전기자동차를 연구해 1997년 세계 최초로 하이브리드 자동차 프리 우스를 출시했으며 '친환경자동차의 선구자'라는 독보적인 위치를 차지할 수 있었다. 여기서 주목할 것은 프리우스가 에너지 절약 또는 연비최소화 측면에서 사회적 및 환경적으로 도움을 주는 동시에 기존 가솔린 자동차 경쟁구도와는 전혀 다른 기술 및 경쟁의 장을 열어 기업의 새로운 경쟁력을 창출했다는 점이다. 이는 사회적 활동을 기업의 전략으로 접목시킴으로써 기업에 장기적인 이익을 가져다 줄 뿐 아니라 기업의 다른 제품에도 적용함으로써 기업의 활동과 사회적 활동의 효과를 극대화시킨 성공적인 사례이다.

6. 공동체가 나아가야 할 방향

자본주의 사회에서 발달한 개인주의, 물질만능주의의 폐해로 사라지는 공동체 의식을 회복하여 개인의 사회적 과제를 해결하고 행복을 누리기 위한 다양한 형태의 공동체가 시도되고 있다. 하지만, 공동체가 모든 문제를 해결할 수 있는 것은 아니라는 점에 유의하여야 한다.

1) 공동체의 한계

공동체는 구성요소들이 적절하게 잘 갖추어졌을 때 만들어지는 것이다. 그러므로 공동체를 형성하고 유지, 발전시키는 것은 매우 어려운 일이다. 또한 공동체의 미래 발전과 확산을 위해서는 공동체에 대한 지나친 부정적 인식이나 낭만적인 긍정도 경계해야 한다.

공동체가 지닌 한계점을 살펴보기 위해 사회적 경제활동 영역 중에서 최근 가장 활발하게 움직이고 있는 마을공동체와 협동조합을 중심으로 설명하고자 한다. 마을공동체의 한계는 첫째, 마을공동체는 마을의 다양한 사람들이 있고 성향들이 제 각각 달라 갈등과 분쟁, 이해관계 충돌 등이 일어날 가능성이 항상 존재한다는 것과 이주가 자유로워 언제든지 공동체에서 나가고 들어와는 교체 가능성이 높다는 것이다. 둘째, 우리나라는 노동시간이 길고 집은 잠만 자는 곳으로 여기는 사람들이 많아 마을공동체를 '남의 일'로 여길 가능성이 높다는 것이다. 셋째, 개발 바람이 부는 도시들은 마을 공동체가 들어가기 힘들다. 설사 들어간다 해도 금전적인 문제가 발생하여 분쟁이 심하게 나타날 수 있다. 넷째, 개인프라이버시의 문제로 개인과 공동체의 상이의 관계를 어떻게 설정할 것 인가 하는 문제는 민감한 논란거리이며 마을공동체의 숙제이다. 다섯째, 정부지원의 문제로 정부지원을 받는 경우 자생력과 독립성 떨어지고 실적위주로 바뀌어 본래 성격이 변질될 가능성이 높으며, 지역 내 단체들 사이에 경쟁과 갈등이 생길 수 있다.

협동조합의 경우도 마찬가지이다. 많은 성공사례에도 불구하고 개인주의와 자본주의적 사고가 팽배한 현대인들에게 협동조합은 한계점을 가질 수밖에 없다. 초창기에는 의욕이 넘치는 조합원들이 합심하여 좋은 성과를 내고 화합할 수 있겠지만 의욕이 상실되고 개인주의적 성향이 나타나게 되면 불협화음이 발생할 수도 있다. 실제로 현재 많은 협동조합이 오래 견디지 못하고 사라지는 경우가 허다하다. 협동조합의 한계점은 첫째, 자본조달이 어렵다는 점인데 이는 협동조합이 이윤극대화를 추구하는 일반기업과 본래 정신이 달라 투자자 구하기가 힘들다는 한계가 있다. 둘째, 협동조합의 주요원칙 가운데 하나인 '1인 1표 민주주의'의 부작용으로 중요한 결정을 할 때 결정이 늦다는 점과 책임을 지지 않은 채 큰소리만 내거나 딴죽을 거는 조합원도 있다는 점이다. 셋째, 보수체계가 고위직원과 하위직원 사이에 격차가 크게 차이 나지 않아 고급인재 채용이 어렵다는 점이다. 네 번째, 조직 이기주의에 빠질 위험으로 자기 조합의 생존과 성장에 빠져 다른 조합과 기업과 지나친 경쟁을 일삼을 수 있다. 다섯째, 보이지 않는 진입장벽이 있을 수 있다는 점이다. 예를 들어 생협에 관하여 중산층 이상 잘사는 사람들이 몸에 좋은 먹거리를 찾아서 먹는 '중산층 운동'이라는 부정적인 견해도 있다.

2) 공동체가 나아가야 할 방향

공동체의 한계점을 극복하고 건강한 공동체를 형성하기 위해서는 개인보다 우리, 그리고 '나'만 아니라 '함께' 성장해야 한다는 공동체 의식이 선행되어져야 하며, 새로운 공동체는 전통적 공동체와는 다른 성격을 가져야 한다. 전통적인 공동체는 폐쇄성, 안정성, 대면적 관계, 전통 및 도덕적 규범 체계 등의 특성을 가지고 있는 반면, 새로운 공동체는 신뢰성을 기초로 한 연대의식을 기반으로 진정한 자유가 보장되는 자율성, 어느 누구에게나 열려있는 개방성을 지닌 공동체로 성장해야 할 것이다. 새로운 공동체는 돌봄이 공동체로부터, 교육공동체, 마을공동체, 의료공동체, 사회적 기업, 협동조합(사회적 조합), 더 나아가 조합네트워크, 지역공동체, 지자체에 대한 연구로까지 확산되어져야 할 것이며 시공간차원, 사회적 차원, 문화적 차원에서의 다양한 시도가 필요하다. 이처럼 공동체는 긍정적이고 적극적인 역할을 모색하는 단체가 되어야 하며, 대학생 시기에 다양한 공동체 경험을 통해 공동체 내부의 민주주의를 함양하고, 공동체 구성원으로서 솔선수범하는 주역으로 성장해야한다.

활동 1 마을공동체 만들기

대학시절에 여러분이 공동체를 만든다면 어떠한 공동체를 만들고, 참여하고 싶나요? 여러분의 생각(또는 아이디어)을 제시해 보세요.

예) 교육공동체, 전주 한옥마을, 남부시장 야시장, 청년 미디어사업 등에 어울릴 만한 공동체 등

1) 공동체 이름:

2) 공동체 설립배경(목적)

3) 공동체에서 하는 일

4) 기대효과

예시: 2010 마을공동체사업 사례

■ 성미산마을 (서울 마포구)

• 도심형 생태마을

- 1994년 젊은 부모 30여 세대가 60평대 단독주택을 구입해 공동육아를 위한 어린이집을 열면서 시작된 공동체로, 현재 30~40대를 주축으로 400여 가구 1,000여명이 가족중심의 커뮤니티 형성
- 2001년 마을 뒷산인 성미산에 배수지 시설이 들어서는 것을 반대하는 운동을 하면서 주민들이 결집하여 두레생협, 마을극장, 성미산 학교 등 교육·문화·마을기업·복지돌봄·커뮤니티를 활발하게 운영

■ 성미산마을 (서울 마포구)

• 커뮤니티 비즈니스로 더불어 잘사는 마을공동체 조성(완주군)

- 2008년부터 마을공동체회사 100개소 운영, 두레농장·로컬푸드사업 등 다양한 형태의 커뮤니티 비즈니스 사업 추진으로 지역 공동체 활성화
- 대규모 투자 없이 지역이 가진 자산을 활용해 지역문제를 주민 주도로 해결하고, 발생되는 이익은 지역에 환원

• 임실 치즈마을 (임실군)

- 1967년 임실치즈를 개발하여 특산품 생산 및 산양 체험장·치즈아카데미 개최 등 녹색 농촌체험마을 형성

■ 토트네스 (영국)

• 자연주의 마을공동체

- 주민의 돈독한 유계를 상징하는 지역화폐(토트네스 파운드)를 사용하고 윤리적 상점·공정무역 가게가 마을공동체의 고리역할을 하고 있으며,

유럽의 대표적 유기농 농장인 리버포드 농장과 함께 치즈·그린슈즈 생산으로 유명

■ 아만토마을 (일본)

- **젊은 예술가들이 지역사회에 뿌리를 내리며 새로운 삶의 길 모색**
  - 20~30대 젊은 예술가들이 카페·식당·영화관·공연장 등 필요한 것을 스스로 만들어 사용하며, 마을주민의 자격을 요하지 않는 열린계에 의한 구성원의 다양성 장기인 안정성·지속성 확보

활동 2

자원봉사나 기부를 해본 경험이 있다면 조원들과 함께 나누고 그 속에서 느꼈던 점을 자유롭게 이야기 나눠보세요.

• 자원봉사 경험 후 느낀 점

• 기부활동 경험 후 느낀 점

9장

사회와
가치의 딜레마

학습목표

1. 우리 사회의 도덕성 교육의 문제점을 생각하면서 도덕적으로 행동한다는 의미를 정리하여 발표할 수 있다.
2. Rest의 4요인 도덕성 구성요소를 각각 제시하고 간단하게 설명할 수 있다.
3. 도덕적 딜레마 상황에서 상황지각과 결과지각을 인지한 후, 두 요소를 분류하여 실제적 딜레마 상황에서 설명할 수 있도록 한다.

1. 문제제기

국제투명성기구는 2016년 기준 국가별 부패지수를 발표했는데, 한국은 100점 만점에 53점이었으며, 국가 순위도 176개 중에서 52위로 급락해 부패가 더욱 심해진 국가라는 불명예를 앉게 되었다. 경제적으로 물질적으로 더욱 풍요로워지는 것에 비하여 점차 도덕성과 청렴지수는 낮아지고 부패와 비리의 나라로 명예스럽지 못한 국가가 된 것이다. 이유가 무엇일까? 아마도 사람의 생명과 가치보다는 과학기술의 급속한 발달, 대량생산체제로 인한 여러 현상, 그리고 학교현장에서의 도덕 교육의 부실 등으로 나누어 볼 수 있을 것이다. 그 중에서 도덕성 교육은 부실이라고 볼 수 있을 것이다. 도덕성은 인지적 측면과 행동적 측면으로 구분할 수 있는데 그간 우리의 도덕교육은 인지적 교육에 초점을 두었다. 도덕적으로 인지하는 것과 도덕적으로 행동한다는 것은 다른 각도에서 접근해야 할 것이며, 도덕적으로 행동하게 끔 하는 교육이 필요하다. 도덕적으로 행동하게 끔 하려면 도덕적으로 민감해야 한다. 도덕적으로 민감해야 한다는 것은 무엇을 의미하는 것일까? 인간이 인간다움을 유지하기 위해서는 머리로 해석하는 것에 앞서 마음이 움직여야 하는 것은 아닐까?

2. 우리 사회의 도덕성

오늘날 우리 사회의 도덕적 상황에 대해서는 위기라고 진단하고 있으며, 위기의 원인에 대한 대부분의 논의에서는 가치관의 혼란과 생활 규범의 상실 문제에 초점을 맞추고 있다. 가치관의 혼란과 위기는 무엇이 가치있고, 무엇이 추구될 만하며, 무엇이 거부되어야 하는가, 무엇이 중시되어야 하는가 등에 대한 신념이 불확실한 것을 의미한다. 가치의 위기가 결국 개인에게는 가치관의 혼란으로 나타나고, 사회에 있어서는 공동생활의 기본이 되는 생활 규범의 상실 혹은 불일치로 나타나게 된 것이다.

가치관의 혼란이나 생활 규범의 상실 문제는 여러 관점에서 생각해 볼 수 있을 것이다. 우선은 과학 기술 발달에서 오는 문제를 살펴볼 수 있다. 과학 기술의 발전은 대량생산과 소비를 가져와 지구의 한정된 자원을 급격하게 사용 및 소모시키고 있다. 식량과 물, 연료 등의 자원 고갈은 기하급수적으로 팽창하는 인구문제와 더불어 심각한 위기의식을 던져 주고 있다. 또한 과학 기술 발전은 도시화와 공업화로 자연환경을 파괴하고 오염시키며, 생태계의 위기를 초래하였다. 지구의 자연은 모든 생물이 공존하도록 되어 있으며, 일시적으로 한 부분의 균형이 깨지면 곧바로 자체의 조절 기능에 의해서 원래 모습으로 회복되어 평형 상태를 유지하게끔 되어 있는데 과밀 집중화된 도시화와 공업화가 이 균형을 깨뜨리고 있다. 과학 기술의 발전은 전쟁기술과 무기발달을 가져왔으며 핵무기와 화학무기, 레이저 광선에 대한 군비의 경쟁력 개발이 다소 완화되고 있는 추세이지만 온 인류는 아직도 언제 일어날지 예측할 수 없는 핵전쟁의 두려움 속에 살게 되었다는 것은 분명 문제이다.

둘째, 대량생산체제의 발달에서 오는 문제가 있다. 대량생산체제의 특징인 신속화, 기계화, 자동화, 물량화, 규격화, 대중화 등이 우리의 삶에 부정적으로 영향을 미쳤다. 신속화는 사람들이 자기 반성을 할 시간적 여유를 가지지 못하게 한다. 급하게 서두르다 보면 자기 자신에 대해서도 심사숙고하지 못하고, 그저 그때그때의 충동에 따라서 무책임하게 행동하기 쉽다. 모든 일을 신속하게 처리해야 한다는 강박 관념은 엄청난 긴장감을 불러일으킬 뿐 아니라, 때로는 정신 질환을 유발하는 원인이 되기도 한다. 기계화는 인간도 기계의 부속품처럼 되어 버리는 것이 아닌가 하는 의구심과 함께 불안감을 가지게 한다. 즉, 산업은 원래 인간의 편익을 위해서 개발되었으나, 오늘날에는 도리어 인간이 산업 체제를 위해서 존재하는 것처럼 느껴지게 되었다. 고도로 조직화된 산업 체제 속에서 인간은 자기의 개성을 상실하고, 그가 수행하는 기능에 의해서만 평가를 받게 된 것이다. 자동화는 인간을 특정한 자극에 대해서 자동적으로 반응하게 함으로써, 생각하지 않는 사람으로 만들기 쉽다. 그래서 인간은 자기 일에 책임을 덜 느끼게 되고, 비판 능력도 잃게 된다. 그리고 어떤 일을 성취해 나가는 과정을 통해서 얻을 수 있는 기쁨이나 보람도 느끼지 못하게 된다. 물량화는 인간에게 모든 사물을 교환가치로 가늠하는 의식을 심어 준다. 그 결과, 인간도 필요에 따라서 물건처럼 대치시킬 수 있다는 비정한 생각을 가지게 만들며, 이러한 사고방식은 인간의 존엄성과 생명의 가치를 약화시키게 된다. 규격화는 사람이 원료를 어떤 특정한 모형에 집어넣고 제품을 찍어내거나 만들어 내듯이, 인간도 필요에 따라서 어떤 틀 속에 집어넣거나 주조(鑄造)할 수 있다는 생각을 가지게 할 우려가 있다. 대중화는 개인의 창의성이나 개성을 살리기보다 남에게 의존하고 무비판적으로 살게 만든다. 대중화 현상 속에서 인간은 유행에 민감하고, 될 수 있는 한 남들처럼 살려고 한다. 그러한 결과, 인간은 타인 지향형이 되고, 익명성(匿名性) 속에 자기 자신을 숨긴 채 무책임하게 행동하게 되기 쉽다.

셋째는 그 동안 우리의 도덕교육이 제 기능을 다하지 못했다는 점, 즉 우리의 교육이 그동안 자라나는 세대들에게 급변하는 사회 환경에 적응하고 대처할 수 있는 도덕교육을 올바르게 수행하지 못했다는 점이다. 현재 우리의 도덕성 교육은 의식과 행동의 이중구조를 가지고 있는데, 예를 들어 양보해야 한다는 의식을 가진 사람은 많으나 실제로 지하철이나 버스에서 임산부나 장애인이 타면 실제로 자리를 양보하는 사람들이 많지 않다는 점이다. 타인을 배려하기 위한 연민, 헌신, 봉사 등도 장애인과 약자에 대한 의식은 높으나 실제로 행위수준은 낮으며, 타인 배려 수준을 넘어서 공동규칙 및 법 준수, 환경 보호 등의 도덕성의 전반적인 영역에서도 의식과 행동의 이중적 구조 특징이 공통적으로 나타나고 있다. 이러한 행동과 의식의 이중성은 우리가 교육기관을 통해서 배우고, 사회생활을 하면서 배우게 되는 도덕성이 이론적인 지식 그 자체에 머물 뿐 실제 생활 속에서 내면화되지 못했기 때문이라고 볼 수 있다. 따라서 교육기관에서의 도덕성 교육은 판단능력을 기르는 인지적 측면의 교육뿐 아니라 판단과 결과를 행동으로 실현하는데 중점을 두어야 한다. 도덕성이 인지적 영역을 넘어서 행동적 차원으로까지 이어지도록 도덕적 행동 또한 교육을 통해서 가르쳐야 할 것이며, 도덕성을 행동으로 옮길 수 있도록 도덕성 관련 내용을 직접 체험해 볼 수 있는 기회를 제공해 주는 것이 필요하다.

3. 도덕적 감수성

1) Rest의 4-구성요소 모델

우리는 지금까지 도덕을 어떻게 학습하고 배워왔는가를 살펴보자면, 주로 도덕적으로 인지하고 사고한다는 관점을 강조하였다. 도덕적 사고가 결국 도덕적으로 행동하게 만든다고 믿고, 도덕적 사고의 측면을 강조한 것이다. 도덕성은 도덕적 특징이 관여되는 사태에서 옳고 그름을 판단할 수 있는 인지적 능력이기 때문에, 이러한 인지적 판단능력을 갖고 있는 사람만이 도덕적 행동을 할 수 있다고 믿었다. 그러나 도덕적으로 올바르게 생각한다고 해서 도덕적으로 행동하는가의 질문에 대해서 확신있게 '그렇다'고 대답할 수가 없다. 생각과 행동의 이원화된 특징으로 인해서 생각은 하지만 행동은 다르게 할 수도 있기 때문이다. 즉, 도덕적 지식이나 사고(판단)와 도덕적 행동과의 관계는 지금까지 수많은 논쟁의 대상이 되어왔으며, 知만으로 行을 설명하는 것은 한계가 있다.

도덕성 분야에 대한 연구가 도덕적 인지, 정서, 행동에 대해 개별적으로 연구되었는데, 피아제와 콜보그는 도덕적 사고와 판단에 초점을 맞추어 도덕성을 연구했고, 안나 프로이드는 도덕적 정서를 연구하였고, 사회학습이론가들은 도덕적 행동을 주로 연구하였다. 하지만 도덕적 인지, 정서, 행동이 각각 독립된 발달 경로를 갖거나 서로 상호작용 없이 작용한다는 가정은 도덕적 기능을 충분히 설명할 수 없다. 정서가 결여된 도덕적 인지가 없고, 도덕적 인지가 결여된 도덕적 정서도 없으며, 이들의 상호작용 없이 도덕행동이 가능하지 않기 때문이다(Reat, 1986). 따라서 도덕성이 도덕적 인식의 차원을 넘어 행동으로까지 연결되기 위해서는 인지와 정서의 상호작용 특징을 다른 사람의 반응과 감정을 이해하고, 공감이나 역할 채택, 자신의 행동이 자신과 타인의 복지와 기대에 어떻게 영향을 미치는지까지 확장되어야 한다.

이에 Rest(1983)는 도덕적 행동의 표출에 영향을 미치는 심리학적 변인을 고려하여 4-구성요소 모델을 제시하였는데, 도덕적 행동이 일어나기 위해서는 도덕적 감수성, 도덕적 판단력, 도덕적 동기화, 도덕적 인격화(품성화) 등의 4가지 요소들이 복합적으로 작용하여 특정 상황에서 도덕적 행위로 반응하는 과정으로 설명하였다.

도덕적 감수성(moral sensitivity)은 도덕적 문제가 개제되어 있는 상황을 지각하고 도덕적 상황으로 해석하는 것, 그 상황 속에서 자신이 할 수 있는 행동은 무엇이 있는지, 그 행동이 타인에게 어떻게 영향을 끼칠 것인가에 대해서 고려하는 것을 말한다. 도덕적 추론(moral judgment)은 도덕적 감수성을 통해 인식이 이루어지고 난 후, 그 행동이 도덕적으로 정의로운가를 판단하는 요소를 말한다. 즉 자신의 도덕적 판단에 대한 이유를 제시하는 것으로 왜 그렇게 판단했는지, 왜 그 방법이 옳다고 생각하는지에 대한 논리적 근거를 대는 것이다. 도덕적 동기화(moral motivation)는 여러 가지 갈등상황 속에서 우선적으로 도덕적 가치를 선택하여 의사결정을 내릴 만큼 도덕적으로 동기화되는 과정이다. 맨 처음 도덕적 감수성인 주어진 상황을 도덕적인 문제 상황으로 인식하는 과정이 일어나고, 그 문제를 해결하기 위한 방안을 추론하는 도덕적 추론이 이루어졌음에도 도덕적 가치와 경쟁 관계에 있을 수 있는 경제적, 정치적, 종교적 가치나 동기들에 우선순위를 둔다면 도덕적 행동으로 이어지지 않을 수 있다. 도덕적 품성(moral implementation)은 도덕적 가치를 최우선시하여 의사결정 내린 특정의 도덕적 행동을 실천에 옮기는 과정을 말한다. 이 과정에서 개인의 성격특성인 용기, 인내심, 지구력, 결단력, 자아강도, 자기규제력 등의 특성들이 도덕적 행동을 실행에 옮기는 데 도움을 줄 것이다.

Rest는 도덕성 네 구성요소 중에서 도덕적 감수성의 중요성을 특별히 강조하였다. 도덕적 감수성은 특정 상황 정보를 민감하게 지각하고, 가능한 행동을 상상하고, 자신을 포함하여 누가 영향을 받으며 이해관계에 있는 집단의 복지에 끼칠 영향을 그들이 어떻게 지각할 것인지를 인식하는 과정을 말한다(Rest, Bebeau & Volker, 1986). 말하자면 도덕적 감수성은 도덕적 이슈의 존재를 지각하는 과정인 도덕적 지각과 주의를 집중하여 의식적으로 도덕적 판단이 요구되는 상황임을 알아차리는 과정의 도덕적 해석으로 이루어진다. 도덕 판단이 이루어지기 전 과정에 있는 도덕적 감수성의 특징을 고려하면 도덕적 감수성은 도덕적 딜레마의 현저한 특징을 알아차리는 능력, 즉 특정 상황에서의 도덕적 이슈 인식인 것이다. 특정 상황에서 도덕적 이슈를 정확히 인식하는 일은 다른 무엇보다도 중요하다고 할 수 있다. 왜냐하면 어떤 상황의 단서를 정확히 지각하고 해석하지 못한다면 도덕적 행동이 일어날 수 없으며, 타인의 필요와 복지를 정확히 지각하지 못한다면 도덕적 행동은 일어나지 않기 때문이다.

그런데 어떤 상황의 단서를 지각하는 일은 인지만으로 가능하지 않다. 오히려 공감능력이 결정적으로 지각 여부를 결정해야 인지와 정서의 상호작용을 통해서 상황을 도덕적으로 지각하고 반응할 수 있게 된다. 낮은 수준의 인지발달 단계에 있는 어린 시절에도 공감이 일어나며, 공감은 자기중심의 공감을 넘어서 타인의 감정에 대한 공감, 타인의 삶의 조건에 대한 공감 단계로 발달해 나간다. 성숙한 공감 단계에서는 타인이 자신과 다른 존재임을 인지하면서도 타인의 조건과 상황에 대한 이야기만으로 공감할 수 있다. 이러한 인지와 정서의 발달은 우리로 하여금 특정 상황에서 가능한 행동들을 생각해내고, 그 행위가 다른 사람에게 어떤 영향을 미치는지를 알고 행위 여부를 결정하는데 도움을 준다. 보통 우리는 어떤 상황에 직면하면 강한 감정을 갖는데 이러한 반응은 암묵적이고 자동적이어서 반성적 판단 이전에 발생하기 때문에 감정은 우리가 보다 나은 판단을 할 수 있도록 도와줄 수도 있고 방해할 수도 있다. 그러나 우리가 고통을 당하는 사람에게 연민을 느끼게 되면 도움을 주지만 혐오나 어떤 감정도 느끼지 않는다면 돕지 않을 가능성이 높다. 타인의 복지나 필요에 미치는 영향을 고려하는 것은 암묵적으로 무고한 남에게 해를 주어서는 안 된다는 사회적 규칙의 반영이다. 따라서 자비심 혹은 보편주의 등 타인을 배려하는 가치들은 타인의 복지와 관련되어 있으므로 도덕적 감수성을 높여주며(Bebeau & Rest, 1982), 보편주의와 자비심을 선호하는 학생들은 도덕적 감수성이 높으며 힘과 쾌락주의 및 자극추구 등과 같은 가치를 선호할수록 사회복지와 관련된 딜레마에서 도덕적 감수성이 낮게 나타나게 되는 것이다(Myyry & Helkama, 2002).

2) 도덕적 감수성의 구성요소

도덕적 감수성을 연구한 대부분의 학자들은 도덕적 감수성을 향상시키기 위해서 구체적으로 어떻게 해야 하는지에 대하여 여러 개의 하위요소로 구분하여 제시하였는데 여기에서는 Volker(1984)와 Rest(1986)의 관점을 살펴보고자 한다. 볼커는 도덕적 감수성의 구성요소를 상황지각 감수성, 결과지각 감수성, 책임지각 감수성 세 요소를 제시하였다. 먼저 중요한 사실의 지각은 도덕적 문제의 정확한 규명으로 사람이 개인, 집단, 기관, 사회 간의 상호관계는 물론 전문적 실천행위를 안내하는 윤리강령과 법령을 알고, 원인과 결과 관계를 정확하게 추론하고 행동이 미칠 가능한 결과를 상상하는 활동으로 상황지각 감수성이다. 둘째, 다른 사람에게 미칠 결과의 지각은 사실 지각이후에 이어질 과정으로 행위자 자신뿐만 아니라 관련된 모든 사람들에게 일어날 행위의 결과를 상상하고 이해할 수 있는 능력으로 결과 지각 감수성을 말한다. 셋째, 딜레마 해결의 책임 지각 감수성은 문제를 해결하기 위해 적극적으로 행동할 필요성을 지각하고 행위 할 책임이 자신에게 있음을 깨닫는 능력을 의미한다.

〈표 9-1〉 도덕적 감수성 하위요소

하위 요소	주요 내용
상황지각 감수성	특정 상황이 도덕적으로 문제가 되는지 해석/지각할 수 있는 능력
결과지각 감수성	특정 행동의 결과가 관련 당사자들에게 미치는 영향(결과)을 예측할 수 있는 능력
책임지각 감수성	특정 상황에서 개인이 행동할 책임을 스스로 느낄 수 있는 능력

■ 딜레마 Ⅰ. 친구의 심부름

철호는 학교에서 가장 싸움을 잘하고 성격이 난폭하기로 소문이 나 있다. 그래서 누구나 그의 눈치를 보고 그의 말이라면 아무도 거역하지 못한다. 거역하면 그가 괴롭히는 바람에 학교생활이 너무 힘들어지기 때문이다. 그런데 어느 날 철호가 영호를 찾았다. 영호는 철호와는 정반대로 온순한 성격에다 몸이 약하고 싸움도 잘 하지 못한다. 철호는 영호에게 배가 고프다고 말하면서 학교 앞 빵가게에 가서 빵을 사오면 좋겠다고 넌지시 말한다. 말이 부탁이지 강요나 마찬가지다. 왜냐하면 철호의 부탁을 들어주지 않았다가 괴롭힘을 당한 사람이 한둘이 아니기 때문이다. 영호는 잠시 고민에 빠진다. 눈 딱 감고 그냥 빵 한번 사다주는 게 더 편할 것 같다는 생각도 들었고, 그럴 순 없다는 생각도 들었다. 영호는 과연 어떻게 해야 할까?

하위 요소	주요 내용
상황지각 감수성	친구를 위한 일인데, 해주면 서로 편하고 좋다.
	친구를 위한 일이라도 그런 일은 하지 않는 것이 좋다.
결과지각 감수성	한번 빵을 사다주면 철호는 앞으로도 계속 그런 행동을 할 것이기 때문에 문제가 있다.
	영호는 빵을 사다주면서 속이 상하고 모욕감을 느낄 수 있다.
책임지각 감수성	도와줄 다른 친구들도 있는데 굳이 내가 나설 필요는 없다고 본다.
	내가 직접 나서서 도와줄 것이다.

■ 딜레마 II. 절박한 보고서 평가

오늘은 인성 교과목 보고서를 평가받는 날이다. 지구촌 환경 문제에 대한 의견을 A4용지 한 장에 정리해서 제출해야 하는 과제이다. 그런데, 민준이는 다른 전공과목의 과제 때문에 여태 시작하지도 못했다. 지금은 아침 시간이고 인성과 리더십은 5교시 오후수업이니 점심시간 때까지 다른 친구가 과제를 보여준다면 시간은 충분하다. 다행이 의견을 정리해서 내는 간단한 보고서이기 때문에 다른 친구 보고서에서 단어만 몇 개 고치고 내면 별 문제없이 넘어갈 것이 확실하다. 마침 친한 친구인 태민이는 과제를 다 해 왔다. 꽤 잘 한 보고서이다. 게다가 태민이는 민준이가 어쩔 줄 몰라 하는 모습을 보고 자신의 보고서를 보여주려고 한다. 태민이의 보고서에서 몇 문장을 바꿔서 내면 될 것 같다. 이제 남은 시간은 4시간 남짓… 스스로 보고서를 하기에는 시간이 너무 부족하다. 그런데 이번 보고서는 성적 배점이 워낙 크기 때문에 성적에 큰 영향을 미칠 것 같다. 다른 친구들은 흔히 하는 일 아닌가? 하지만 민준이는 왠지 망설이고 있다. 민준이는 어떻게 해야 할까?

하위 요소	주요 내용
상황지각 감수성	친구 과제를 약간 고쳐서 내는 것이 감점당하는 것보단 더 나은 일이다.
	그런 상황이라면 어쩔 수 없는 일이기 때문에 문제되지 않는다고 본다.
결과지각 감수성	과제를 한 번 그렇게 쉽게 해결하면 앞으로도 계속 그렇게 하고 싶어지는게 문제다.
	남의 과제를 보고 하는 것은 절대적으로 남에게 피해나 손해가 될 수 없다.
책임지각 감수성	남들은 그렇게 하더라도 나는 그렇게 해서는 안 된다.
	남들이 다 하는 일을 나도 하는 것은 내 잘못이나 책임이 아니다.

한편, 레스트는 도덕적 감수성에 보다 충실하기 위해서 3요인 모델 대신에 사실지각과 결과지각의 2요인 모델로 제시하였다. 상항지각은 도덕적 이슈를 얼마나 지각하고 있는지, 상황에 대한 행동과 관련된 도덕적 가치인식, 상황의 감정적 반응 세 구성요소로 나누고, 결과지각은 가능한 행위 결과를 지각하고, 그 행위로 영향 받는 사람들의 감정에 공감, 행위결과의 도덕적 가치 지각으로 구성하였다.

〈표 9-2〉 도덕적 감수성의 2요인 모델

구성요인		설명
상황지각	도덕적 갈등 지각	도덕적 갈등 지각: 주성이는 할머니에게 길을 가르쳐 줄 것인가 고민하고 있다.
	도덕적 갈등의 이유	자신의 결정이 타인의 복지나 필요에 미치는 영향을 지각하는지의 여부를 물음: 주성이가 고민하는 이유는 친구뿐 아니라 할머니에게도 영향을 줄 수 있기 때문이다.
		도덕적 가치 지각: 주성이의 고민은 남을 돕는 일과 관련된 것이다.
	상황에 대한 역할 채택과 공감	상황에 처한 인물에 대한 역할 채택과 공감: 길을 잃어 헤매고 있는 할머니가 안타깝다.
결과지각	행위 결과 지각	다양한 행위 가능성을 고려하고 행위 결과를 지각: 주성이가 할머니를 돕느라고 약속장소에 제시간에 가지 못하더라도 친구들은 이해할 것이다.
	행위에 대한 타인의 감정	자신의 행위가 미치는 타인의 정서적 반응결과 공감: 주성이가 할머니를 돕는다면 할머니는 고마워할 것이다.
	행위의 도덕적 가치 지각	행위에 내재한 도덕적 가치 지각: 할머니의 요구를 그냥 지나치는 일은 어려움에 처한 사람을 배려하지 못하는 행동이다.

상황지각과 결과지각의 2요인 모델은 도덕적 감수성을 상황의 도덕적 이슈를 인식하는 과정으로 정의하고 인지-정서의 상호작용을 전제한다. 상황에 대한 감정을 공감하고 가능한 행동 결과를 상상하고 행동의 결과에 대한 이해관계 당사자의 감정에 대한 공감을 포함하고 있다. 볼커는 도덕적 감수성의 요인으로 사실지각, 결과지각, 책

임지각의 세 요인으로 제안하였지만, 책임지각은 도덕적 상황인식보다 도덕적 행위 특히 돕는 행위와 관련이 있다. 공감은 타인의 고통을 인지적이고 정서적으로 느끼고 나아가 도움 행위를 결정하는 변인으로 알려져 있다. 하지만 개인적 책임의식이 없다면 이타적 행동을 동기화시키는데 비효율적이기 때문에 책임의식이 돕는 행위에 결정적으로 작용하기 때문에(Maruyama, Fraser, & Miller, 1982), 순수 도덕적 감수성의 관점을 제외하고, 상황지각과 결과지각 2요인으로 구성하였다.

■ 딜레마 III. 보고서 평가

오늘은 지원이가 중요한 전공 수행평가 과제를 제출하는 날이다. 이 과제는 환경윤리 문제에 대한 것인데, 지원이는 그동안 몸이 아파서 과제를 시작하지도 못했다. 지금은 오전 수업시간이고 보고서 제출은 5교시이다. 점심시간 때까지 다른 친구가 보고서를 보여준다면 시간은 충분하다. 그런데 이 보고서는 나의 의견을 정리해서 제출하는 것이기에 교수님께서 내가 친구의 보고서를 베낀 것을 알게 되면 문제가 될 것 같다. 이번 보고서는 성적평가 비중이 높기 때문에 성적에 큰 영향을 미친다. 마침 친구는 보고서를 다 해 왔고, 지원이가 어떻게 해야 할지 몰라 하는 모습을 보고 자신의 일인 양 자기의 보고서를 보여주려고 한다. 만약 내가 지원이라면 이 상황에서 어떻게 할까?

구성요인		설 명
상황지각	도덕적 갈등 지각	지원이는 친구의 과제를 베끼지 않는다면 보고서평가를 제출할 수 없어 고민하고 있다.
	도덕적 갈등의 이유	보고서를 베껴 제출하는 일은 자신과 교수님을 속이는 일이다.
		친구의 보고서를 베껴 성적을 받는 것은 공정성의 원칙에 어긋나는 것이다.

<table>
<tr><td rowspan="2">상황지각</td><td rowspan="2">상황에 대한 역할 채택과 공감</td><td>만일 내가 지원이라면 공정한 경쟁을 원하는 다른 친구들의 입장을 생각해 볼 것 같다.</td></tr>
<tr><td>몸이 아파서 보고서를 못한 지원이가 안타깝다.</td></tr>
<tr><td rowspan="5">결과지각</td><td rowspan="2">행위 결과 지각</td><td>지원이가 낮은 성적을 받게 될지라도 친구의 보고서를 베끼지 않는 것은 남에게 피해를 주지 않는 행동이다.</td></tr>
<tr><td>친구의 보고서를 베껴 제출한다면 다른 친구들이 공정하게 평가받지 못할 것이다.</td></tr>
<tr><td rowspan="2">행위에 대한 타인의 감정</td><td>만일 지원이가 친구의 보고서를 베껴서 제출했다가 발각되면 지원이의 행동은 비난받을 것이다.</td></tr>
<tr><td>친구의 보고서를 베껴 제출하여 좋은 점수를 받았다는 사실이 알려지면 다른 학생들이 부당하다고 화를 낼 것이다.</td></tr>
<tr><td>행위의 도덕적 가치 지각</td><td>친구의 과제를 베껴 제출하는 일이 당장에는 좋을 수도 있겠지만 길게 보면 지원이에게 도움이 되지 않을 것이다.</td></tr>
</table>

■ 딜레마 Ⅳ. 부서진 작품

윤서는 같은 과 친구가 동기들에게 비난받는 걸 보니 마음이 편치 않았다. 그 친구는 축제기간 동안 전공 전체가 공들여 만든 공예 작품을 부수고도 오히려 발뺌한다고 의심받고 있었기 때문이다. 평상시 그 친구는 장난기 많고 덜렁거려서 종종 남의 물건을 망가뜨린 적이 있었기에 공예작품을 부순 사람으로 지목된 것이다. 그런데 공예작품을 부순 것은 그 친구가 아니라 바로 윤서 자신이었다. 윤서는 자신 때문에 비난받고 있는 그 친구를 그냥 둘 수가 없어서 사실대로 말하고 싶기도 하다. 하지만 그 사실을 말한다면 윤서는 동기들을 속인 사람으로 찍혀서 남은 학교생활이 힘들어질 수 있을 것이다. 만약 내가 윤서라면 이 상황에서 어떻게 할까?

<table>
<tr><th colspan="2">구성요인</th><th>설명</th></tr>
<tr><td rowspan="5">상황지각</td><td>도덕적 갈등 지각</td><td>윤서는 자신의 고백으로 인해 학교생활이 힘들어지지 않을까 고민하고 있다.</td></tr>
<tr><td rowspan="2">도덕적 갈등의 이유</td><td>자신의 잘못을 밝히지 않고 침묵하는 것은 무책임한 행동이다.</td></tr>
<tr><td>윤서가 진실을 말하지 않는 것은 정직하지 못하다.</td></tr>
<tr><td rowspan="2">상황에 대한 역할 채택과 공감</td><td>윤서 때문에 오해를 받고 있는 친구를 생각하면 마음이 편치 않다.</td></tr>
<tr><td>만일 자기가 한 일이 아닌데도 다른 사람들로부터 의심을 받게 된다면 불쾌하고 속상할 것이다.</td></tr>
<tr><td rowspan="5">결과지각</td><td rowspan="2">행위 결과 지각</td><td>윤서가 사실을 고백하게 되면 친구는 그동안의 비난으로부터 벗어나게 된다.</td></tr>
<tr><td>사실을 고백하지 않으면 윤서의 친구는 동기들에게 나쁜 사람으로 낙인 찍힐 것이다.</td></tr>
<tr><td rowspan="2">행위에 대한 타인의 감정</td><td>만일 윤서가 사실을 고백하지 않고 있다가 진실이 드러나면 윤서의 행동은 비난받게 될 것이다.</td></tr>
<tr><td>만일 윤서가 자신의 잘못을 고백한다면 오해받던 친구의 마음이 편해질 것이다.</td></tr>
<tr><td>행위의 도덕적 가치 지각</td><td>윤서가 사실을 밝히지 않는다면 당장은 비난을 면할 수 있겠지만 길게 보면 자신에게도 도움이 되지 않을 것이다.</td></tr>
</table>

도덕적 감수성은 도덕성의 규범적 개념정의에 반대한다. 규범적 관점은 도덕성을 일련의 도덕규칙 체계로 간주하고 정서적 직관을 무시하고 있는데, 일상생활의 전 영역에서 모든 시민들의 도덕신념의 근거가 될 윤리강령이 없다. 일상생활의 도덕적 이슈는 논쟁이 되고 있으면서 합의가 있는 것처럼 보여도 소수의 이견을 가진 사람이 존재하기 마련이다. 따라서 어떤 상황의 도덕적 옳음을 판단하지 않고 도덕적 이슈를 얼마나 정확히 인식하고 있는지를 기술하는 것만이 가능하다. 도덕적 문제 상황에 대한 옳음의 기준은 추상적 수준에서 합의가 있을 수 있지만 구체적 행위 실천 수준에서는 상당한

불일치가 있을 수 있기 때문이다. 공정과 정직을 보편적 가치로서 합의한다 해도 무엇이 공정이고 어떤 상황에서도 정직이 유일한 가치인지에 대한 회의가 있을 수 있다.

도덕적 감수성은 우리가 직면한 복잡하고 다양한 상황들을 도덕적으로 해석할 수 있도록 돕는 역할을 한다. 우리가 도덕적 상황이라고 생각하지 못했던 상황들을 도덕적으로 인식할 수 있도록 하고, 도덕적인 상황으로 느끼게 하며, 도덕적인 상황인지 아닌 혼란스러움을 주는 상황에서 도덕적인 상황으로 해석할 수 있도록 돕는 역할을 한다. 또한 도덕적 감수성은 우리가 상황에 맞는 적절한 판단을 할 수 있도록 그리고 도덕적 행동을 하는데 있어서 동기화하는 역할을 한다. 즉 도덕적 감수성을 발판으로 삼아 직면한 상황을 관심 있게 바라보고 도덕적으로 성숙한 판단을 하며 도덕적 행동으로 나아갈 수 있는 것이다. 따라서 도덕적 행동의 구체적인 발현을 위해서는 무엇보다도 도덕적 감수성을 길러 줄 수 있는 내용을 적극적으로 반영하여 구성해야 한다(김혜진, 2010). 실생활 딜레마를 토론하는 것이 도덕적 감수성에 효과적이라는 연구(최지영, 2010; 임연기 & 문미희, 2007)에 의하면, 교육활동에서 동화, 신문, 영화 및 실생활 문제 사례를 활용한 토론 활동이 도덕적 감수성의 향상에 효과가 있다. 그런데 그 효과성이 만일 영화나 동화와 같은 감정 이입적 자료를 활용하지 않는다면 인지적 측면에 보다 초점이 있다는 점에서 도덕적 감수성 프로그램으로는 한계가 있을 수 있다.

4. 딜레마를 통한 도덕적 감수성의 함양

1) 도덕적 감수성의 실행기술

도덕적 감수성은 무엇보다 도덕적 문제가 개제되어 있는 상황을 지각하고 해석하는 과정이다. 도덕적 행동을 하려면 사람들은 주어진 상황에 중요하고도 심각한 도덕적 문제가 개제되어 있음을 지각해야 하고 주인공의 행동이 관련된 다른 사람들에게 어떤 영향을 미치게 될지를 예측할 수 있어야 한다. 주어진 상황을 도덕적 문제 사태로 인지하거나 해석하지 못하면 도덕적 행동은 나타나지 않기 때문이다. 도덕적 감수성은 사회적 지능과 밀접한 관련성이 있고 다른 사람들과 잘 지내고 그 사람들이 자신과 협력하도록 만드는 능력으로 정의될 수 있다(Tirri & Norkelainen, 2011). 도덕적 감수성은 도덕적인 개념적 구조에 따라서 자극과 다른 사람의 행동을 인식하고 해석하며 반응하는 능력이 수반되기 때문에 도덕적 감수성에서 핵심적인 능력은 관점채택과 공감능력이라 볼 수 있다.

Narvaez와 Endicot(2009)는 도덕적 감수성을 함양하기 위해 필요한 실행기술 7가지를 제시하였다. 실행기술 7가지는 정서적 표현 이해하기, 다른 사람의 관점 채택하기, 다른 사람들에게 관심 가지기, 다양성에 반응하기, 사회적 편견 통제하기, 상황을 해석하기 그리고 효과적으로 의사소통하기이다.

정서적 표현 이해하기는 표정 등에서 다른 사람의 정서를 읽고 나의 정서를 표현하는 것을 말한다. 정서를 읽는 것은 자아와 다른 사람의 요구와 감정을 확인하는 것, 즉 개인이 자신 안에서의 기술과 대인관계 기술과 관련된다. 다른 사람과 잘 지내는데 중요한 것은 언제, 또 어떻게 감정을 적절히 표현하는지 공격성을 통제하는지를 배우는 것이다.

다른 사람의 관점 채택 또는 역할채택은 상황이나 사건의 다양한 관점에 대한 조사를 수반하며 여러 방면에서의 연습과 경험을 필요로 한다. 학생들은 자신이 속한 문화 집단에 속한 사람, 다른 문화 집단에 속한 사람, 그리고 불운한 사람의 관점을 채택하는 연습을 할 필요가 있다. 다른 관점을 채택해 보는 것은 공감과 관용을 형성한다.

다른 사람들에게 관심 가지기는 이기적 감각에 다른 사람이 포함되도록 확장하는 것을 수반한다. 또한 다른 사람 및 집단과 지국적으로, 지역적으로 연결되어 있다는 감각을 발달시키는 것을 수반한다. 다른 사람과 이어져 있다는 감각을 느끼는 사람은 다른 사람에 대한 배려와 관심을 반영하는 결정과 행동을 할 가능성이 높기 때문에 다른 사람과 긍정적으로 연결될 수 있도록 우정을 보이는 기술을 배울 필요가 있다.

다양성에 반응하기는 개인 그리고 집단 간의 차이 속에서 함께 일하기는 문화적 집단들이 어떻게 다르고 차이가 어떻게 갈등과 오해를 낳는지 이해하는 것을 수반한다. 넓은 의미에서 공유된 가치, 행동, 기대의 체계로서 문화를 이해하는 것이 중요하다. 기업의 문화나 학교의 문화 등 특정 문화규칙을 사용하는 것에서 다른 문화규칙을 사용하는 것으로 바꾸는 능력 등 다문화적 삶을 위한 기술들을 발달시켜야 한다.

사회적 편견 통제하기는 편견을 이해하고 확인하는 것으로 그리고 편견에 적극적으로 맞서면서 편견과 반대되는 관용을 촉진하는 것을 말한다. 편견의 본성을 생각하고 편견을 통제하려고 하기 전에 편견이 어떻게 발생하는지에 관해 성찰해보는 것이 중요하다. 모든 사람이 자신에게 친숙한 사물과 사고방식을 선호한다는 점에서 편견은 인간 본성의 한 부분이다. 개인의 말과 행동에서의 습관을 다시 생각해보는 데는 의식적인 노력이 필요하지만 이를 통해 서로를 보다 존중하는 공정한 사회를 만들어나갈 수 있다.

상황을 해석하기는 하나의 상황에 대한 다양한 해석과 그것을 다룰 다양한 대인들을 만드는 데 사용되는 창의적 기술들을 발달시키는 것을 말한다. 이것은 모든 종류의 문제를 해결하는 과정에서 중요하다. 사람들은 다르게 행동할 방법을 고려하지 않고 자동적으로 반응하기 때문에 종종 같은 실수를 반복하기 때문이다.

효과적으로 의사소통하기는 말하기, 듣기, 비언어적 의사소통의 기술을 사용하는 것으로 관계와 만남에 필요한 특정한 의사소통 기술들을 사회적 맥락과 문화적 맥락에 따라 사용할 수 있도록 해야 한다.

〈표 9-3〉 도덕적 감수성의 실행기술

기술	하위기술	초점
정서적 표현 이해하기	• 정서를 확인하고 표현하기 • 상대방의 정서를 조정하기 • 분노와 공격성을 잘 다루기	자신과 타인
다른 사람의 관점 채택하기	• 대인적 관점 취하기 • 문화적 관점 취하기 • 정의의 관점 취하기	타인
다른 사람들에게 관심 가지기	• 다른 사람들과 관계 가지기 • 관심을 보이기 • 친구가 되기	타인
다양성에 반응하기	• 개인간 집단간 차이 속에서 일하기 • 다양성을 지각하기 • 다문화적인 사람 되기	자신과 타인
사회적 편견 통제하기	• 편견을 진단하기 • 고정관념을 파악하고 자동적 반응을 극복하기 • 관용을 기르기	자신
상황을 해석하기	• 일어나고 있는 것을 판정하기 • 도덕성을 지각하기 • 창의적으로 반응하기	자신과 타인
효과적으로 의사소통하기	• 말하고 듣기 • 비언어적 그리고 다른 방식으로 의사소통하기 • 의사소통 검토하기	자신과 타인

2) 실제적 딜레마를 통한 도덕적 감수성 함양하기

■ 딜레마

<table>
<tr><th colspan="2">구성요인</th><th>설명</th></tr>
<tr><td rowspan="5">상황지각</td><td>도덕적 갈등 지각</td><td></td></tr>
<tr><td rowspan="2">도덕적 갈등의 이유</td><td></td></tr>
<tr><td></td></tr>
<tr><td rowspan="2">상황에 대한 역할 채택과 공감</td><td></td></tr>
<tr><td></td></tr>
<tr><td rowspan="5">결과지각</td><td rowspan="2">행위 결과 지각</td><td></td></tr>
<tr><td></td></tr>
<tr><td rowspan="2">행위에 대한 타인의 감정</td><td></td></tr>
<tr><td></td></tr>
<tr><td>행위의 도덕적 가치 지각</td><td></td></tr>
</table>

■ 딜레마

<table>
<tr><th colspan="2">구성요인</th><th>설명</th></tr>
<tr><td rowspan="5">상황지각</td><td>도덕적 갈등 지각</td><td></td></tr>
<tr><td rowspan="2">도덕적 갈등의 이유</td><td></td></tr>
<tr><td></td></tr>
<tr><td rowspan="2">상황에 대한 역할 채택과 공감</td><td></td></tr>
<tr><td></td></tr>
<tr><td rowspan="5">결과지각</td><td rowspan="2">행위 결과 지각</td><td></td></tr>
<tr><td></td></tr>
<tr><td rowspan="2">행위에 대한 타인의 감정</td><td></td></tr>
<tr><td></td></tr>
<tr><td>행위의 도덕적 가치 지각</td><td></td></tr>
</table>

활동

앞에서 작성한 도덕적 감수성 훈련 페이퍼를 개인별로 작성한 후에, 팀원과 공유하여 정리하여 발표해보자.

구성요인		설 명
상황지각	도덕적 갈등 지각	
	도덕적 갈등의 이유	
	상황에 대한 역할 채택과 공감	
결과지각	행위 결과 지각	
	행위에 대한 타인의 감정	
	행위의 도덕적 가치 지각	

☆ 모둠별 토론과정을 통하여 모둠 결정하여 전체 공유하면서 모둠별과 개인별로 차이점 무엇인지 정리해보자.

10장

폭력 예방 및 대처

학습목표

1. 폭력의 개념 및 유형에 대해 이해한다.
2. 폭력의 원인이 무엇인지 이해한다.
3. 폭력이 가해자와 피해자에게 미치는 영향에 대해 이해한다.
4. 폭력예방 및 대처에 대해 살펴본다.

1. 문제제기

인간의 삶에 있어서 인간관계는 매우 중요하면서도 풀기 어려운 삶의 과제라고 할 수 있다. 다양한 삶의 과제를 해결하며 행복한 삶을 지속적으로 영위하기 위해서는 인격적 성숙이 필수적이다. 인격적 성숙은 인성이 바탕이 되어야 한다. 인성은 다양한 과제와 복잡한 이해관계를 원만하게 해결하도록 도와주며 또한 개인의 자기실현과 사회공헌을 진원하는 긍정적인 성품이라고 할 수 있다.

인간은 사회적 존재로써 집단을 이루어 다양한 공동체를 구성하며 살아가고 있다. 응집력이 강한 공동체로 발전하기 위해서는 구성원 개개인이 공동체에 대한 소속감과 상호 의존적인 협동적 관계를 형성하여야 한다. 만일 공동체에서 응집력이 형성되지 못하고 협동적 관계를 이루지 못하면 공동체는 유지되지 못하고 발전하기 못한다. 따라서 원활한 인간관계를 유지하기 위해서는 사회구성원들 간에 조화로운 사회생활을 유지하는 것이 바람직하다.

과거의 한국사회는 일제강점기와 한국전쟁을 겪으면서 경제적으로 국제기구의 원조를 받아야 할 만큼 어려운 시기를 보냈었다. 그러나 현대의 한국사회는 세계 선진국들과 견주어도 뒤처지지 않을 정도로 경제성장을 이루어 원조를 받는 나라에서 주는 나라로 탈바꿈하였다. 이러한 경제성장은 부모들에게 강한 교육열과 치열한 경쟁을 불러일으킴으로 학교 성적이 최고여야 하는 인식을 부모나 자녀들에게 심어주고 있다. 이러한 성적만능주의는 성적만을 중요시하는 잘못된 교육관으로 가정에서의 인성교육이 완전하게 이루어지지 못하고 있다. 부모의 강한 교육열에 의한 치열한 경쟁은 청소년들에게 빨리빨리 문화와 물질만능주의 사회를 야기하게 되어 심각한 사회부조리 현상들을 양산하게 되었다.

최근 다양한 형태의 폭력 사건이 국내외를 막론하고 뉴스 일면에 자주 등장하고 있다. 가정폭력, 학교폭력, 데이트 폭력 그리고 일명 '묻지마 폭행'과 같은 사회적 폭력 등이 우리의 생활권 전반에 걸쳐 빈번하게 발생하고 있다. 폭력의 수위가 상당히 높음에도 불구하고 단순히 '폭력적이다'라는 표현으로만 일축해 버리고 아무런 조치를 취하지 않거나, 폭력성이 갖는 위험성이나 폭력으로 어떠한 심각한 영향력에 대해 무시하는 영향이 있다. 폭력이 우리 사회의 심각한 문제로 대두되고 있지만 그 원인을 파악하고 대응하려는 노력은 다른 나라에 비해 부족한 실정이다. 따라서 폭력이 주는 심각성을 제대로 파악하고 대응책을 마련하는 것이 시급하다고 할 수 있다.

2. 폭력이란

폭력은 일시적인 현상처럼 보이지만 '폭력은 폭력을 낳는다'라는 말처럼 우리 사회에서 발생하는 다양한 형태의 폭력현상은 끊임없이 우리의 삶에 영향을 미친다.

폭력의 재생산(cycle of violence)현상을 주장하는 학자들은 어린 시절에 폭력을 목격하였거나 폭력을 당한 경험이 많은 사람들이 성인이 된 후 폭력 행동을 할 가능성이 높으며 실제 폭력을 행사한 사람 중에 약 70%가 어린 시절에 직접적으로 폭력을 당하였거나 혹은 간접적으로 폭력을 목격한 경험이 있다고 하였다(Widom, 2000).

어린 시절의 폭력 피해 경험은 성장 후 청소년 비행이나 반사회적 행동으로 발전하고 나아가 성인기의 범죄행동으로 나타나기도 한다. 어린 시절에 경험한 폭력은 잔상이 잠재되어 있거나 혹은 학습이 되어 폭력적 행위를 모방하기도 한다.

세계보건기구에 따르면 폭력은 '자기 자신이나 다른 사람에 대해 또는 집단이나 사회에 대해 물리적인 무력과 힘을 사용하고, 위협하여 부상, 죽음, 신체적인 상처, 발달장애, 박탈의 결과를 초래할 가능성이 높거나 실제로 결과를 초래하는 것'이다. 폭력은 대인 간 폭력, 개인 내 폭력 또는 집단적 폭력으로 분류되는데, 대인간 폭력은 한 개인이 다른 상대를 대상으로 싸우는 것으로써 모르는 사람이나 아는 사람, 가족 및 배우자 사이에서 모두 일어날 수 있다. 대인 간 폭력은 살인, 강간, 폭행과 같은 과격한 행동을 포함한다. 그러나 개인 내 폭력은 자살 같은 자신에 대한 폭력을 말한다. 집단적 폭력은 집단의 사람들이나 정부기관에 의해 자행되는 사회적·정치적·경제적 폭력을 말한다.

애런스(Aronson, 1988)는 폭력을 자신 혹은 타인에게 상처를 주려는 의도를 갖고 이를 목표로 하는 행위라고 정의하였다. 이처럼 폭력의 정의에는 생명체에 물리적으로 해를 가하려고 의도된 물리적 힘, 또는 그러한 힘을 사용하겠다는 분명한 위협이 강조된다고 할 수 있다. 즉, 폭력이란 신체적인 손상을 가져오고, 정신적·심리적 압박을 가하는 물리적인 강제력을 말한다. 즉, 폭력은 의도적 행위라고 할 수 있다. 따라서 폭력은 학대(mistreatment), 상해(injury), 모욕적이고 거친 언어를 모두 포함하는 의미를 가진다. 따라서 아무리 가벼운 폭력도 폭력이며 특히 강자가 약자에게 행하는 폭력은 더 위험한 폭력이라고 할 수 있다. 또한, 이러한 폭력은 사회의 법과 질서를 파괴한다고 할 수 있다.

3. 폭력의 유형

폭력은 신체적, 성적, 심리적, 감정적 그리고 경제적 혹사와 착취를 포함하여 사적 영역에서 공적영역에 이르기까지 다양한 환경에서 일어나고 있다. 그러한 폭력은 관점과 적용 범위에 따라 여러 가지 형태로 나타난다. 폭력에 가담한 행위자가 누구이며 어떠한 형태의 폭력을 행하였는지에 따라 폭력의 유형을 구분하여 분류해 볼 수 있다. 우리 사회에서 빈번하게 발생하고 있는 대표적인 폭력 유형에 대해 살펴보고자 한다.

1) 신체폭력

신체폭력은 도구나 어떤 물리적인 힘을 사용하여 신체를 직접 구타하거나 혹은 물건 등을 사람에게 집어던지는 것을 말한다. 신체폭력에 해당하는 것은 상해, 폭행, 감금, 약취, 유인 등이 있다.

상해란 생리적 기능을 훼손시키는 것으로 건강상 육체적 혹은 정신적 병적 상태를 말한다. 고의로 타인의 신체를 상하게 하는 것은 상해죄에 해당한다. 예를 들면, 신체에 상처를 입혀서 피하출혈이 있거나, 곪거나 부어오르는 종창, 찰과상, 치아가 빠지는 것, 머리카락이나 손톱이 뽑히는 것 그리고 성병 전염 등이 여기에 해당된다.

폭행은 밀치기, 손이나 옷을 세차게 당기는 것, 얼굴에 물 뿌리는 것, 흉기를 휘두르는 것, 계속 전화를 걸어 상대방의 벨을 울리는 것 등이 해당된다.

감금은 사람을 일정한 곳에 가두고 나가지 못하도록 하는 것으로, 감금의 수단으로 자물쇠를 채우거나 감시인을 두는 것, 맹견이 지키게 하는 것, 포박 등이 이에 해당된다.

약취는 폭행이나 협박을 하여 강제로 어느 장소로 데리고 가는 것을 말하며, 유인은 허위사실로 상대방을 속이거나 착오에 빠지게 하여 어느 장소로 데리고 가는 것을 말한다. 신체폭력은 그 외에도 각종 위협, 물건 빼앗기, 상대방의 물건 훼손, 상대방의 물건을 훔치거나 갖고 노는 것도 포함될 수 있다.

2) 언어폭력

언어폭력은 거친 언어를 사용하는 것이라고 할 수 있다. 언어폭력은 욕설, 비속어, 조롱, 공격적인 언어 등을 사용하여 상대방에게 분노를 표출하게 하며 상대방이 모욕과 위협 그리고 수치심을 느끼도록 유발하는 것이라고 할 수 있다. 신체폭력은 눈으로 볼 수가 있어 확인하기가 쉽지만 언어폭력은 외관상으로 피해가 확인되지 않기 때문에 측정하고 진단하는데 한계가 있어 언어폭력의 심각성을 제대로 인지하지 못하고 흘려버릴 수 있다. 하지만 중요한 것은 언어폭력을 경험한 상대방은 당혹감과 분노, 흥분 등이 야기되어 심리적으로 정신적으로 고통을 겪을 수 있다는 것을 인지해야 한다. 이러한 언어폭력은 협박죄, 명예훼손, 모욕죄에 해당한다.

협박은 상대방이 현실적으로 공포심을 느낄 수 있을 정도의 해악을 고지하는 것을 말하며, 명예훼손은 불특정 다수 또는 다수의 사람들이 알 수 있도록 다른 사람의 사회적 가치 내지 평가를 저하시키는 것이다.

모욕죄는 불특정 또는 다수의 사람이 인식할 수 있는 상태에서 사람을 모욕함으로써 성립되는 범죄라고 할 수 있다. 언어폭력은 상대방의 성격이나 능력을 부정적으로 표현하거나, 집안 배경 혹은 신체 외모에 대해 부정적으로 표현하고 공격하는 등 상대방의 자아를 공격해 인격적인 모욕을 유발하는 표현이나 공포심을 느끼게 하는 자극적인 표현들이라고 할 수 있다.

언어폭력은 쉽게 모방될 수 있다. 특히 방송에서 사용되는 언어폭력은 모방성이 높다고 할 수 있다. 그 이유는 방송에서 사용되는 언어는 쉽게 따라할 수 있고 모방에 대한 두려움이나 후유증 그리고 제재가 거의 없기 때문에 언어폭력을 사용하고도 심적 부담을 크게 느끼지 않는 다는 것이다. 하지만 중요한 것은 언어폭력을 경험한 당사자는 심리적·정신적으로 커다란 고통을 겪는 다는 것을 기억하여야 한다.

- "너는 성격파탄자야"
- "능력도 없는 주제에", "쓸모없는 인간"
- "너의 집안은 보잘 것 없어"
- "돼지처럼 생겼다", "얼굴이 큰 얼큰이", "촌스럽다"
- "벼락 맞아 죽을 것이다", "너에게 천벌이 내리길 바란다"
- "죽여 버릴거야", "가만두지 않을 것이다"

3) 가정폭력

가정폭력에 대한 정의는 학자마다 다르게 정의하고 있지만, 가정폭력이란 법적 혹은 생물학적으로 이루어진 가족구성원 간에 행하여지는 폭력으로 가족구성원 중 한 사람이 다른 구성원들에게 의도적으로 신체적·물리적 힘을 사용하거나 언어적 또는 정신적인 학대를 통해 가족 구성원에게 고통을 주는 것을 말한다. 가족구성원이란 '사실혼을 포함한 배우자 또는 과거 배우자였던 사람', '자기 또는 배우자의 직계존속·직계비속 관계에 있거나 있었던 사람', '계부모와 자녀와의 관계 또는 적모와 서자의 관계에 있거나 있었던 사람', '동거하는 친족'을 모두 포함한다.

가정폭력은 폭력을 행사하는 주체와 객체에 따라 부부폭력, 노부모에 대한 폭력, 자녀에 대한 폭력으로 구분할 수 있다. 한국사회에서 가장 발생빈도가 높은 가정폭력의 기본적 3대 유형은 배우자학대, 자녀학대, 부모학대라고 한다.

첫째, 배우자학대란 자신의 배우자에게 신체적, 정신적 그리고 재산상의 피해를 주는 것을 말한다. 예를 들면, 자신의 배우자를 때리거나, 발로차거나, 담배 불로 신체를 지지는 행동 혹은 목을 조르거나 흉기를 휘두르는 행동, 부당하고 심한 말로 상대방의 감정을 상하게 만드는 것, 폭언이나 모욕 그리고 무시하는 언어폭력을 가하는 것, 상대방을 고립시키거나 통제하고 의심하는 것, 상대방의 의사결정권을 침해하는 행동, 생활비나 양육비를 주지 않거나 상대방의 동의 없이 상대방의 재산을 처분하는 것 등을 말한다.

둘째, 자녀학대란 자녀에게 행하여지는 신체적, 정신적, 성적, 경제적 학대를 말한다. 자녀학대의 대표적인 것은 방임과 통제이다. 부모의 자녀에 대한 방임과 너무 심한 통제는 부모가 자녀를 보호하고 부양하는 의무를 다하지 못하고 자녀를 위험상황에 방치하는 것이다. 예를 들면, 방임이란 자녀에게 의식주를 제공하지 않거나 위험한 상황에 장기간 방치하는 것, 불결한 생활환경에 장시간 방치하고 놔두는 것, 문을 잠가놓고 나가는 것 등을 말한다. 심한 통제란 자녀에게 직장이나 학교에 못 가게 한다거나, 친구를 못 만나게 하는 것 그리고 집에 있을 때 계속 전화하여 자녀의 모든 행동을 감시하는 등 너무 지나친 간섭을 하는 것을 말한다.

가정에서 훈육의 수단으로 동원되는 체벌을 더러 '사랑의 매'라고 한다. 우리 한국 문화에서는 가정의 질서를 해치거나 규범에 어긋나는 행동을 하는 자녀에게 '사랑의 매'를 사용하여 사람을 만든다는 방식으로 간주되어 심각한 체벌도 묵인될만한 일로 받아 들여졌다. 그러나 더러는 과중한 체벌로 인해 '사랑의 매'라는 수준을 넘어 폭력이 되기도 한다. 한국사회에는 전통적으로 효사상이 지배적인데, 이는 부모를 공경하는 아름다운 풍습을 가지고 있지만 이면에는 자녀를 부모의 소유로 보거나 부모 마음대로 하여도 된다는 생각을 가지고 있기 때문이라고 할 수 있다. 하지만 자녀도 하나의 인격체로 존중받아야 한다.

셋째, 부모학대란 부모를 돌보지 않거나 부모의 부양과 수발을 담당하고 있는 자녀가 의도적으로 혹은 비의도적으로 부모에게 신체적, 정서적, 재정적인 손상을 가하거나 부양의무를 소홀히 하는 것을 부모학대라고 할 수 있다.

청주에 사는 A씨는 괴물 같았던 남편의 폭력에서 벗어나게 된 것이 아직도 꿈만 같다고 한다. 현재 폭력으로 만신창이 된 몸과 마음을 추스르며 상처를 치유하고 있지만, 맹수와 다를 바 없었던 남편을 떠올리면 자다가도 벌떡 일어난다고 한다.

A씨는 남편의 상습적인 폭행을 견디다 못해 별거 중이었는데, 별거 중이던 남편이 홀로 사는 A씨 집 유리창을 깨고 들어왔다. 법원의 임시 접근 명령도 소용이 없었다.

고교생 아들에게 주먹을 휘두르고 흉기까지 든 남편은 신고를 받은 경찰이 출동하고서야 제압될 수 있었다고 한다.

4) 학교폭력

최근 우리 사회에서 가장 심각한 폭력 문제 중 하나가 학교폭력이라고 할 수 있다. 학교폭력은 학교와 폭력의 두 단어의 합성어이다. 학교폭력이란 폭력이 일어나는 장소가 학교이기 때문에 학교폭력이라고 말한다. 학교폭력과 관련된 용어로 집단따돌림, 집단 괴롭힘, 왕따 등의 용어가 혼용되어 사용되기도 한다.

학교폭력이란 일반적으로 학교나 학교 주변에서 학생 상호 간에 발생하는 의도성을 가진 신체적, 정서적 가해 행동을 말한다. 또한 타인의 입장에서 볼 때 하찮은 놀림이나 대수롭지 않은 행동일지라고 그 일을 당하는 사람이 그 일로 인해 심리적 혹은 정서적으로 고통을 받는다면 그 역시도 학교폭력이라고 할 수 있다.

학교폭력 예방 및 대책법 2조 1항에 의하면, "학교폭력이란 학교 내외에서 학생을 대상으로 발생한 상해, 폭행, 감금, 협박, 약취유인, 명예훼손, 모욕, 공갈, 강요, 강제적인 심부름 및 성폭력, 따돌림, 사이버 따돌림, 정보통신망을 이용한 음란폭력 정보 등에 의하여 신체, 정신 또는 재산상의 피해를 수반하는 행위를 말한다."라고 하였다.

학교폭력이 학생과 학생 사이에서 일어나는 폭력이라고 생각을 하는데, 학교폭력은 학생과 관련된 모든 사람들의 폭력 행동도 학교폭력이라고 할 수 있다.

> 서울 성북구의 모 중학교 3학년 A군은 자신이 매 맞는 모습이 담긴 CCTV 화면을 보면서도 A군은 보복에 대한 두려움으로 세 차례에 걸친 경찰 조사에서 경찰관에게 폭행이 아닌 '기절놀이'를 한 것이라고 우겼다고 한다.
>
> A군은 B군 등 10대 5명으로부터 집단폭행을 당하였다. 그들은 A군을 바닥에 엎드리게 한 뒤 주먹과 발로 때리고 대걸레자루와 우산으로 허벅지를 후려쳤다. 또한, A군의 엉덩이에 라이터 불을 갖다 댔으며, 폭행에 가담한 한 학생은 자신의 여자 친구에게 영상 통화로 폭행 상황을 보여주기도 하였다. 가해자들은 A군이 피투성이가 돼 집에 들어가면 어른들이 폭행사실을 안다는 이유로 사흘 동안 아파트 지하 주차장과 PC방 등으로 A군을 끌고 다니며 감금하였다.

5) 성폭력

과거 한국사회에서는 성폭력 문제에 대해 심각하게 생각하지 않았으나, 1980년대 말부터 심각한 사회문제로 등장하기 시작하였다. 물론 과거에도 많은 성폭력 문제가 있었지만, 극단적인 성폭력의 경우에만 신문에 보도되었고, 보도될 때도 '강간'이나 '폭행'이라는 단어를 사용하였으며 '성폭력'이라는 단어를 회피하였다. 그러나 1990년대에 성폭력 문제는 또 하나의 중요한 전환기를 맞으면서 성폭력이라는 단어를 사용하기 시작하였다.

성폭력은 대부분의 경우 자신의 쾌락을 추구하기 위해 범죄를 저지르게 된다. 물론 더러는 계획적으로 성폭력이 일어나기도 하고 혹은 단순히 우발적으로 성충동을 자제하지 못해 일어나기도 한다.

성폭력이란 성적인 행위로 상대방에게 신체적, 정신적 손상을 주는 물리적 강제력으로서의 강간이나 강제추행뿐 아니라 언어적 성희롱 혹은 음란성 메시지 및 몰래카메라 등 상대방의 의사와는 반대로 행하여지는 모든 신체적, 정신적 폭력이라고 할 수 있다. 즉, 성폭력은 상대방의 성적인 영역에 관한 일종의 폭력으로, 상대방의 신체와 성에 대한 자기결정권을 침해하는 것이라고 할 수 있다.

성폭력은 강압적인 수단이나 폭력적인 방식으로 상대방을 성적인 유희의 대상으로 삼기 때문에 성폭력은 피해자의 인생 그 자체를 파괴시킬 뿐 아니라, 피해자의 가족에게까지 영향을 미치기 때문에 심각한 사회문제라고 할 수 있다. 특히, 최근 청소년층에서 범죄조직을 구성하여 아무런 죄의식을 느끼지 않고 성폭력을 저지르는 사례들을 방송을 통해 접하게 되는데 이는 사회에 경종을 울리고 있다. 성폭력은 피해자 개인의 인권유린뿐만 아니라 사회질서를 파괴하는 것이기 때문에 심각한 사회문제가 아닐 수 없다.

2008년 12월 경기도 안산시 단원구의 한 교회 상가건물에서 당시 초등학교 1학년 피해자(8살) 어린소녀에게 교회에 다녀야 한다면서 가해자(56살)는 피해자를 유인 교회 안 화장실로 끌고 갔다. 가해자는 그곳에서 바지를 벗고 피해자에게 자신의 성기를 빨도록 하였으나 피해자가 이를 거부하자 주먹으로 피해자의 얼굴을 수회 때리고 이에 피해자가 울자 시끄럽다면서 입으로 피해자의 볼을 깨물고, 피해자의 목을 졸라 기절하도록 하였다. 가해자는 계속해서 항거불능 상태에 빠진 피해자의 바지와 팬티를 벗기고 자신의 성기를 삽입하여 강간하고, 이로 인하여 피해자에서 최소 8주 이상의 치료를 요하는 복부, 하배부 및 골반부위의 외상성 절단의 영구적 상해 및 비골골절상을 가하였다. 이후 가해자는 징역 12년형을 선고 받았는데 형량이 가혹하다는 이유로 항소, 상고하였으나 모두 기각되어 12년형을 확정 받았다. 법원에서는 범인이 나이가 많고 술을 먹은 상태, 즉 심신미약이 참작되어 12년 형을 주었다고 한다.

6) 사이버 폭력

정보화 사회로 변화하면서 게임과 인터넷은 우리 문화의 중요한 키워드가 되었다. 한국인터넷진흥원(2016)에 의하면, 국내 인터넷 사용 인구가 88.3%에 이르며 스마트폰의 확대로 인터넷 이용자가 증가하였다고 한다. 사이버 공간은 인터넷, SNS소통, 게임 등으로 매우 우리에게 친숙한 공간이라고 할 수 있다. 사이버 공간에서 주도적으로 상호작용이 가능한 인터넷은 우리 삶에 중요한 수단으로 대인관계, 정보탐색, 게임과 같은 여가활동 등의 요소를 가지고 있다.

인터넷과 컴퓨터의 과도한 사용은 개인의 신체적, 심리적, 사회적 기능에 심각한 손상을 입힐 수 있으며, 이러한 손상은 대인관계의 문제, 사회성 저하. 정서적인 문제 등 우리의 일상생활의 다양한 측면에서 역기능을 초래하고 있다. 특히, 자신의 정체감에 혼란을 겪고 있는 청소년들은 사이버 공간에서 다양한 어려움을 경험하기도 한다. 최근 인터넷이나 휴대전화 등의 정보통신기기를 이용하여 특정 대상에게 지속적이며 반복적으로 심리적 공격을 가하거나, 특정 대상과 관련된 개인정보 및 허위사실을 유포하여 상대방에게 고통을 주는 언어폭력과 성적 수치심이나 혐오를 불러일으키는 사이버 성폭력 등이 등장하고 있다.

정보통신윤리위원회에서는 사이버폭력을 사이버 명예훼손, 사이버 언어폭력, 사이버 성폭력, 사이버 스토킹으로 분류하였다. 특히, 게시판이나 대화방 혹은 이메일이나 쪽지 등을 이용하여 다른 사람에게 욕설, 비난, 위협, 인격모독의 글 혹은 허위나 비방의 사이버 언어폭력에 대해서는 상세하게 기술하였는데 그 내용은 다음과 같다. 예를 들면, 자기와 생각이 맞지 않거나 싫어하는 사람에 대해 단순히 욕설을 하는 것, 상대방의 약점을 들춰내어 상대방을 헐뜯는 경우, 채팅을 할 때 게시판에 도배를 하거나 같은 내용의 욕설이나 의미 없는 글들을 연속해서 올리는 경우, 유언비어로 사실이 아닌 거짓 소문을 사이버 상에 퍼뜨려 상대방에게 정신적으로 심리적으로 피해를 입히는 경우들이 사이버 언어폭력이라고 할 수 있다.

사이버폭력은 가해자와 피해자가 사이버 공간에서 정보통신기기를 사용하여 욕설, 비난, 위협, 유언비어, 따돌림과 괴롭힘 등으로 불특정인과 특정인의 인권에 침해하여 정신적·심리적 피해를 주는 것이라고 할 수 있다.

'지성의 요람'이라는 대학가에서 카톡방에 여학생들은 '위안부', '빨통'에 비유하고 '가슴은 D컵이지만 얼굴은 별로니 봉지 씌워서 하자', '정액도둑X들', '1억에 내 XX 물게 해준다' 등 입에 담기 어려운 낯뜨거운 대화를 주고받았다. 심지어 학과 공식 행사에 함께 참석하자며 '가서 여자 몇 명 낚아서 회치자', '박아보자 뚜시뚜시' 등 충격적인 언어 성폭력을 가했다. 이들은 또 단체 카톡방에서 야한 동영상 사이트와 모텔, 룸살롱 정보를 공유하기도 하였다. 이에 대해 가해자들은 "남자끼리 그런 말쯤 그냥 할 수 있는데 왜 외부에 공개해서 학과 얼굴에 먹칠을 하느냐"는 식으로 '여론몰이'를 하였다고 한다.

7) 데이트 폭력

데이트란 남녀가 서로 이성으로 관심을 갖거나 이성애적 감정을 느끼며 앞으로 연인이 될 가능성을 인정하고 만나는 이성교제 활동이다. 데이트는 두 사람이 연인관계로 만나는 것으로 남녀가 결혼 전에 친밀한 관계를 형성하기 위해 필수적인 것이라고 할 수 있다. 올바른 이성관을 확립한 후 이루어지는 이성교제는 서로 낭만을 공유하고 달콤함을 추구하며 두 사람 모두에게 정서적으로 즐거움과 배우자 선택 및 전반적인 대인관계 기술을 향상시키고 미래의 결혼 생활에 긍정적인 영향을 줄 수 있다. 그러나 올바른 이성관이 확립되지 않은 상태에서 이루어지는 이성교제는 여러 가지 심각한 문제를 야기하기도 한다.

경찰청 통계 자료(2016)에 의하면, 연인 간 폭력 사건으로 입건된 사람의 수가 8,367명이며 해마다 데이트 폭력으로 입건되는 수가 늘어나고 있으며, 해마다 46명 정도가 데이트폭력으로 사망한다고 한다. 이성교제 중인 연인관계는 정서적인 관계와 상호작용의 빈도가 매우 높은 관계이므로 그만큼 의견충돌이나 갈등상황이 일어날 확률이 높기 때문에 서로에 대한 기대가 좌절과 분노로 이어지면 부정적이고 물리적인 행위가 나타나 폭력적 행동이 일어날 확률이 높은 관계라고 할 수 있다.

데이트 폭력 중 가장 흔하게 나타나는 것이 소리를 지르거나, 욕을 하거나, 성관계(임신, 낙태, 동거 등) 사실을 주위에 알리겠다고 협박을 하거나, 함께 죽겠다거나 죽이겠다는 등의 언어적 폭력으로 정서적 상처를 주기도 하고, 빰을 때리거나, 벽에 밀치고 흉기로 찌르고 위협하거나, 납치나 감금 혹은 집요한 성관계 요구와 억압적인 성관계 요구 등으로 성폭력이 일어나가도 한다. 일방적인 스킨십이나 성관계를 강요하는 것은 성적폭력으로 데이트 폭력에 해당한다. 또한 상대방의 일거수일투족을 감시하거나 간섭하며 스트레스를 주는 것은 스토킹의 유형으로 이 또한 데이트 폭력이라고 할 수 있다.

데이트 폭력이란 서로 교제하고 있거나 교제를 하고자하는 또는 과거에 서로 연인관계에 있었던 관계에서 발생하는 신체적, 정서적, 언어적, 성적, 경제적으로 발생하는 폭력을 말한다. 데이트 폭력이 발생하는 원인은 다음과 같다.

첫째, 연인이라는 사적인 관계 때문에 개인 간의 문제라고 생각하는 경우가 많고 또한 상대방의 동의 없이 지속적으로 괴롭히는 스토킹 같은 경우 10만 원 이하의 벌금형에만 처해지기 때문에 사실상 범죄 억제 효과가 없어 신고를 하지 않는 경우가 많다는 것이다. 둘째, 데이트 폭력의 대부분의 피해자들은 자신의 연인이 질투심이나 소유욕 그리고 신체적 학대 등을 자신을 사랑하는 것이 과하게 표현된 것으로 생각하고 폭력 신고를 하지 않는 것이다. 셋째, 데이트 폭력을 경험하여도 현재 연인관계에 있는 사람들 사이에서는 폭력피해자들이 자신의 연인을 가해자로 신고하면 자칫 연인관계가 깨질까 하는 두려움을 가지고 있고, 또한 데이트 폭력을 경험하여도 연인관계에 있는 사람들은 폭력을 폭력이 아닌 사람의 행위나 개인적인 문제로 생각하고 폭력 피해 사실을 신고하지 않는 경우가 많다. 특히, 데이트 성폭력의 경우에는 피해자 혹은 가해자 스스로도 피해나 가해 사실을 제대로 인식하지 못하는 경우가 많다. 넷째, 연인관계에서 헤어지자는 피해자의 요구를 가해자가 폭력으로 무마시키거나 일시적으로나마 사과를 하여 피해자의 마음을 돌려놓거나 혹은 피해자 역시 계속해서 연인관계를 희망하거나 가해자가 무서워서 이별을 못하고 데이트 폭력을 반복적으로 경험하기도 한다고 할 수 있다.

데이트 폭력은 친밀한 연인관계에서 일어나는 폭력이기 때문에 당사자들 간에 사랑과 폭력의 경계가 불확실하며, 연인관계는 사적인 영역이라는 이유로 적극적인 개입이 이루어지지 않고 있는 것도 문제라고 할 수 있다. 중요한 것은 데이트 폭력의 가장 무서운 것은 처음에는 사소했던 폭력 행동이 나중에는 더 큰 폭력으로 발전할 수 있다는 것이다. 따라서 올바른 이성관 확립이 필요하다.

> 서울 중구 신당동의 한 골목에서 술에 만취한 22세 남성 A씨가 여자친구 B씨를 폭행하였다. 이로 인해 B씨는 치아 3개가 파절되고 2개가 골절되는 상해를 입었다.
>
> A씨는 여차친구에게 폭력을 행사한 것도 모자라 근처에 주차되어 있던 지인의 1톤 트럭을 몰고 여자 친구의 뒤를 쫓으며 위협하였다.

4. 폭력의 원인

폭력의 발생 원인은 무엇일까? 사실 폭력은 한 가지 원인에 의해서 발생하는 경우는 극히 드물고, 여러 가지 복합적으로 작용하여 발생하는 경우가 대부분이다. 따라서 여기서는 폭력에 미치는 요인을 개인적 요인, 가정적 요인, 환경 요인에 대해 살펴보고자 한다.

1) 개인적인 요인

폭력을 행사하는 가해자에게 가장 많이 논의되는 개인적 요인 중 하나는 인간의 심리적 특성과 관련된 요인이다. 연구결과에 의하면, 폭력을 행사하는 가해자들에게 가장 대표적으로 나타나는 개인적인 특성은 공격성, 낮은 공감능력, 충동성이라고 한다.

첫째, 공격성이다. 공격은 남을 해치려는 의도를 가진 신체적 또는 언어적 행위이다. 따라서 공격성이란 어떤 갈등상황에서 자신의 목적을 달성하기 위해 신체적 또는 언어적으로 과격하게 표출되는 행동 및 분노를 촉발하는 정서상태라고 할 수 있다. 공격성은 크게 두 가지로 나누어 볼 수 있는데 하나는 도구적 공격성이고 다른 하나는 적대적 공격성이다. 도구적 공격성은 공격 행위가 어떠한 자극에 대한 반응으로 나타나는 것이 아니라 내적 동기에 의해 나타나는 것으로 주로 무엇인가를 얻기 위한 수단으로 나타난다. 적대적 공격성은 위협을 느꼈을 때 대응하기 위해 나타나는 공격성이라고 할 수 있다.

공격성은 현대사회의 폭력이나 범죄 등에서 심각한 문제로 대두되고 있다. 공격성이 높은 사람은 사회질서나 규범을 고려하지 않고 자기중심적인 행동을 하는 경향이 있다. 폭력 가해자들을 대상으로 한 연구에 의하면 가해자들이 대부분 공격적인 특성을 보이며 신체적 공격을 통해 상대방을 통제하려는 경향이 강하게 나타났고 상대방에게 피해를 입히는 것에 대해 만족감을 느끼는 특성을 가지고 있다고 하였다.

공격성을 유발하는 원인에 대해 정신분석학자인 프로이드(Freud)는 인간의 본능으로 공격성을 개념화하였다. 프로이드는 인간의 본능에는 삶의 본능과 죽음의 본능이 존재한다고 하였다. 삶의 본능과 마찬가지로 공격성이라는 것은 인간에게 있어 자연스러운 본능이라고 보는 견해이다. 또 다른 견해는 욕구-좌절의 결과로 인해 공격성이 나타난다는 견해이다. 이 견해는 사람들이 단순히 본능 때문에 공격적인 행위를 하는 것이 아니라, 욕구가 충족되지 못하고 저지당함으로써 공격적 행동이 표출된다는 것이다.

둘째, 낮은 공감능력이다. 공감은 상대방의 입장에서 상대방이 생각하고 느끼는 것과 동일한 경험을 하는 것을 말한다. 폭력을 행사하는 가해자들은 피해자의 신체적, 정신적 아픔을 알지 못한다. 자신의 입장에서 자신의 분노를 해결하기 위해 폭력을 사용한다. 그 동안 폭력 가해자들을 대상으로 연구한 자료에 의하면 폭력 가해자들은 낮은 공감능력을 가지고 있는 것이 공통적인 특징이라고 한다.

셋째, 충동성이다. 충동성은 분노, 흥분, 좌절과 같은 감정을 느끼는 상황에서 자신의 감정에 대한 통제력을 잃어버리고 행동으로 옮기는 것을 말한다. 대부분의 충동적인 사람은 위기 상황에서 자신의 감정을 통제하지 못하고 자신의 행위가 어떤 결과를 초래할지 신중하게 생각하지 않기 때문에 폭력 행동을 할 가능성이 높으며, 또한 이들은 폭력에 대한 처벌에 대해 큰 위협을 가지지 않는다. 일반적으로 폭력 가해자들은 폭력과 폭력적 수단을 사용하는 것을 일반인 보다 더 적극적인 태도를 취하기도 하고 타인을 지배하려고 하는 강한 욕구를 가지고 있다.

심리학자나 정신의학자들에 의하면 일반적으로 공격적이고 충동적인 행동을 하는 사람들의 잠재의식 속에 불안하고 불안정 의식이 존재하고 있다고 한다. 이러한 마음은 결국 부정적인 자아개념을 형성하게 하여 자기 자신을 필요 없는 존재 혹은 약한 존재로 스스로 규정하며 부정적인 삶을 이끌어 간다. 결국 이러한 개인적인 특성은 아무리 작은 문제라도 대화로 해결하려고 하기 보다는 폭력을 선택하는 경향이 높아 공격 행동과 폭력 행동이 나타난다고 할 수 있다.

2) 가정적인 요인

가정은 사회를 구성하는 가장 기본 단위로, 가정에서 사회적으로 기능하는 것을 배우기 때문에 부모는 그들 자녀에 모델 역할을 한다. 따라서 가정에서의 인간관계에 관한 교육은 매우 중요하다고 할 수 있다. 최근 핵가족화 현상, 자녀에 대한 과잉보호, 부부맞벌이로 인한 자녀교육의 소홀, 문제부모 등으로 인한 심각한 사회문제가 대두되고 있기 때문에 가정적 요인은 매우 중요한 요인 중 하나라고 할 수 있다.

폭력을 행사한 가해자들의 가정을 살펴보면, 부모와 자녀의 대화부족으로 의사소통 장애를 겪고 있거나, 경제적 어려움으로 인해 생활의 불편을 겪고 있거나, 부모의 자녀 양육이 강압적이고 일관성이 결여되어 있거나, 아버지의 음주로 인한 알코올 중독 및 가족 구성원에 대한 폭행을 경험했거나, 부모와 자식이 서로 자신의 요구만을 강요하는 이기적인 행동의 만연 등 다양한 문제를 안고 있다.

사회학습이론가인 반두라(Bandura)는 인간의 학습은 관찰과 모방행동을 통해 이루어진다고 하였다. 사회학습이론의 기본가정은 어떠한 행동을 하였을 때 그 결과 발생되는 반응이 긍정적인 것임을 관찰하게 되면 인간은 그 행동을 모방하게 된다는 것이다. 하지만 행동의 반응이 꼭 긍정적이지 않아도 성인 모델의 행동을 관찰하는 것만으로도 모방학습이 이루어질 수 있다는 것이다. 따라서 폭력 행동 역시 관찰과 모방을 통해 학습될 수 있는 행동으로 어린 시절에 부모의 공격적인 모습을 관찰하는 것만으로도 공격성은 학습되어 진다고 한다. 어린 시절 폭력에 노출된 사람은 부모와의 불안정 애착관계를 형성하게 되고 그들의 분노와 고통스러운 감정들은 스스로 규제하지 못하는 심리행동적인 변화를 경험하게 된다.

가정폭력 사건으로 신고 된 피해학대 아동의 정서적 특징 중 공통적으로 두드러지게 나타나는 가장 심각한 외현화 문제는 과도한 공격성의 표출이었고, 가장 심각한 내현화 문제는 우울이라고 한다. 어린 시절 가정에서 부모나 형제의 폭력을 간접적으로 목격하였거나 혹은 직접적인 피해 경험이 있는 사람은 이러한 폭력을 실행하여도 된다는 사실을 학습함과 동시에 폭력 기술을 함께 배우게 되기 때문에 폭력적인 행동을 하기가 쉬워진다. 이처럼 인간은 타인의 폭력 행동을 관찰함으로써 폭력 행동을 학습 할 수 있으며, 가정폭력은 이후 학교폭력과 사회폭력으로 이어지거나 혹은 다음 세대에 가정폭력으로 세대 간 전이가 이루어질 수 있다. 따라서 폭력 행위는 부모로부터 받은 신체적 학대나 폭력적인 언어를 학습한 결과라고 할 수 있다. 물론, 모든 사람이 폭력을 경험하고 관찰하였다고 폭력을 행사하거나 힘든 삶을 살아가는 것은 아니다. 어떤 사람들은 오히려 어린 시절에 관찰한 부모의 모습에 환멸을 느껴 더욱 더 건강한 삶을 살아가는 사람도 있다. 또한 어린 시절에 폭력을 경험하고 목격하였다 하여도 상담 등을 통해 건강한 삶을 살아가는 사람들도 있다. 중요한 것은 폭력에 대한 자신의 올바른 인식이 건강한 삶을 살아가게 한다는 것이다.

3) 환경요인

폭력에 영향을 미치는 가장 거시적인 체제로 환경요인도 매우 중요하다. 특히, 대중매체는 텔레비전, 잡지, 영화, 신문, 인터넷 게임 등 다양한 경로를 통해 현대 사회에 사람들에게 많은 영향력을 미치고 폭력에 노출될 가능성을 증가시킨다. 중요한 것은 이러한 대중매체에서 보여주는 폭력적인 장면은 우리가 일반적으로 생각하는 것 보다 훨씬 심각하고 점점 더 자극적이고 폭력적으로 변화하고 있다는 것이다.

대중매체를 통해 보여주는 폭력 장면의 미화는 더욱 더 심각한 문제가 아닐 수 없다. 텔레비전에 등장하는 매력적인 인물의 39%는 폭력 사건과 관련이 있으며, 텔레비전에 등장하는 범죄자 중 73%는 처벌을 받지 않거나 자신의 폭력 행위에 대해 부정적으로 인식하지 않는 경향이 있다. 또한 대부분의 경우 폭력을 당한 피해자가 겪는 신체적, 정신적 부분에 대해 대수롭지 않게 보여 주고 있다.

대중매체에서 보여주는 폭력과 관련된 내용은 범죄자를 매력적으로 묘사하기도 하고 폭력을 정당화하기도 하여 사람들에게 문제해결 방법으로 폭력을 수용하도록 학습시켜 오히려 폭력은 문제해결에 좋은 것, 멋있는 것이라는 잘못된 인식을 심어줄 수 있기 때문에 더 큰 문제가 될 수도 있다.

대중매체를 통해 언어적 폭력과 신체적 폭력을 많이 경험한 사람들일수록 폭력에 대해 둔감하고 가해자가 될 가능성이 많다고 한다. 특히, 텔레비전에서 보여주는 공격적 행위 및 폭력적 태도에 대한 학습은 비행 및 범죄의 주요 원인이라고 한다. 폭력으로 출발한 살인사건 등의 가해자들의 말에 의하면 폭력적인 장면을 영화나 텔레비전을 통해 모방하여 범죄를 저질렀다고 진술하고 있다. 물론 모든 사람이 대중매체의 폭력성에 동일하게 영향을 받는 것은 아니다. 어떤 사람은 다른 사람 보다 영향을 크게 받기도 하고, 어떤 사람은 폭력장면을 그냥 흘려버릴 수도 있다.

중요한 것은 폭력물은 사람들의 사고, 판단력, 가치관 그리고 행위에 영향을 미치기 때문에 대중매체에 등장하는 폭력 또한 물리적인 피해는 아니더라도 사람들에게 정신적으로 정서적으로 영향을 미칠 수 있다는 것을 인지하여야 한다.

5. 폭력이 가해자와 피해자에게 미치는 영향

1) 가해자에게 미치는 영향

폭력 가해자들의 공통적인 특성은 충동성과 피해자에 대한 낮은 공감능력 그리고 분노 등이다. 따라서 반복적인 폭력 행위는 가해자 개인에게 다음과 같은 영향을 미친다.

첫째, 일탈과 비행 행동을 강화시킨다. 폭력은 피해자에게 고통과 피해를 주는 동시에 가해자에게도 많은 영향을 미친다. 폭력은 처음에 실행하기가 어렵지 한 번 폭력을 행사한 이후에는 유사한 폭력 행동을 반복할 가능성이 높아진다. 또한 더욱 더 심각한 것은 처음에는 우발적으로 폭력을 행사하지만 적절한 대처를 하지 못하면 폭력 행동은 더욱 더 심각한 수준으로 악화되어 간다는 것이다. 이러한 지속적인 폭력 행동은 부정적 행동을 고정화시키고 악화 시킬 수 있다.

둘째, 왜곡된 가치관을 형성한다는 것이다. 폭력 행동에 대해 별다른 제지를 받지 않고 반복적인 폭력 행동을 하게 되면 부정적 가치관을 형성 할 수 있다. 폭력에 대한 제지나 처벌이 없으면 가해자들은 이 정도의 폭력은 괜찮은 것이라는 그릇된 가치관을 내면화할 수 있다. 폭력 행동을 한 가해자가 피해자에게 폭력을 행사하면서도 아무런 죄의식을 느끼지 못한다면 나중에는 폭력에 대해 무감각해질 수밖에 없다. 많은 폭력 행동의 가해자들은 자신이 다른 사람에게 피해를 입혔으면서도 자신의 행동에 대한 죄책감이나 죄의식 없이 자신의 행동을 정당화하는 경향이 있으며, 폭력 행동에 우월감을 느끼는 경우도 있다.

셋째, 대인관계가 단절될 수 있다. 폭력은 다른 사람들에게 두려움을 줄 수 있기 때문에 가해자를 회피하게 되어 결국 폭력을 행사한 사람은 특정한 사람들하고만 관계를 맺을 수 있다. 따라서 주변 사람들과 건강하고 원활한 대인관계를 형성하고 유지해 나갈 수 있는 사회성 발달에 부정적인 영향을 미치게 된다. 폭력을 행사하는 사람들은 자신이 대인관계에 어려움을 경험하는 것을 자신의 성격 때문이라고 말하는 경우가 종종 있다. 이는 폭력을 행사하는 사람들의 공통적인 특징이 충동적이며 공격적인 성향을 가지고 있고 분노를 조절하거나 화를 참는 능력이 부족한 경우가 대부분이다. 이러한 성격은 선천적인 기질일 수도 있고 부모의 양육태도나 가정적 요인에 의해 학습된 것일 수도 있으며, 폭력 행동은 점점 더 폭력과 공격성에 대한 감각을 무디게 함으로써 충동성과 공격성을 자신의 성격이라고 고착화하기도 한다.

넷째, 반사회적 행동의 지속의 강화를 가져올 수 있다. 폭력 행동을 행사하는 사람은 결국 범죄자가 되는 것이다. 폭력의 수준에 따라 상호 합의하에 문제가 해결되기도 하지만, 심각한 폭력의 경우에는 피해자에게 신체적, 정신적 피해를 입히게 되어 가해자도 범죄자가 되기도 한다. 폭력을 행사한 가해자에게 범죄자라는 낙인이 찍히게 되면 앞으로도 일탈된 반사회적 행동을 지속시키거나 강화시킬 수 있다. 이러한 낙인은 가해자의 가족과 주변 사람들의 삶을 불행하게 할 뿐만 아니라 자신의 삶 역시 되돌리기 어려운 상황에 직면하게 되어 미래의 삶을 바람직하지 않은 엉뚱한 방향으로 나아갈 수 있다.

2) 피해자에게 미치는 영향

폭력은 살아가면서 누구나 당할 수 있는 일이지만 특히 폭력 피해를 당하는 취약한 사람들이 있다. 그들의 대표적인 특징은 자기주장이나 대처를 잘 하지 못하거나, 사회성이나 대인관계 기술이 부족한 경우가 대부분이다. 그렇기 때문에 폭력은 피해자들에게 다음과 같은 영향을 미친다.

첫째, 신체적 상해 및 심리적·정서적 문제가 발생할 수 있다. 폭력의 대부분은 물리적인 폭력을 행사하는 경우가 많기 때문에 폭력에 의한 직접적인 영향은 신체적 상해라고 할 수 있다. 또한, 폭력에 대한 피해 경험은 피해자에게 심리적·정서적으로 많은 부정적인 결과를 초래하기도 한다. 폭력을 경험한 피해자들은 일차적으로 불안, 초조함, 공포, 두려움을 느끼게 되어 우울, 자존감 저하, 의욕부진, 위축, 무력감 등이 이차적으로 나타날 수 있다. 이러한 심리적 위축과 좌절감이 심해지면 비참함, 수치심, 고립감 같은 보다 심각한 문제를 야기하기도 한다. 이러한 심리적·정서적 문제는 일상생활이 불가능할 만큼 부적응을 일으키기도 하고, 타인에게 피해나 상해를 입힐 만큼 공격적인 사람이 되기도 한다.

둘째, 인성 및 성격장애에 영향을 미친다. 폭력 피해 경험은 올바른 성격 형성에 부정적인 영향을 미칠 수 있다. 폭력 경험 피해자들에게 나타나는 가장 심각한 문제는 폭력으로 인해 우울이나 불안과 같은 특성이 내면화되어 자신의 성격이나 인성으로 고착화된다는 것이다. 특히 장기간 폭력을 당하다보면 자아존중감이 낮아지고 자신감을 상실하게 되어 결국 폭력을 당한 자신을 원망하게 된다.

셋째, 정신적 후유증과 정신질환을 경험할 수 있다. 폭력은 하나의 스트레스 요인으로 피해자의 정신건강에 부정적인 영향을 미친다. 피해자는 폭력에 대한 불안과 두려움으로 전전긍긍하며 정신적으로 고통스러운 삶을 살아가기 때문에, 폭력으로 인한 외상후 스트레스 장애와 급성스트레스 장애라는 정신적 후유증을 경험하기도 한다. 지속적인 폭력을 경험하는 경우 외상후 스트레스 장애로 인해 자아기능의 심각한 손상을 입어 대인공포나 우울장애 혹은 정신병 등을 수반할 수도 있다.

넷째, 대인관계의 악화이다. 인간은 사회적 존재로 다른 사람과 상호작용을 하면서 살아가야 한다. 그러나 폭력 피해를 경함한 사람은 타인에 의한 폭력에 대한 두려움과 자신이 폭력을 경험할 때 방관한 사람들에 대한 불신으로 대인관계 형성 및 유지가 어려울 수 있다. 따라서 대인관계에서 발생할 수 있는 사소한 갈등 상황에 대해서도 민감하게 반응하게 되어 결국 대인관계에서 소외되는 결과를 가져올 수 있다. 이러한 소외감은 우울, 스트레스, 분노, 증오와 같은 정서적인 문제를 악화시키게 되어 대인관계 형성 및 유지에 악영향을 끼칠 수밖에 없어 정상적인 사회생활을 할 수 없게 만든다.

6. 폭력 예방 및 대처

폭력의 원인 및 발생 기제를 파악하여 폭력을 사전에 예방하는 것은 매우 중요하다. 또한 자신이 폭력을 경험하였다는 것을 인지하게 되면 적극적인 개입을 하여 심리적·정신적 고통으로부터 벗어나 보호를 받아야 더 이상의 심각한 결과를 초래하지 않는다.

예방이란 질병이나 재해 따위가 일어나기 전에 미리 대처하여 막는 것이다. 따라서 폭력 예방을 한다는 것은 폭력 문제의 발생을 미연에 방지하고, 이미 발생한 폭력 문제의 지속성과 심각성을 줄여 개인의 강점과 기능을 증진시키는 것이라고 할 수 있다. "예방은 치료보다 낫다"라는 말이 있다. 즉, 어떠한 문제라도 문제가 발생하고 난 이후에 개입을 하는 것보다 문제가 발생하기 이전에 개입하여 문제의 발생을 최소화하는 것이 더 중요하다.

폭력예방을 위해서는 첫째, 인성교육을 강화하여야 한다. 인성이란 '사람의 성품' 혹은 '각 개인이 가지는 사고와 태도 및 행동 특성'으로 한 개인이 독립할 수 있는 자격이라고 할 수 있다. 즉, 인성교육이란 자신의 내면을 바르고 건전하게 가꾸고 타인, 공동체, 자연과 더불어 살아가는 데 필요한 인간다운 성품과 역량을 기르는 것을 목적으로 하는 가치교육이라고 할 수 있다.

인성교육진흥법에서 말하는 핵심 가치와 덕목이란 예(禮), 효(孝), 정직, 책임, 존중, 배려, 소통, 협동 등의 마음가짐이나 사람됨을 말한다. 세상에는 다양한 성향의 사람들이 존재하는데 이들에게 배려, 공감, 나눔, 소통, 화합 등 공동체 생활에 대한 인성교육을 강화하여야 한다.

둘째, 폭력에 대한 사람들의 올바른 인식의 변화이다. 우리 사회는 대중매체에서 폭력을 행사하는 행동에 대해 멋있는 행동으로 치부하는 경우가 종종 방영되고 있다. 폭력적인 영화나 드라마를 보면 가해자를 멋있고 영웅적으로 묘사하여 폭력에 대해 정당화하는 경향이 있다. 하지만 대중매체를 통해 모방 학습된 것은 다시 사회의 폭력문제를 조장할 수 있다. 따라서 어떤 폭력도 정당화 될 수 없다는 사회 분위기를 만들어 폭력에 대한 올바른 인식을 심어주어야 한다.

셋째, 폭력을 목격하면 신고하여야 한다. 폭력은 특정한 사람에게만 국한 되는 것이 아니라 모든 사람에게 일어날 수 있는 일이다. 폭력을 목격하고도 아무런 조치를 취하지 않는 것도 어찌 보면 가해라고 할 수 있다. 그런데도 폭력을 목격한 사람들이 폭력을 말리거나 신고하지 않고 방관하는 이유는 무엇일까? 그 이유는 자신이 다칠까봐 두려워서이거나, 보복이 두려워서이거나, 어떻게 해야 할지 몰라서 등이라 할 수 있다.

중요한 것은 목격자의 신고가 폭력을 중단시킬 수 있다는 것이다.

폭력을 대처하기 위해서는 첫째, 단호해야 한다. 폭력을 경험하였다면 아무리 사소한 폭력이라도 자신의 의사를 명확하게 밝히고 자신의 태도를 분명히 해두어야 한다. 상대방이 폭력을 행사한 후 화해의 손을 내밀거나 잘못했다고 용서를 구하면 흔들이지 말고 폭력은 절대 용납될 수 없다는 것을 상대방에게 알려주어야 한다.

둘째, 주변사람에게 알려 도움을 청한다. 지속적인 폭력이나 보복을 당할 우려가 있으면 가족, 동료 혹은 상담실 등 믿을 수 있는 사람에게 알려 도움을 청하여야 한다.

셋째, 확실한 폭력에 대한 증거나 기록을 남긴다. 폭력은 상해죄에 속하기 때문에 결정적인 증거는 피해자에게 유리하게 작용할 수 있다. 따라서 신체적으로 상해를 입었을 경우에는 사진을 찍어두거나 병원 진료와 관련된 증거를 남겨두어야 한다. 이때 폭력에 관하여 구체적으로 날짜, 시간, 당시 상황에 대하여 정확하고 구체적으로 기록을 남기는 것이 좋다.

넷째, 심리 상담을 받도록 한다. 폭력 사건을 경험한 사람들은 폭력으로 인하여 심리적·정신적으로 많은 고통을 받는다. 따라서 심리적·정신적 충격으로부터 회복할 수 있도록 도와주어야 한다. 폭력 사건을 경험한 사람들에게는 주변 사람들의 배려와 지지, 그리고 따뜻한 환경을 제공해주어야 한다. 심리 상담을 통해 폭력을 경험하면서 느낀 분노, 불안, 적대감, 스트레스에 대한 감정이나 기억을 심리 상담을 통해 문제를 해결하여 건강한 삶을 살아 갈 수 있도록 한다.

다섯째, 병원 치료를 받는다. 폭력의 정도가 심각한 경우에는 외상후 스트레스장애 또는 급성 스트레스 장애와 같은 심한 정신질환을 남길 수 있다. 따라서 폭력으로 인하여 생긴 신체적, 정신적 상처의 치유를 위하여 의료기관 등에서 치료를 받는 것도 매우 중요하다.

활동 1 보복- 그때와 지금

◆ 당신이 지금까지 살아오면서 누군가에게 보복을 하고 싶다고 느꼈던 상황을 생각하고 그 상황을 쓰세요. 그때 당신은 어떤 행동을 하였는지 설명하고 지금이라면 그 문제를 어떻게 대응할지 쓴 후 조원들과 이야기를 나누어 보세요.

1. 보복 상황

2. 그때 대응한 방법

3. 지금이라면 어떻게 대응할 것인지

활동 2 스트레스 극복

◆ 이 활동은 일상생활에서 경험하는 스트레스를 극복하는 계획을 세우는 것입니다. 지금까지 살아오면서 스트레스를 유발하는 2개의 원인을 고르고 각각의 스트레스를 극복하는데 도움을 줄 수 있는 전략을 말하세요.

1.

스트레스를 유발하는 상황	극복전략
	1. 2. 3.

2.

스트레스를 유발하는 상황	극복전략
	1. 2. 3.

활동지 폭력 대응

◆ 본문에서 나온 폭력 유형 중 하나를 선택하여 폭력의 원인과 해결방법 그리고 예방법에 대해서 구성원들과 논의 하세요.

1. 폭력의 원인 및 해결방법

2. 폭력 예방법

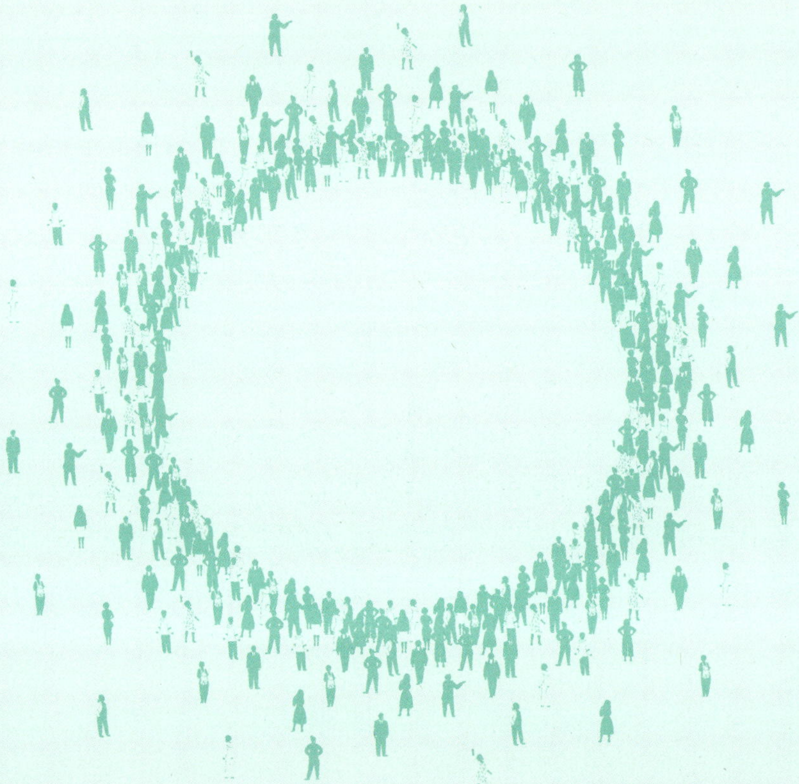

11장

인사청문회 도덕성 검증사례와 우리의 미래

학습목표

1. 인사청문회의 순기능과 역기능을 생각해보자.
2. 인사청문회에서 나타난 고위 공직자 후보자의 도덕성에 비추어 우리사회의 도덕성을 가늠해보자.
3. 우리사회의 미래 모습을 모색해보자.

1. 문제제기

부모는 자식을 위해 최선을 다하며 희생하는 삶을 살아간다. 그래서 대다수 사람들은 자신의 부모님을 존경한다. 하지만 기성세대를 바라보는 눈은 매우 비판적이다.

우리사회 도덕성을 선불리 판단할 수 없다. 도덕성이 바로 눈에 보이거나 손에 잡히는 것이 아니다. 개인정보가 엄격하게 보호되지만 인사청문회에서는 후보자 개인의 모든 신상이 낱낱이 공개된다. 개인의 치부가 드러나며 도덕성에 치명상을 받는 경우가 많다. 객관적으로 생각하면 그런 고위공직자 후보자는 우리사회를 이끌고 있는 사람들이므로 우리사회의 도덕성의 부정적인 단면을 보여준다. 그렇게 낮은 도덕성이 그들 개인의 문제일까? 혹시 기성세대 전체의 문제가 아닐까? 그들은 어떤 시대를 살아왔고 우리세대는 어떻게 다른 시대를 살아야 하나? 다음 세대는 우리가 살고있는 시대를 어떻게 평가할 것인가?

부모세대가 살아온 삶의 궤적과 젊은 세대가 살아갈 삶의 궤적이 같을 수 없고 같아서도 안 된다. 다만 애써 노력한 부모세대의 성취를 바탕으로 더 좋은 삶을 살아갈 방안을 추구해야 할 것이다. 그 일환으로 고위공직자 인사청문회에 나타난 기성세대의 부정적인 문제점을 파악해보고, 그들이 지나온 세월의 무게를 헤아려보자. 통렬한 비판으로만 끝나지 말고 그것을 바탕으로 우리가 나아가야 할 방향을 냉철하게 모색해보자.

2. 들어가기

과거나 현재나 개인이나 국가나 '정의(justice, 올바름)'의 중요성은 늘 강조되어왔다. 그런데 언젠가부터 우리나라에서 "도덕적으로 살면 손해 본다"는 말이 회자되고 있다. 도덕과 정의의 가치가 땅에 떨어진 결과일까? 하버드대학교 정치학과 교수인 마이클 샌델의 『정의란 무엇인가』가 우리나라에서 베스트셀러가 된 것은 아이러니한 일이지만, 그래도 희망적으로 본다면 우리에게 여전히 올바름과 도덕에 대한 갈망이 있음을 반증하는 것이 아닐까?

플라톤의 『국가』는 '한 개인이나 한 국가의 올바름(정의)이란 무엇인가'에 초점을 맞춘 고전이다. 대화 형식으로 구성된 이 고전의 제2권에는 '기게스의 반지'라는 흥미로운 이야기가 나오는데, 대표적 대화 참여자는 소크라테스와 글라우콘이다.

소크라테스는 사람들이 도덕과 올바름을 지키려는 것은 '부정을 행하는 것은 자기 이성에 반(反)하기' 때문이라고 주장했다. 이에 대해 글라우콘은 그 반증의 예로 '기게스의 반지'이야기를 제시했다. 글라우콘의 주장을 직접 들어보자.

> 글라우콘: 예컨대 리디아인 기게스의 조상에 관련된 한 이야기를 생각해보죠. 착한 양치기였던 그 기게스의 조상은 우연히 어떠한 금반지를 얻게 됩니다. 그리고 어느 날 왕과 목자들의 모임 자리에서 자신이 끼고 있던 그 금반지에 박혀 있던 보석받이를 자신의 몸 쪽으로 돌리게 되었죠. 그런데 곧 자신의 몸이 왕과 다른 목자들에게 보이지 않게 되었다는 사실을 알게 됩니다. 이에 놀란 그가 다시 그 보석받이를 몸 바깥쪽으로 돌리자, 그의 모습은 다시 다른 사람들에게도 보이게 되었습니다. 그는 이내 반지의 엄청난 능력을 깨달았고, 이 능력을 이용하여 왕비와 간통하고 왕을 죽인 후, 왕국을 지배하게 됩니다.
>
> 만약 이 반지가 올바른 사람에게도 주어지고 올바르지 못한 사람에게도 주어졌다고 생각해보세요. 아무리 올바른 사람일지라도 기게스의 조상처럼 행동하지 않을 수가, 즉 올바르지 못한 짓을 저지르지 않을 수

가 있을까요? 이러한 엄청난 능력을 가지게 될 경우, 올바르지 못한 짓을 저지르면 자신이 원하는 온갖 이익을 챙길 수 있으며, 오히려 올바르게 행동할 경우 자신에게 아무런 이익이 발생하지 않을 텐데 말이에요. 이러한 사실을 생각해보면 사실상 개인이 올바름을 행하는 것은 자발적으로 행하는 것이 아니라 부득이하게 행하는 것임이 틀림없습니다.

여기서 우리는 글라우콘의 주장을 쉽게 반박할 수 없음을 발견한다. 왜냐하면 이 이야기에서 인간의 이중적인 모습을 엿볼 수 있기 때문이다. 남의 이목을 두려워하지 않게 된다면 굳이 착하게 살 필요가 있을까라고 고민하게 된다. 게다가 착한 양치기 기게스는 남들이 자신을 칭찬하는 것을 즐겼을 수도 있다. 하지만 남들의 이목이 사라진 이후 기게스는 어떻게 행동했는가? 그는 곧바로 도덕과 올바름을 버렸다. 기게스의 사례를 통해 글라우콘이 강조하고자 했던 바는 만약 부정을 들키지만 않는다면 어느 누구라도 부정을 행하는 것이 이득이라고 생각할 것이라는 가설이다.

안타깝게도 이 가설은 더 이상 가설이 아니다. 예나 지금이나 우리는 수많은 기게스를 만났고, 만나고 있다. 좋은 평판을 받았던 인물들이 '인사청문회'와 같은 검증절차를 거치면서 기게스와 같은 모습으로 그들의 진면목을 노출시킨 사례는 수도 없이 많다.

기게스의 반지에서 모티브를 얻어 만든 영화 〈반지의 제왕〉의 '절대반지'는 우리에게 또 다른 고민거리를 제공한다. 그 반지는 아무리 착한 인간이라도 악하게 변화시키는 힘을 가지고 있었다. 즉 권력의 반지가 주어지면 아무리 착한 인간도 악한 인간이 된다는 것이다. 그렇다면 어느 누가 기게스의 반지나 절대반지를 끼고 도덕과 올바름을 지킬 것인가? 우리에게 이 반지가 생겼다고 해 보자. 여러분은 무슨 일을 하고 싶은가? 플라톤이 『국가』에서 던진 질문이 바로 이것이다. "왜 도덕적으로 살아야 하는가" "왜 올바르게 살아야 하는데" 플라톤의 『국가』를 좀 더 읽어보면, 올바름에 대한 또 다른 흥미로운 주장이 나온다. '올바름이란 강자의 이익이라는 것이다.' 강자는 권력을 보유하고 있고, 그가 규정한 올바름과 법에 약자들은 따르게 되어 있으므로 당연히 올바름이란 강자의 이익이라는 것이다. 이 주장을 한 사람은 트라시마코스인데, 그는 마치 현대인처럼 오늘날의 사정을 간파하고 있다.

그러나 소크라테스는 진정한 의미에서의 올바른 통치자는 통치 받는 이의 이익을 우선적으로 고려한다고 주장하면서 트라시마코스의 주장에 오류가 있음을 밝혀낸다. 그리고 올바른 통치자가 다스리는 나라는 '지혜와 용기, 그리고 절제가 실현되는 곳'이라고 규정한다. 소크라테스의 이야기를 들어보자.

소크라테스: 그럼 이 나라는 지혜도 용기도 절제도 갖춘 나라이겠군. 그런데 이 나라가 훌륭하게 되는 것은 이 세 가지 덕목에 올바름이 더해지기 때문이 아니겠어? 그런데 사실 우리는 이미 올바름이 무엇인지에 대해서 이야기를 여러 번 한 것 같군. 우리는 '자기가 자신이 타고난 기능에 맞게 살아가는 것', 즉 '자신에게 주어진 일을 하고 다른 이들의 일에 간섭하지 않는 것'이 훌륭한 것이라는 사실을 이미 여러 번 이야기했기 때문이지. 그런데 이러한 훌륭함이 올바른 것과 곧 연관되어 있는 것은 아닐까? 내가 볼 때에는 이러한 것 자체가 바로 올바름인 것 같아. 반대로 '남의 일에 참견하는 것'은 올바르지 못한 것이고.

지혜와 용기, 절제가 나라를 훌륭하게 할 수 있다는 것은 우리가 이미 보았잖아?

그런데 올바름은 나라를 훌륭하게 하는 데에 어떠한 기여를 할까? 그것은 지혜, 용기, 절제를 지지해주고 보존해주는 역할을 할 거야. 그렇기 때문에 올바름은 나라를 훌륭하게 만드는 데에 지혜, 용기, 절제만큼 큰 도움을 줄 수 있지.

플라톤이 소크라테스의 입을 통해 우리에게 전하고 싶은 말은 무엇인가? 올바름이란 개인적으로 각자가 제 기능(argon)을 수행하고 이 과정에서 조화를 이루는 것이다. 이를 한 마디로 정의하면 인간적 탁월성(Areté)에[19] 도달하는 것이다.

19 Arete는 어떠한 것이 도달할 수 있는 그것의 가장 훌륭한, 가장 탁월한 상태이다. 이 세상의 모든 것

우리 모두는 자신의 올바름, 정의로운 행동은 남에게 보여주고 싶지만 비도덕적인 행동은 남에게 보여주기 꺼린다. 우리사회 도덕성 일부가 인사청문회에 고위공직자 후보 검증과정에서 고스란히 드러나고 있다. 공직후보가 되기 전에는 익명이었다가 후보가 되면 자신의 비도덕적인 모습이 드러난다. 그것이 우리사회 도덕성 현실을 보여주는 것 아닐까?

3. 인사청문회

국민들이 고위공직자가 올바르고 존경의 대상이 될 인물이기를 바란다면 과도한 욕심일까? 일반적으로 고위공직자들은 한 분야의 전문가이거나 또는 능력이 출중한 사람이라서 대통령의 지명을 받는다는 것을 부정할 수 없다. 국민으로서 그런 사람을 동경하고 본받고 싶은 마음을 갖는 것은 당연하다. 하지만 인사청문회는 고위공직자도 유혹에 빠지기 쉬운 인간으로 보통 사람과 크게 다르지 않은 경우가 대부분이라는 것을 우리에게 보여주었다. 인사청문회는 우리에게 많은 질문을 던진다.

- 인사청문회란 우리 국민에게 무슨 의미인가
- 인사청문회는 고위공직 후보자들에게 망신을 주는 이대로 좋은 것인가
- 고위공직자의 비리를 막을 방법은 무엇인가
- 고위공직자는 과연 존경의 대상인가 아니면 감시의 대상인가
- 미래 우리사회의 모습은 어떠해야 하나

이런 관점에서 인사청문회에 나타난 고위공직자 도덕성의 현실을 살펴보고 우리사회의 당면한 문제를 파악해보자. 그리고 현실에 나타난 상황을 극복할 방안을 모색해보자.

들은 저마다 자신의 기능을 가지고 있는데, 아레테란 그 기능이 가장 탁월하게 발휘될 수 있는 상태인 것이다. 이는 어떤 이들에게서 '덕'이라고도 번역되어 왔지만, 최근에는 주로 훌륭함 혹은 탁월성으로 번역되고 있다.

1) 인사청문회 대상

우리 사회에 리더는 여러 형태로 존재하지만 국가 최고의 지도자는 대통령이다.

대통령의 권한은 크지만 모든 일을 혼자서 결정하지 않는다. 국가의 일들을 논의할 국무위원을 임명해야 하고 나라의 많은 일들은 국무회의의 의결을 거쳐야만 한다. 국무위원은 참모로서 각 분야의 정책을 수립하여야 하고 대통령은 여러 부처의 의견을 종합하여 최종 정책을 결정한다. 국무위원들은 모두 각 분야의 전문가이자 리더의 위치에 있는 고위공직자들로 장관과 기타 중요한 부서의 최고책임자들이다. 우리가 알고 있는 보통의 공무원은 정기적으로 시험으로 선발하는 공채에 합격해야 하고 경력자는 특채로 선발되지만 고위공직자는 대통령이 임명한다. 고위공직자들은 국민에 대한 봉사자이어야 하므로 국민들의 존경을 받을 만한 사람이 임명되어야 마땅하다.

고위공직자를 임명하는 것은 대통령의 고유 권한이다. 인사청문회는 대통령의 국정운영에 도움을 주는 제도다. 고위공직 후보자가 전문성과 업무능력을 갖추었는지 그리고 도덕적으로 문제가 없는지를 살펴서 부적합한 인물을 제외시켜 국정이 잘 운영될 수 있도록 하는 것이다. 우리나라에서 고위공직자에 대한 검증은 1993년 시작된 재산공개 제도와 2000년부터 시작된 인사청문회 제도로 시작되었다. 이 두 제도로 언론과 국회는 공직인사에 대해 검증하고 논의를 할 근거가 생겼다. 인사청문특별위원회 대상 17명 중 국무총리, 대법원장, 대법관 13인, 헌법재판소장, 감사원장은 인사청문회를 거쳐 국회 본회의 표결로 가부가 결정된다. 국회에서 추천하는 중앙선거관리위원회 위원 3인과 헌법재판관 3인은 해당되지 않는다. 인사청문회 대상 44명은 청문회 대상이지만 표결을 거치지 않는다.

인사청문회법의 인사검증 대상 공직후보자 61명

- 인사청문특별위원회 대상 17명: 국무총리, 대법원장, 대법관 13인, 헌법재판소장, 감사원장, 중앙선거관리위원회 위원(국회선출 3인), 헌법재판관(국회선출 3인)

- 인사청문회 44명: 부총리 겸 기획재정부 장관, 교육부 장관, 미래창조과학부 장관, 통일부 장관, 외교부 장관, 법무부 장관, 안전행정부 장관, 국방부 장관, 문화체육관광부 장관, 산업통상자원부 장관, 농림축산식품부 장관, 환경부 장관, 보건복지부 장관, 고용노동부 장관, 국토교통부 장관, 여성가족부 장관, 해양수산부 장관, 공정거래위원회 위원장, 방송통신위원회 위원장, 국민권익위원회 위원장, 금융위원회 위원장, 국가정보원장, 원자력안전위원회 위원장, 검찰총장, 경찰청장, 국세청장, 중앙선거관리위원회 위원(국회선출을 제외한 6인), 헌법재판관(헌법재판소장, 국회선출을 제외한 5인), 한국은행 총재, 합동참모의장

2) 검증 기준

고위공직자의 검증은 직무역량, 청렴과 도덕성, 직책에 대한 이해 충돌 여부 등이 검증 기준이 된다.

첫째, 해당업무를 맡을 수 있는 개인의 직무역량을 검증해야 한다. 해당분야에 능력이 부족한 사람이 막중한 자리에 앉으면 국민에게 큰 해를 입힐 수 있다.

둘째, 청렴이란 행실이 바르고 개인적인 욕심이 없는 것을 말한다. 도덕성은 옳고 그름으로 구분되는 윤리적 판단기준이다. 특히 공직자는 부패하지 않고 청렴해야 한다. 청렴과 도덕성의 문제는 사실 일반 국민에 대한 기준과 다르지 않다. 헌법에 국회의원의 청렴에 대해서 "국회의원은 그 지위를 남용하여 국가, 공공단체 또는 기업체와의 계약이나 그 처분에 의하여 재산상의 권리, 이익 또는 직위를 취득하거나 타인을 위하여 그 취득을 알선할 수 없다"라고 규정하고 있음을 참고할 필요가 있다.

셋째, 공무에 사심이 없으려면 자기가 맡은 일이 자신의 손익과 관계가 없어야 한다.

넷째, 준법정신, 즉 평소에 법을 잘 지켰는가가 매우 중요한 기준이 된다.

4. 인사청문회 검증에서 나타난 사례

고위공직자가 도덕성 문제로 물러나기 시작한 것은 군사정권이 끝난 김영삼 정권부터이다. 정권 초부터 재산형성과정과 도덕성 문제를 부각시켰고 공직자 재산 공개제도 시행과 함께 많은 고위공직자가 물러났다. 인사청문회가 시행된 것은 김대중 정권에서다. 시작하자마자 2명의 국무총리 후보자가 위장전입 등으로 인사청문회 과정에서 사퇴하는 파란을 겪었다. 노무현 정권에서 검증이 더욱 구체적으로 실시되었다. 병역회피 목적의 국적이탈 문제, 주식보유, 사외이사 겸직, 음주 운전 등 강화된 검증기준이 마련되었다. 사실 이 모두는 일반 국민이 당연히 준수해야 할 의무를 고위공직자 후보들도 충실히 이행했느냐는 것이다.

1) 위장전입

위장전입과 부동산 문제는 청문회에서 가장 많이 언급되는 결격사유다. 위장전입은 자녀교육, 아파트 분양 그리고 농지취득에 관련된다. 거주하지 않는 아파트를 여럿 소유하거나 토지의 과다보유 및 잦은 부동산 거래 등이 문제가 됐다. 과거에는 실거래가보다 훨씬 낮은 공시지가로 세금을 계산해서 납부하던 관행이 있었고 이를 이용하여 부동산 투기가 성행했었다. 아울러서 부동산 증여와 임대소득에 대한 탈세가 검증대상이다.

대표적인 위장전입의 종류를 살펴보자.

첫째, 진학목적이 있다. 서울에서 고등학교가 평준화되면서 명문 고등학교가 많았던 서울 중심부를 모든 학생들이 지원할 수 있도록 공동학군으로 운영하였다. 1980년대 강남이 개발되면서 명문 고등학교가 강남으로 이전하면서 강남에 사는 학생들만 지원할 수 있게 되었다. 이 시기에 많은 학부모들 사이에서 명문 고등학교를 배정받기 위한 위장전입이 성행하게 되었다. 강남에 사는 학생이 밀려나서 강북의 학교로 배정되는 사례도 있었다.

둘째, 부동산 투기목적이 있다. 서울지역에서 아파트를 분양받기 위해서 위장전입이 많이 행해졌다. 또한 농지는 현지인들만 구입할 수 있다는 제한이 있어서 농지를 사려면 지방으로 주소를 이전해야만 했다.

셋째, 희망 근무지를 배정받기 위한 목적이 있다. 교사들이 여건이 좋은 도시지역 또는 선호 학군으로 근무지를 배정받기 위해 위장전입을 한 경우도 있었다.

〈표 11-1〉 각 정권의 위장전입 사례

정권	내 용
김대중 정권	• ○○○ 전 복지부 장관 : 여러 차례 위장전입을 한 사실이 밝혀지자 취임한 지 얼마 지나지 않아 사퇴하였다. • ○○ 전 총리 후보 : 첫 여성 총리 후보로 세 번의 위장전입이 있었다. 총리 후보로서 처음으로 청문회를 통과하지 못한 경우다. • ○○○ 전 총리 후보 : 자녀의 진학을 목적으로 한 위장전입을 이유로 청문회를 통과하지 못했다.
노무현 정권	• ○○○ 전 환경부 장관 : 세 번의 위장전입이 있었지만, 당시 한나라당 대선 후보가 자녀교육을 위해 다섯 번의 위장전입을 한 사실이 있어서 한나라당의 반대가 누그러져 청문회를 통과했다.
이명박 정권	• ○○○ 전 환경부 장관 후보 : 위장전입뿐만 아니라 투기와 논문표절 등 많은 결함으로 청문회를 치르기 전에 사퇴했다. "땅을 사랑해서!" 땅을 사기 위해 위장전입을 했다고 말해 민심을 악화시켰다. • ○○○ 전 통일부장관 : 자녀의 위장전입이 문제가 되었지만, 당시 보수 여론이 자녀교육을 위한 위장전입은 이해하자는 분위기로 몰아가서 청문회를 통과했다. • ○○○ 전 검찰총장 후보 : 위장전입과 더불어 아들의 병역문제 그리고 스폰서 등의 여러 문제가 제기되면서 사퇴하였다.
박근혜 정권	• ○○○ 전 안전행정부 장관 후보 : 위장전입과 농지법 위반으로 후보를 사퇴했다. 안전행정부는 위장전입을 적발해야 하는 부서이기 때문에 여론이 더 나빴다. • ○○○ 전 헌재소장 후보 : 양도소득세를 내지 않기 위한 위장전입이라는 의혹이 있었는데 본인은 자녀교육을 위한 것이라고 해명했다. 다른 의혹이 나오면서 사퇴했다. • ○○○ 전 문체부 장관 : 배우자가 아파트를 분양받아 위장전입 상태로 매도하여 시세차익을 남겼다. 청문회를 통과하여 장관이 되었다.

문재인 정권	• ○○○ 총리 후보 : 배우자의 근무지 배정을 위한 위장전입이 의심되었다. • ○○○ 외무부 장관 후보 : 자녀의 교육 문제로 위장전입이 있었다. • ○○○ 공정거래위원장 후보 : 자녀의 교육 문제로 위장전입이 있었다.

각 정권의 위장전입 사례에서 보듯이 자녀교육을 위한 것이든 부동산 구매를 위한 것이든 주민등록법을 위반한 후보자들이 무척 많은 것이 명백한 사실이다.

주민등록법

주민등록법을 어긴 사람이 이렇게 많은 것은 우리 사회의 부정적인 단면을 보여주는 동시에 주민등록법에 문제가 있음을 보여준다. 주민등록법이 잘못되었거나 아파트 분양 또는 농지법이 잘못된 것이 아니라면 시대가 바뀌는 과도기 상태일 수도 있다. 위장전입은 적발하기가 쉽지 않고 오히려 타 지역 사람에게 위장전입을 부추기는 경우도 있다. 부동산 매매에 있어서 같은 지역 사람에게 좋은 가격을 받기는 쉽지 않다. 시세를 잘 모르거나 알더라도 크게 개의치 않는 외지인에게 좋은 가격을 받기 쉽다. 그럴 경우 주민등록법으로 매매를 제한하는 것은 매도자의 재산을 높은 가격으로 처분하려는 재산권 행사를 방해받는 것으로 받아들여 매입자의 위장전입을 알선해서 매매를 성사시키는 경우가 대부분이다.

주민등록법은 국민의 주거지와 생활권역을 파악하기 위해 필요하다. 그러나 주민등록법으로 부동산정책의 제재수단으로 사용하는 것은 문제가 적지 않다. 더구나 부동산 가격이 가파르게 상승하던 시기에 위장전입은 많은 사람들에게서 별다른 죄의식 없이 행해졌다. 악법도 법이니 지키지 않은 것이 문제인가? 아니면 많은 사람이 지키지 않을 법으로 부동산정책을 시행한 국가가 잘못인가? 지키지 않을 법을 만들면 사람들은 법을 지키지 않을 뿐만 아니라 사람들 의식에 법을 만들면 사람들은 법을 지키지 않을 뿐만 아니라 사람들 의식에 법 경시하는 풍조까지 생겨나는 것이 더 큰 문제다. 부동산정책으로 적절한 규제는 필요하지만 엄격한 단속과 법집행을 하지 못한다면 부작용에 따른 피해를 따져서 폐지여부를 결정해야 할 것이다.

2) 병역

병역과 병역제도에 대하여 생각해보자.

첫째, 병역의 의무는 국가의 존립과 직결되어 있다. 나라 없는 서러움을 겪은 우리는 다시 나라를 되찾은 지 얼마 지나지 않았다. 주변 강대국들 사이에서 국토방위에 온 국민이 힘을 합쳐도 쉽지 않은데 병역의 의무를 저버리는 사람들이 점점 많아져서 그것이 사회의 보편적 현상이 되면 또다시 나락으로 떨어질 수 있다. 우리가 지금 자유와 평화를 누리는 것은 할아버지, 아버지 세대가 나라를 지켰기 때문이다. 지금 이순간도 우리 젊은이가 가족을 위해 나라를 지키고 있어서 우리가 평화를 누리고 있다.

둘째, 대한민국은 징병제를 시행하는 국가다. 국가는 기본적으로 국토를 방위하기 위한 군인이 있다. 국토방위는 모든 국민을 위한 것이다. 우리나라 군대는 모병제와 징병제 두 가지로 운영된다. 장교와 부사관처럼 직업군인은 모병제로 지원자 중에서 선발한다. 그 외 모든 남성이 징병의 대상이 된다. 대한민국의 대부분의 남자는 현역이든 공익이든 일정기간 동안 국방의 의무를 마쳐야 한다. 군대훈련은 힘들고 병영생활은 쉽지 않다. 하지만 신성한 국방의 의무이기 때문에 모두가 참고 견디며 생활했고 지금도 많은 젊은이들이 참고 견디는 것은 그것이 의무이자 애국임을 알고 있기 때문이다.

셋째, 징병제에서는 예외가 없어야 한다. 특권층이라고 병역의 의무에서 면제되지 않아야 한다. 사실 병역의무에서 하나둘 빠진다고 국방에 큰 문제가 생기는 것은 아니다. 그렇지만 누군가 병역을 이행하지 않은 것을 알면 괜히 나만 고생했나하는 생각에 불편한 마음이 생긴다. 문제는 그렇게 무임승차자가 자꾸만 생기기 시작하면 점점 모두가 빠지고 싶어진다는 것이다. 더구나 모범을 보여야 할 고위공직자 자녀들이 군대를 많이 빠지면 일반 국민들도 군대를 되도록 안 가는 것이 좋다고 생각하게 될 것이다. 게다가 군대에서 사건사고가 일어나도 군은 책임지지 않는 경우가 많았으니 부모들도 자신의 아들을 군대에 보내고 싶지 않은 현실이다. 고위 공직자는 힘이 있어 아들을 군대에 보내지 않고 보통 사람들은 힘이 없어서 아들을 군대에 보냈다고 생각하게 되면 부모로서 정말 견디기 어려운 일일 것이다.

인사청문회가 고위공직자와 병역의 관계를 적나라하게 보여주었다. 청문회 제도가 도입된 이후 역대 국무총리와 장관 및 후보자들의 거의 대다수가 본인의 병역문제 또는 아들의 병역기피 문제 등이 불거지면서 국민들의 따가운 질책을 받고 있다. 실제 과거에 '고위공직자 및 공직자의 직계비속 병역면제 비율' 조사에서 고위공직자 및 자녀의 병역면제 비율이 일반인에 비해 상당히 높다는 보고는 지도층들의 도덕적 해이가 심각한 경지에 이르렀음을 드러낸다. 인사청문회에서 나타난 고위공직자와 함께 일부 논란이 되는 연예인의 병역문제를 살펴보고 해결책을 모색해보도록 하자.

① 이중국적과 건강보험 수혜 논란

인사청문회를 거쳐야 하는 첫 국무총리 후보로 ㅇㅇ여대 총장이 지명되었다. 당시 언론은 우호적이었다. 추진력이 뛰어난 여장부, 원칙주의자, 일에 대한 열정 등을 언급하며 긍정적인 평이 지배적이었다. 정치적 색채가 없었고 첫 여성 총리라는 기대감이 컸다. 그러나 장남의 국적과 위장전입, 부동산 투기 등 의혹이 불거져 언론의 반응이 부정적으로 바뀌었다. 의혹에 대한 후보자의 일관성 없는 답변은 총리라는 관직에 연연해서 거짓말을 한다는 의심을 받게 되었다. 후보자는 미국 유학 중에 결혼해서 아들이 태어났다. 미국은 속지주의 원칙에 따라 미국에서 태어난 사람 모두에게 국적을 부여한다. 우리나라는 속인주의 원칙에 따라 최소한 부모 중 한 사람이 한국인이어야 한다. 경제가 발전하고 미국 유학과 여행이 많아지면서 미국 국적의 장점이 부각되기 시작했다. 일단 남자가 한국국적을 포기하면 병역을 면제받는 것이 개인적으로 큰 이점이었다. 미국 국적이라 전쟁이 나면 미국으로 대피할 수 있다. 국내에 있는 외국인 학교도 원하면 자유롭게 입학할 수 있다. 미국에서 공립학교를 다니면 학비가 면제되고 대학교도 등록금이 현저하게 차이난다. 많은 사람들이 유학 중 출생한 사람들을 부러워했지 비판할 수는 없었다.

후보자는 아들이 군대에 가지 않은 이유를 몸이 아파서라고 대답했다. 그러나 실제로는 미국 국적을 갖고 있어서 면제되었다. 아들이 미국에서 태어나 미국 국적으로 병역의무를 면제받은 것은 그 사람의 복이려니 생각했다. 그냥 넘어갈 듯했던 청문회가 반전된다. 부모의 주민등록 피부양자로 등재되어 우리나라 건강보험의 혜택을 받아서 수술을 받은 사실이 밝혀진 것이다. 우리 국민건강보험 규정이 외국 국적이라도 주민등록이 되어 있으면 의료보험 혜택을 받을 수 있다. 병역의 의무를 피한 사람이 의료보험 혜택은 받은 것이다. 의무를 저버렸으면 권리도 포기해야 마땅하다고 생각하는 것이 보통 사람의 정서이다. 한국 국적을 버리고 한국에서 학교를 다니면서 사실상 한국인으로 살아가면서 두 나라의 혜택만 누리는 것은 도덕적으로 문제가 있어 사퇴했다.

② 이중국적과 입국 금지 논란

유○○은 1990년대 최고의 아이돌 가수이자 만능 엔터테이너였다. 엄청난 인기로 방송과 라디오에서 끊임없이 그의 노래가 나왔다. 그는 재미교포의 자녀로 언제든 미국 국적을 취득할 수 있었다. 방송에서 군대를 가겠다고 몇 번씩 말을 해왔고 팬들은 그의 말을 믿었다. 그런데 진짜 군에 가게 되자 그는 미국국적을 취득하면서 자신은 미국 시민이라 병역의 의무가 없어서 군복무를 하지 않는다고 했다. 팬과 국민들의 반응은 싸늘해졌고 미국에 있던 그에게 법무부는 입국 금지 처분을 내렸다. 그는 지속적으로 한국입국을 원하고 있으나 번번이 거절당했으나 최근 입국금지가 부당하다는 판결을 받았다. 그러나 단순 방문비자가 아닌 취업 가능한 비자를 신청하였으나 거부되어 아직 입국하지 못하고 있다. 병역을 기피할 목적으로 외국 국적을 취득한 자의 재입국을 쉽게 허락하면 국민들이 병역의무를 이행하고 싶은 생각이 현저히 약화되고 국가의 안전에 부정적인 영향을 미치게 될 것이다. 의무를 다하지 않고 권리만 누리려는 것은 이기주의로 비난받을 만 하지만, 그에 대한 반대의견도 있는 것도 사실이다. 반대의 경우로 연예인 차○○ 씨는 미국 국적을 소유했으면서도 군복무를 마쳤고 인기에 긍정적인 영향을 미쳤다.

③ 자해에 의한 면제 의심 논란 : 어깨 탈구와 발치

2017년에도 국무총리 후보자 인사청문회에서 자녀의 군 면제로 병역문제가 논란이 되었다. 아들은 2002년 3월에 입대 예정이었지만, 어깨 탈골 수술을 받고 입영을 연기했다. 다시 신검을 받아서 견갑관절 재발성 탈구로 면제 판정을 받았다. 이에 대해 인사청문회에서 병역회피 의혹이 불거졌지만, 아들이 뇌수술까지 받은 사실이 있어서 겨우 무마되었다. 그런데 후보자는 병무청에 아들이 군복무를 하게 해달라고 탄원서를 제출해서 답장까지 받았다. 당시 국회의원이던 후보자가 자신의 앞날에 문제가 될 수도 있음을 알고 미리 준비한 것이라고 여겨 언론은 곱지 않은 시선을 보냈다. 사실 어깨가 빠지는 것은 특히 운동선수들이 과격한 운동을 하다보면 자주 일어나는 증상이다. 어깨 탈구로 병역면제가 된다는 것을 잘 아는 운동선수들이 고의로 어깨를 손상해 병역을 면제받으려는 경우가 있었다. 그런 운동선수들에게 어깨수술을 해주고 진단서를 발급하여 면제를 받도록 도와준 의사는 실형을 선고받았다.

연예인 ○○몽은 군대가기 싫어서 어금니를 거의 다 뽑았다는 의혹이 제기되었다. 공무원시험 등을 이유로 여러 차례 군입대를 미루고 일어난 일이라 더욱 의심을 받았다. 그는 결국 연예계에서 물러났고 법의 심판을 받았다. 일부 유죄를 받았지만, 병역면제를 받기 위해 이를 고의로 뺐다는 부분은 무죄로 판결났다. 하지만 국민들은, 젊고 건강한 연예인이었던 그에게서 의구심을 떨쳐버리지 못했다.

④ 병역특례 논란

가수 ○○는 독특한 끼를 발휘하며 대중들에게 많은 인기를 누렸다. 군복무를 해결하기 위해 산업기능요원으로 복무하기를 원했다. 산업기능요원은 산업체에 3년간 근무하면서, 집에서 출퇴근을 하고, 주말과 저녁시간은 자유다. 그래서 정보처리기사 자격증을 취득하고 업체에 취직했다. 소프트웨어 개발업무지만 실력이 모자라는 그는 개발 지원업무를 담당했다. 복무 중이지만 무대에 서고 싶었던 그는 병무청에 문의해서 일에 지장을 주지 않으면 활동할 수 있다는 긍정적 답변을 들었다. 초대 손님이나 축제 등에 참석하곤 했다. 직장에서도 병무청에서도 문제를 삼지 않았지만, 검찰에서 문제를 삼았다. 3년간 52회나 공연에 참여했으니 근무가 제대로일 수 없었을 것이라는 혐의다. 발단은 공연과 공연에 따른 부실근무였지만 실제로는 다른 혐의로 귀결되었다. 산업기능요원으로 프로그램 개발업무가 지정되었는데, 실제 프로그램 개발을 하지 않았다는 것이다. 검찰의 수사결과에 따라 병무청은 복무만료 취소처분을 내렸다. 또 다른 의혹은 ○○의 작은아버지와 근무한 업체와 의심할 만한 거래가 있었다는 것이다. 여론은 우호적이지 않았다. 결혼해서 쌍둥이 아빠가 된 ○○는 결국 다시 현역으로 입대하여 군복무를 마쳤다. 군대에서 제대한 남자들이 가끔씩 꾸는 식은땀 나는 악몽이 있다. 군대에 다시 들어가는 꿈이다. ○○는 한번은 산업체 근무였지만 두 번째는 진짜 군복무를 해서 병역을 두 번 마친 세상에서 가장 운 없는 남자였다. 그런 그가 세계적으로 유명한 가수가 된 것은 군복무를 두 번이나 마쳐서 온 국민의 사랑을 받아서라는 의견도 있다.

병역특례제도는 산업인력을 산업체 현장에서 활용할 수 있도록 하여 산업체와 군복무 당사자 모두에게 이로운 제도이다. 취지가 좋은 제도이지만 악용하려는 사람들과 허술한 관리감독이 문제가 된다.

⑤ 병무비리

병무비리는 불법적인 뇌물과 청탁으로 병역 신체검사 과정에서 면제를 받는 것을 말한다. 2000년 1월 반부패국민연대에서 고위층 병무비리 의혹을 제기했고 수사가 있었지만 지지부진했다. 병무비리는 두 가지로 구분된다. 첫째는 뇌물, 즉 돈이나 금품을 제공한 경우다. 둘째는 돈을 쓰지 않고 이루어지는 경우다. 즉 권력자의 힘으로 이루어지는 경우를 말한다. 검찰의 수사를 통해 뇌물을 사용해서 병역을 면제받은 사람들은 집중적인 수사대상이 되었고 제법 밝혀지기도 했다. 그러나 뇌물을 쓰지 않은 고위층 자녀의 병역비리는 밝혀내지 못했다. 사실 이런 경우는 검찰로서도 증거가 명확치 않아서 밝혀내기가 쉽지 않다. 대표적으로 ○○○ 대통령 후보의 아들이 비교적 큰 키에도 불구하고 몸무게 미달로 병역면제를 받은 사실이 밝혀지면서 병무비리에 연루되었을 것으로 의심을 받았다. 국민들은 자신의 아들을 군에 보내지 않은 사람을 군통수권자인 대통령으로 선출하기를 꺼려했고 여론도 그 부분을 문제 삼지 않을 수 없었다. 결국 대통령 선거에서 두 번이나 낙선하는 결정적인 요인이 됐다.

인사청문회 제도가 시행된 이후 역대 국무총리와 장관 및 후보자 중 많은 사람들에게 본인 또는 아들의 병역문제가 많은 것을 국민들이 알게 되면서 정치인에 대한 신뢰가 더 떨어졌다. 고위층의 병역면제 비율이 현저하게 높다는 것은 고위층 아들들의 신체적 결함 비율도 현저하게 높다는 것인데 그럴 가능성은 희박하다. 그보다는 조그만 신체적 결함을 찾아내서 병역을 면제받았을 가능성이 높다. 그렇지 않으면 병무비리에 관련된 의혹이 제기될 수 있다. 고위직 인사들이 병역을 마치지 않았다는 것은 우리사회의 지도층들의 도덕적 해이를 드러내고 있다.

⑥ 병역거부와 대체복무

병역거부는 병역기피와 다르다. 병역기피는 단순히 군복무가 위험하고 싫어서 피하는 것이다. 병역거부는 자신의 신념에 따라 병역을 이행할 수 없다는 것이다.

어느 사회나 병역거부는 존재했다. 병역거부의 이유는 다양하다. 종교적 이유가 있고 개인적인 신념이 있다. 대개는 평화주의자로 살상무기인 총을 잡지 못하겠다는 것이 가장 많은 이유다. 그래서 이들은 병역을 군사훈련과 군입대 대신 다른 평화적인 것으로 바꾸어 이행시켜주기를 요청한다. 하지만 우리나라에서는 병역거부자는 군복무 기간만큼 징역형을 사는 것이 현재의 법이다. 독일 등 일부 국가에서는 대체역을 주어서 복무하게 한다.

우리나라의 병역과 병역제도에 대한 제안

우리가 병역기피와 병역비리가 없는 사회를 만들지 못하면 국가의 방위가 흔들릴 뿐만 아니라 사회적 자산인 신뢰를 구축할 수 없다. 어떻게 이 문제를 해결할 수 있을까?

첫째, 우선 당장은 군대부터 개선을 해야 한다. 사회가 발전하는 만큼 군대도 폐단을 없애고 합리적으로 작동되어야 한다. 과거에 군대는 일반 사회조직보다 선도적인 시스템을 운영하였다. 그것을 배운 전역자들이 사회에 진출하여 국가발전에 이바지한 것이 명백한 사실이다. 하지만 현재 우리사회는 군문화보다 창의성이 더욱 절실한 시대가 되었다. 오히려 사회의 장점을 군이 배우고 흡수해서 군전력을 높이는 방안을 연구해야 할 시기다.

둘째, 병역면제기준을 합리적으로 정비해서 모두가 볼 수 있게 공개해야 한다. 국방의 의무는 모두가 책임져야 할 일이지만 개인의 자유와 권리도 존중되어야 한다. 진짜 아픈 사람은 면제를 받아야 마땅하지만, 신체적 능력이 뛰어난 사람이 면제를 받은 경우가 많은 것이 문제가 된다. 과연 면제의 기준은 무엇인가? 연예인, 운동선수, 재벌과 고위공직자 자녀 등이 이해할 수 없는 이유로 면제를 받은 경우를 생각하면 군복무를 마치거나 앞으로 해야 할 사람들은 극심한 상실감에 빠지게 된다. 사회생활을 잘하는 신체 건강한 연예인은 물론이고 어렵고 힘든 운동을 하는 운동선수가 공익도 면제를 받는다는 것이 이해가 가지 않는 경우다. 공익요원이 하는 일은 관청 경비, 전용차로 감시, 민원처리 등이다.

셋째, 국민의 알권리를 충족시키기 위해 병역면제를 받은 사람의 면제사유와 병역비리를 공개해야 한다. 물론 개인정보 보호와 병역면제 사유 공개는 논란의 여지가 있다. 사생활 보호 차원에서 심각한 개인정보의 공개는 금해야 하지만 확실한 공개기준이 필요하다.

넷째, 우리나라에서도 사회복무제도의 필요성이 제기되고 있다. 사회복무제도란 사회활동이 가능한 모든 사람에게 병역을 부과하는 것을 말한다. 병역면제와 병역기피가 생길 수가 없이 모두에게 공평해지는 것이다. 복무기간에 차별을 두어 군생활이 적합한 사람에겐 군생활을 시키고 그 이외의 사람들에게는 사회서비스 분야에서 복무하게 하는 것이다. 사회서비스 분야란 공익근무요원이나 산업기능요원 등을 말하는데 모든 사람에게 적용시키면 더욱 다양한 분야에서 병역을 이행할 수 있다. 이 제도가 도입된다면 여성에게도 적용하는 것을 고려해볼 수 있다. 남성들은 군복무에 따른 피해의식이 사라질 것이고 여성들에게는 군가산점 제도를 부활시키려는 의도를 막을 수 있는 제도다. 일부 여성들은 군에서 자신의 특기적성을 찾을 수 있는 기회가 될 수 있다.

3) 기타

① 부동산과 세금탈루

공직자는 청렴해야 국민의 신뢰를 얻을 수 있다. 청렴하다는 것은 직무수행이 공정해야 하고 재산형성이 정당하다는 의미다. 고위공직자의 재산형성 과정은 인사청문회의 중요한 검증요소이고 국민의 관심을 끄는 사항이다. 청렴할 것이라는 기대와는 다르게, 많은 후보들이 농지 취득과 아파트 분양을 위한 위장전입으로 여론의 뭇매를 맞으면서 사퇴하였다. 부동산 투기에 대한 검증은 점점 강화되었다. 특히 수십 채의 아파트를 소유, 잦은 부동산 매매, 명의신탁, 상속과 증여에 따른 세금탈루, 양도세 축소신고 등은 전형적인 부동산 투기 그 자체였다. 이중 부동산 매매는 또 다른 문제를 제기한다. 바로 세금이다. 위장전입은 주민등록법을 어긴 행위로 그에 따른 벌금 등의 과태료를 부과하지만, 세금을 탈루하는 행위는 국민의 의무인 납세의 의무를 저버린 것으로 세금추징과 가산세를 부과해야 한다.

② 음주운전과 전과

음주운전으로 인한 피해가 점점 커지면서 큰 사회문제가 되었고 단속과 형량도 점점 강화되었다. 음주운전이 공직사회에서 문제가 되어 공직자들이 음주운전에 단속되면 승진에 불이익을 주기 시작하자 음주운전이 현격하게 줄었다. 청문회에서도 음주운전으로 문제가 되는 경우는 점차 감소하는 추세를 보인다. 검찰과 경찰의 협조를 받아 고위공직 후보자들의 전과전력을 조회할 수 있게 되었다.

③ 논문표절

참신하고 능력 있는 새로운 인물이 정치권에 많이 필요하다 보니 고위공직자 후보에 연구원과 교수가 많이 천거된다. 연구직에 종사하면서 발표한 논문이 다른 사람의 논문을 표절했거나 자신의 논문을 중복게재하는 문제가 부각되었다. 자신의 논문을 약간의 관점을 달리해서 발표하는 것은 당시에 관행이었다 하더라도 동일한 내용의 논문으로 연구비를 이중청구하거나 부당집행한 경우는 명백히 잘못된 것이다. 논문표절과

연구비 부당집행으로 사퇴한 후보도 적지 않다. 미래의 주역인 학생들도 리포트 표절 또는 인터넷 구매를 부당한 행위로 알고 근절해야 한다.

진영논리

모든 정책에는 관점에 따라 좋은 점과 나쁜 점이 있다. 그래서 정책을 실현하려면 대화와 타협이 있게 마련이다. 현재 우리의 정치는 대화와 타협이 이루어지지 않고 파행과 정쟁만 보인다. 그것은 바로 편 가르기 즉 진영논리 때문이다. 정책토론을 하기 전에 편이 나뉘면 토론이 불가능해지고 아무리 좋은 정책도 실행하기가 어려워진다.

언론은 대화의 돌파구를 마련하고 타협의 접점을 모색해서 진영논리를 타파하는 데 앞장서야 한다. 언론은 자신만의 정치적, 경제적 이념을 갖고 비판하고 주장할 수 있다. 그리고 그런 주장은 독자와 국민을 위한 것이어야 한다. 그런데 정권이 바뀌면서 일부 언론은 인사청문회 비판기준을 바꾼 경우가 있다. 예를 들자면 위장전입을 용납할 수 없다던 언론이 말을 바꿔서 위장전입이라는 사소한 이유로 유능한 사람이 공직에서 물러나면 오히려 국가적 손해라고 주장했다. 물론 주장 자체는 이해가 되지만 언론조차도 정치적 이해만 따져서 판단기준이 달라지면 문제가 심각해진다. 다음 정권을 차지하기 위한 정치적 목적만 생각해서, 여당지지 언론은 정권보호를 위하여 도덕성이 형편없는 후보자도 보호하고, 야당지지 언론은 훌륭한 후보자도 흠집을 내는 것이 바로 언론이 진영논리에 빠진 것이다. 언론은 지지하는 정당은 있으나 그에 따라 기준을 바꾸는 편파성을 보이면 안 된다. 언론은 국가와 국민을 위해 정론을 펼쳐야 권력을 견제하는 역할을 할 수 있다.

5. 미래사회를 위하여

1) 인사청문회에서 얻는 교훈

국민에게 인사청문회의 가장 중요한 기능은 교육기능이다. 인사청문회를 보면서 국민들은 도덕성과 법준수의 중요성을 알게 된 것이다.

인사청문회 본연의 기능은 고위공직자의 직무역량, 청렴과 도덕성, 직책에 대한 이해 충돌 여부 등을 검증하여 부적합한 후보자를 걸러내는 것이다. 그 결과 대통령이 적합한 사람을 임명하도록 하여 국정에 도움을 주는 것이다. 지금까지 인사청문회를 생중계로 보면서 국민들은, 알권리를 충족시켰지만, 후보자들에게서 큰 실망을 느꼈다.

첫째로 후보자의 도덕적 결함에 실망했다.

둘째로 정치인들이 국가와 국민을 위한 인사청문회를 운영하는 것이 아니라 자신들의 편협한 정치적 목적을 달성하려고 인사청문회를 이용하는데 절망했다. 때때로 난장판으로 변하는 인사청문회를 어린 자녀들이 볼까 무섭기까지 하다.

그럼에도 불구하고 청문회의 장점은 바로 온 국민이 그리고 다음 세대의 주역들도 후보자의 검증을 지켜본다는 것이다. 검증제도가 있고 검증을 시행한다는 것을 알게 하는 것, 그리고 존경받아야 할 고위공직의 후보자가 자신의 잘못된 과거 행적으로 망신당하는 그 생생한 과정을 온 국민이 지켜본다는 것을 다음 세대가 알게 됐다. 그것이 바로 살아있는 도덕성 교육이고, 인사청문회의 가장 큰 기능이라고 여겨진다. 고위공직자는 존경의 대상이 되어야 하지만 동시에 국민에게는 감시의 대상이라는 것과 미래에 공직자가 되기 위해서는 비리를 저지르면 안 된다는 것을 확실하게 인식하게 되었다.

2) 인사청문회 제도보완

인사청문회의 제도보완이 요구된다. 인사청문회가 도덕성과 직무능력을 별도로 검증하는 이원화가 필요하고 '객관적인 도덕성 기준'을 마련해야 한다.

국민들은 인사청문회에서 국가와 국민을 위해 헌신할 자세와 봉사하는 마음을 지닌 후보자가 나오기를 기대한다. 하지만 인사청문회에서는 후보자 도덕성의 치부만 들춰내고 있다. 사실 2000년부터 시작된 인사청문회는 국가적으로 오래된 제도가 아니라서 아직은 좌충우돌하면서 나아갈 길을 모색하는 단계다. 서서히 제도가 정비되어 안착될 것으로 보인다. 앞으로는 미국처럼 인사청문회가 이원화될 것으로 예측된다. 일차적으로 도덕성 검증을 하고 도덕성 검증을 통과한 사람들만 국회의 인사청문회에서 업무적합성 검증을 받는 것이다. 도덕성 검증에 있어서도 사회적인 합의로 '객관적인 도덕성 기준'을 마련해야 하며 지금처럼 정권과 사람에 따라 적용하는 기준이 달라져서는 안 될 것이다.

3) 공직자 감시제도

공직자의 부정부패를 방지할 수 있는 제도를 가져야 한다. 사실 한 분야에 재능이 뛰어난 인재에게 도덕적으로 완벽함까지 바라는 것은 지나친 희망일 수 있다.

사람은 누구나 유혹에 약하다. 고위공직자가 법을 잘 지키고 솔선수범하게 하려면 어떻게 해야 할까? 국민들은 공직자를 믿고 따르면서도 철저히 감시할 수 있는 기구를 설치하여 비리를 저지른 공직자를 색출해서 처벌하는 제도를 완비하는 것이 바람직하다. 그래야 유능한 사람을 국가의 이익을 위해 등용할 수 있고 그런 제도가 잘 작동하면 비리의 유혹에 빠지기 어렵다. 현명한 지도자는 장점을 보고 인재를 등용해야 하며 단점에 대해서는 엄격한 통제와 감시를 소홀하면 안 된다. 사회지도층 비리와 범죄에 대해서는 법집행이 엄격해야 한다.

우리나라는 우여곡절 끝에 2019년 12월 30일 '고위공직자범죄수사처 설치 및 운영에 관한 법률안'이 국회 본회의에서 가결되었다. 그 후 1년이 지난 2021년 1월 21일 고위공직자범죄수사처가 출범하였다. 고위공직자범죄수사처는 "고위공직자 및 그 가족이 범한 직권남용, 수뢰, 허위 공문서 작성 및 정치자금 부정수수 등의 특정범죄를 척결하고, 공직사회의 특혜와 비리를 근절하여 국가의 투명성과 공직사회의 신뢰성을 높임으로써, 국민 모두에게 균등한 기회가 보장되는 정의롭고 공정한 나라를 만들기 위해 설치되었습니다"라고 설치 목적을 밝히고 있다.

4) 미래사회와 법치주의

사회지도층이 솔선수범해서 법치주의를 이루어야 한다. 사회지도층이라고 해서 일반 국민보다 더 엄격한 법을 지켜야 하는 것이 아니다. 윗물이 맑으면 아랫물도 맑다고 했다. 정치인과 고위공직자가 도덕성이 높고 법을 잘 지키면 법의 집행이 엄격해지고 그러면 국민들도 법을 잘 지킬 수밖에 없다. 법집행이 엄격해지면서 떼법, 님비현상, 불법시위 등도 사라질 것이다. 결과적으로 법에 의한 갈등조정과 통합이 이루어지고, 자연스럽게 국가기관에 대한 신뢰가 높아질 것이다. 사회지도층과 국민들 사이에 신뢰가 생기면, 어떠한 어려움도 해결할 수 있고 새로운 정책도 이행할 수 있다.

국가의 미래에 대해서 생각해보자. 선진국은 경제만 발달한 나라가 아니라 제도와 문화가 발달한 나라다. 법은 도덕의 최소한이고 지켜야 할 상식이라는 의미에서 반드시 지켜야 한다. 법이라는 공정한 룰에 의해서 사회가 작동되면, 그것이 바로 사회경쟁력이고 국가경쟁력이 된다. 법은 허용되는 것과 금지되는 것이 명확해야하며 투명하고 공정하게 집행되어야 한다. 사람에 따라 법적용이 달라지면 안 된다.

법은 개인의 재산과 권리를 보호해야 한다. 법은 분쟁을 합리적으로 해결해서 사회적비용을 줄여야 한다. 그것이 바로 법치주의이다. 법치주의가 확립되면 인권보장과 함께 사회통합이 되어 안정되고 예측가능한 사회가 이루어진다.

법치주의가 실행되는 것은 많은 노력을 필요로 한다. 사회지도층이 먼저 솔선수범해야 하고 국민들도 법을 지키는 인내력을 발휘해야 한다. 쉽게 이루어지지 않지만 한번 이루어지면 안정되고 번영하는 국가의 기틀이 마련되는 것이다.

활동 1 절대반지를 가지면 하고 싶은 일은?

활동 2 선진국의 열 가지 조건을 생각해보자.

활동 3 단일기준이 적용되면 문제가 되는 경우를 생각해보자.

활동 4 상황에 따라 적용기준이 바뀌어야 하는 경우를 생각해보자.

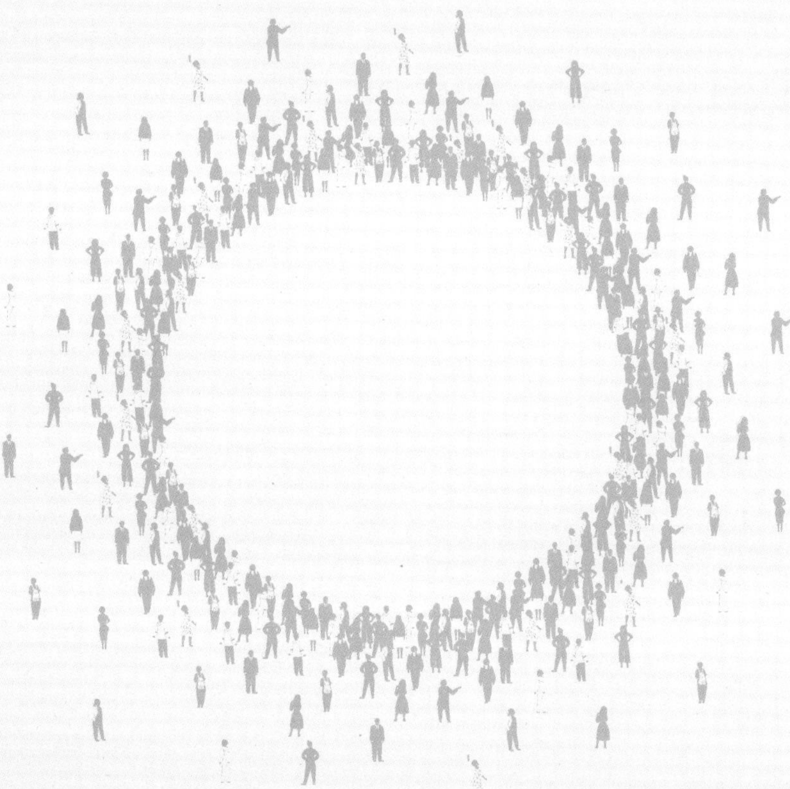

12장

미래사회와 진로적성역량

학습목표

1. 글로벌 사회에서 요구되는 자기주도적 삶을 위해 필요한 핵심역량을 제시하고 간단하게 설명할 수 있다.
2. 미래사회의 인재로서 살아가기 위해 필요한 진로역량을 인식한 후, 필요한 역량이 무엇인가를 탐색하고 준비할 수 있도록 한다.
3. 진로역량의 근거가 되는 자신에 대한 인식과 탐색 활동을 통하여 더 나은 나를 만들 수 있도록 한다.

1. 문제제기

인류는 역사와 시간을 통하여 농업사회, 산업자본사회, 지식정보사회 그리고 제4차 산업사회로 변화해 가면서, 각 사회에서 적응하고 생존해 나가기 위한 기술들을 습득하였다. 앞으로의 사회는 미래사회 혹은 제4차 산업사회라고 가칭되고 있는데, 미래사회는 어떤 모습으로 변화되고 어떤 특성을 지녀야 사회에 적응하면서 살아가는 것이 가능해질까? 각 사회는 각각의 인재 특성을 요구하였는데, 미래사회에서 요구되는 인재의 특성을 무엇이며, 그것을 우리는 어떻게 준비해야 하는 것일까?

최근 [대2병]이라는 현상이 나타나고 있다. 대2병은 대학생들이 미래에 대한 불안감으로 무기력증, 우울증 등을 느끼는 현상으로 흔히 알려진 중2병과 달리 자신감과 자존감이 떨어지는 게 특징이다. 대학교 1학년은 대학 생활의 변화와 적응, 다양한 사람들과의 관계 및 대학 내의 다양한 활동 등으로 인해 모르다가 2학년이 되면서 진로 및 적성의 키워드가 등장하면서 나타나는 현상이다. 대2병의 현상을 예방하기 위해서는 개인의 진로 준비를 위해 갖추어야 하는 자본으로서 자신에 대한 주관적 요소에 대한 탐색과 기회 제공이 필요하다. 현재의 모습보다는 더 나은 삶을 살기 위해서는 '진짜 나'를 발견하는 연습이 필요하며, 그 연습은 어떻게 해야 하는 것일까?

2. 지식 및 정보사회

사회라는 말은 society(소사이어티)를 한자어로 번역한 것으로, 라틴어 societas에서 온 말로 동료, 동업자 등의 관계를 포함한 친근한 사람들을 일컫는 말이다. 사회가 친근한 사람과의 관계가 한 사람과 한 사람의 차원을 넘어 정치적으로 문화적으로 그리고 제도적으로 독자성을 지닌 공통의 관심과 신념 및 이해에 기반한 다인 이상의 개인적 집합 결사체로 확산되었다. 소규모의 직장과 학교, 전체사회 및 그 일부인 정치·경제·시민·노동·문화 등을 지칭하기도 한다. 사회는 한국사회, 미국사회와 같이 국가에 따라 구분하기도 하고, 민족에 따라 문화에 따라 지역에 따라 구분하기도 하며 그 기준은 연구대상과 관점에 따라 다르다.

인류의 시기와 산업을 중심으로 사회를 구분해 보면, 전통사회, 근대사회, 현대사회로 구분해 볼 수 있다. 산업의 측면에서 전통사회는 농업과 어업을 비롯한 1차 산업이 중심이라면 근대사회는 산업과 공업이 대표되는 2차 산업이 그 중심이다. 그리고 대략 2000년대 이후의 현대사회는 지식과 정보가 산업으로 대변되는 3차 산업이 중심을 이룬다. 이러한 산업의 기반이 되는 핵심적인 생산수단도 세 사회는 서로 다르다. 전통사회에서는 인간의 노동력이나 토지가 가장 주요한 생산수단이라면 산업사회에서는 자본과 기술이 가장 중요한 생산수단이 된다. 그리고 지식 및 정보사회에서는 지식과 정보가 자아 중요한 생산수단이 된다. 사회조직은 전통사회에서는 마을이나 친족과 같은 공동체가 가장 중요하지만 산업사회에는 회사와 같은 이익사회가 가장 중요하다. 지식 및 정보사회에서는 느슨하게 조직되고 개성이 잘 발현될 수 있는 클럽 같은 형태가 핵심적인 사회조직이 된다. 중요한 생활공간 역시 세 사회에서는 서로 다르다. 전통사회의 인간 활동은 주로 마을을 중심으로 이루어지는 것에 비하여 산업사회에는 도시를 중심으로 이루어지며 지식 및 정보사회에서는 사이버 공간이라는 새로운 공간이 활동의 중심이 된다. 일상적인 사회생활의 단위는 전통사회에서는 가족이지만 산업사회에서는 조직이 되며, 지식 및 정보사회에서는 개인이 된다.

〈표 12-1〉 전통사회와 산업사회, 지식 및 정보사회의 비교

구분	전통사회	산업사회	지식 및 정보사회
산업	1차 산업	2차 산업	3차 산업
생산 수단	노동력과 토지	자본과 기술	지식 및 정보
사회 조직	공동체	회사	클럽
활동 공간	마을	도시	사이버 공간
생활 단위	가족	조직	개인

우리가 살고 있는 사회의 특징을 구체적으로 살펴보자. 지식 및 정보사회는 지식과 정보를 산업의 대상으로 하기 때문에 지식과 정보가 생산의 원천이 되며 부가가치를 창출하는 요소가 된다. 산업사회가 재화를 생산하고 유통시킴으로써 이익을 추구했다고 하면 지식 및 정보사회는 지식과 정보 그 자체가 상품이 된다. 과거에는 단순한 이야기에 지나지 않았던 전설이나 설화가 드라마로 제작되거나 애니메이션으로 작품화 되면서 산업의 대상이 되는 것이나 곳곳에 흩어져 있던 정보를 한 곳에 모음으로써 새로운 비즈니스가 되는 것이 그 예이다. 정보화가 빠르게 진전된 사회나 국가일수록 제조업은 그 비중이 줄어드는 대신 지식 산업과 영상 산업, 그리고 정보산업의 비중이 늘어나게 되었다. 뿐만 아니라 전통적인 제조업도 그 성격이 지식산업으로 변화하여 산업의 정보화로 이어지고 있다. 문구를 제조하던 회사는 산업사회에서는 품질이 우수한 제품을 생산하는 것이 경쟁력의 핵심이었다면 지식 및 정보사회에서는 제품의 외적인 품질보다는 디자인이 더 중요한 경쟁 요소가 되고 있다. 전자제품도 마찬가지로 제품의 견고성과 품질의 우수성보다는 제품의 디자인이나 사용편이성 그리고 제품의 감성적 요인 등이 더 강조되고 있다. 이는 생산을 담당하는 인원수보다는 디자인, 제품기획, 연구소 등의 중요성이 커지고 있으며 인원도 더 많아지고 있다.

지식 및 정보사회는 조직의 형태도 변화시켰는데, 산업사회에서는 효율적인 업무수행이 필요하여 하향식 위계적 구조에 따른 의사소통 방식이 선호되었다면 지식 및 정보사회에서는 위계적 구조보다 수평적 혹은 네트워크형 조직이 더 적응적이다. 조직

구성원들은 정해진 규범에 따라서 업무를 수행하는 것이 아니라 창의적인 방식으로 업무에 임하기를 요구받으며 조직 구성원이 해야 하는 과업도 일상적이고 관리적인 것이 아니라 상황에 따라 가변적이며 유동적이다. 따라서 위계화된 조직으로는 이러한 과업을 수행하기에 부적절하다고 평가되며 유연한 네트워크형 조직이 더 선호된다. 지식 및 정보사회의 조직이 가지는 또 다른 특징은 슬림화된 조직이라는 점이다. 대규모 조직은 의사결정의 속도가 느리고 관리에 필요한 비용이 급증한다는 문제를 가지고 있기 때문에 소규모 조직이 더 선호한다. 슬림화된 조직은 단지 규모만 작다는 것을 의미하지 않고 핵심적인 기능을 강력하게 추진할 수 있는 조직이라는 의미를 가지면서 핵심적이지 않는 업무는 외부 조직에 넘겨주는 아웃소싱(outsourcing)이 일반화되어 있다. 지식 및 정보사회가 되면서 개인의 욕구가 강조되고, 소비자의 욕구충족을 위한 기업의 생산라인 또한 소품종대량생산체제에서 다품종소량생산체제로 변화하였다. 생산라인의 변화는 다양한 아이템을 생각해내고 제품화시킬 수 있는 창의적 역량이 무엇보다도 강조되어, 동질적 구성원보다는 이질적 구성원을 더 선호하게 되었다. 또한 지식 및 정보사회는 조직에 대한 충성심보다는 일에 대한 충성심이 더 중요해지면서 조직보다 일이 더 우선시 된다. 자신이 하는 일을 더 잘 수행할 수 있는 조직이 있다면 개인은 언제나 조직을 옮겨 다닐 준비가 되어 있으며 조직이 자신의 능력과 다른 역할을 요구하면 자신이 하고자 하는 역할에 따라 조직을 옮기게 된다.

결국 지식 및 정보사회는 조직의 역할이나 영향력이 산업사회에 비해 줄어든다는 것으로 요약될 수 있다. 산업사회에서는 대부분의 일이 조직에 의해 수행되었기 때문에 개인은 조직을 구성하는 부품으로 인식되었으며 개인의 창의성이나 개성은 존중되지 못하였다. 그러나 지식 및 정보사회는 조직보다 개인의 중요성이 강조되면서 개인의 창의성과 능력에 의해 조직의 역량이 달라지기 때문에 개인의 역량에 대한 요구가 증가하게 되는 것이다. 결국 우리는 스스로의 존재 가치를 확신하고 문제 해결 능력을 갖춤으로써 자기주도적인 삶을 살아갈 수 있는 역량을 갖추어야 한다.

그렇다면 자기주도적인 삶을 살아가기 위해 필요한 핵심역량(core competency)은 무엇인가? 핵심역량의 개념은 OECD 연구 DeSeCo 프로젝트(Definition and Selection of

Competencies)를 통해 정의된 개념으로서 이 프로젝트의 결과 제시된 핵심역량은 크게 세 가지이다. 사회적으로 이질적인 집단과의 상호작용역량, 자율적인 행동역량, 그리고 여러 도구를 상호작용적으로 활용하는 역량 세 개의 범주로 나누고, 각각의 역량에 3개의 하위영역들을 제시하였다. 미국 또한 P21(Partnership for 21st Century Skills)을 통하여 교육자, 기업, 지역사회, 정부 지도자들이 협력해 미국 전역과 세계의 교육기관에 21세기에 요구되는 실행능력을 키우는 교육을 도입하고자 노력하였으며, 21세기에 필요한 핵심역량을 세 가지로 분류하고 핵심역량을 교육과정 개편 방향과 통합하여 논의를 시도하였다. P21에서는 21세기에 요구되는 실행능력을 생활 및 직업관련 능력, 학습 및 혁신능력, 정보 미디어 사용 능력 등의 세 가지 영역으로 분류하고, 각각 하위요소들을 제시하였다. 그리고 2009년부터 3개년에 걸쳐 세계 여러 국가들이 참여한 가운데 21세기에 요구되는 실행능력을 실제로 평가하고 교육할 수 있는 방안을 제시하기 위한 21세기 실행능력의 평가와 교육(Assessment and Teaching of 21st-century Skills, ATC21S) 프로젝트를 통하여 10개의 핵심역량을 네 영역으로 범주화하여 제시하였다. 하워드 가드너(2005)는 [미래마인드]를 통하여 21세기가 요구하는 새로운 인재상이 갖추어야 할 역량으로 주요 과목에 학문적 지식을 갖춘 사람, 종합할 줄 아는 사람, 창조적인 사람, 존중할 줄 아는 사람, 책임감이 높고 윤리적인 사람이라고 설명하였다. 이들이 제시한 핵심역량을 간단하게 살펴보면 다음과 같다.

〈표 12-2〉 글로벌사회에서 요구하는 자기주도적 삶을 위해 필요한 핵심역량

프로젝트	범주	하위역량
DeSeCo 프로젝트의 핵심역량	사회적으로 이질적인 집단과의 상호작용역량	인간관계능력 협동능력 갈등관리 및 해결능력
	자율적인 행동역량	조직내에서 협력적이며 자율적으로 행동할 수 있는 능력 자신의 인생 계획 프로젝트를 구상하고 실행하는 능력 자신의 권리와 필요 등을 옹호하고 주장하는 능력

DeSeCo 프로젝트의 핵심역량	디지털 리터러시 스킬	정보 리터러시 미디어 리터러시 정보통신기술 리터러시
ATC21S 프로젝트 핵심역량	사고방식	창의력과 혁신능력 비판적 사고력과 문제해결력 및 의사결정력 자기주도 학습능력
	직무방식	의사소통능력 / 협업능력
	직무수단	정보 문해 / ICT 문해
	사회생활방식	시민의식(지역/글로벌) 인생 및 진로 개척 능력 개인 및 사회적 책임의식
하워드 가드너 (2005)	주요 과목의 학문적 지식을 잘 갖춘 사람	
	종합할 줄 아는 사람	
	창조적인 사람	
	존중할 줄 아는 사람	
	책임감이 높고 윤리적인 사람	

국내에서도 한국교육과정평가원은 핵심역량을 '선천적으로 타고나는 것이 아니라 학습될 수 있는 것으로 지적능력, 인성(태도), 기술 등을 포괄하는 다차원적 개념으로 향후 직업세계를 포함한 미래의 삶에 성공적으로 대처하기 위해 필수적으로 요청하는 능력'으로 정의하였다. 미래핵심역량은 미래사회에서 요구하는 창의적 인재와 자기주도적 인재 그리고 사회적 인재에게 필수가 되는 지식, 기술 그리고 태도의 통합적인 능력으로 미래사회의 구성원으로 마주하게 될 과제의 수행을 성공적으로 마치고 성과를 창출해내는데 있어서 요구되는 종합적인 능력이다. 최상덕(2011)은 창의적 인재가 갖추어야 할 세 가지 핵심요소로서 창의적 인성, 전문지식, 미래핵심역량을 제시하며, 핵심역량으로 창의력, 비판적 사고력, 창의적 문제해결능력, 의사소통능력, 시민의식, 사회적 책임감 등을 제시하였다. 남궁지영(2015)도 미래핵심역량으로서 창의역량, 자기주도역량, 사회역량으로 정의하였다. 창의역량이란 창의적인 사고 및 정보의 활용능력

을 기반으로 하여 직면한 문제적 상황을 성공적으로 해결할 수 있는 역량으로 설명하고, 자기주도역량은 학습자 개인이 자신이 가진 역량에 대해 확신을 갖고 주도적으로 목표를 수립하여 전략을 활용할 수 있는 역량으로, 사회역량은 사회공동체 일환으로 공동이 가진 목표를 달성하기 위한 개인 역할의 수행 및 관리능력을 제시하였다.

〈표 12-3〉 미래 핵심 역량

범주	창의역량	자기주도역량	사회역량
하위역량	• 창의적 사고 • 문제해결력 • 정보활용력	• 성취동기 • 자기관리능력 • 자기확신	• 의사소통능력 • 협동심 • 사회적 책무성

국내외 연구들을 토대로 대학생들에게 필요한 핵심역량을 사회공동체 구성원으로서 역할을 성공적으로 수행하기 위해 대학생에게 요구되는 지식, 기능, 태도의 총체로 정의하면서 6가지 핵심역량 요소로 제시해 볼 수 있다.

첫째, 자기관리 역량이다. 자아정체성과 자신감을 가지고 자신의 삶과 진로에 필요한 기초 능력과 자질을 갖추어 자기주도적으로 살아갈 수 있는 자기관리역량이 무엇보다 중요하다. 자신의 삶을 주도적으로 관리할 수 있기 위해서는 나는 누구인지에 대한 자아정체성의 확립에서부터 자기통제(조절), 여가선용, 건강관리, 기초학습능력, 전공학습능력, 합리적 경제생활, 기본생활습관, 진로개발능력 등까지 포함한다.

둘째, 지식정보 처리 역량이다. 문제를 합리적으로 해결하기 위하여 다양한 영역의 지식과 정보를 처리하고 활용할 수 있는 역량으로 논리적이며 비판적 사고를 통한 문제인식에서부터 정보수집, 수집된 정보를 분석하고 활용하는 과정까지 문제해결을 하면서 필요한 도구나 매체 등을 적극적으로 활용할 수 있는 역량을 의미한다.

셋째, 창의적 사고 역량이다. 폭넓은 기초 지식을 바탕으로 다양한 전문 분야의 지식, 기술, 경험을 융합적으로 활용하여 새로운 것을 창출하는 창의적 사고역량으로 창의적 사고기능과 창의적 사고성향으로 분류할 수 있다. 창의적 사고 기능은 유창성, 융통성, 독창성, 정교성, 유추성 등을 포함시킬 수 있으며, 창의적 사고성향은 민감성, 개방성, 독립성, 과제집착력, 자발성 등이 포함될 수 있다.

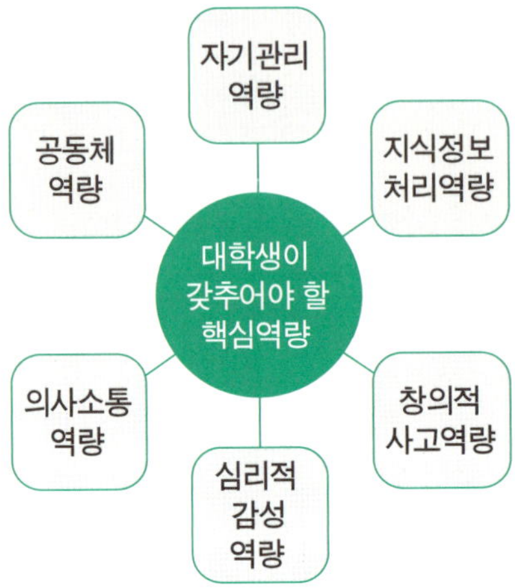

[그림 12-1] 대학생들이 갖추어야 할 핵심역량

넷째, 심리적 감성 역량이다. 인간에 대한 공감적 이해와 문화적 감수성을 바탕으로 삶의 의미와 가치를 발견하고 향유하는 심리적 감성역량은 문화적 감수성, 다원적 가치존중, 공감, 상상력 등이 해당된다.

다섯째, 의사소통역량이다. 다양한 상황에서 자신의 생각과 감정을 효과적으로 표현하고 다른 사람의 의견을 경청하며 존중하는 의사소통역량은 무엇보다도 중요한 역량이 될 수 있다. 말 하기, 듣기, 쓰기, 읽기 등의 텍스트를 이해하는 것에서부터 시작하여 제대로 말하고, 제대로 듣고, 제대로 표현하는 기술적인 차원을 넘어 타인을 이해하고, 타인을 존중하고, 타인을 배려하는 마음가짐에 해당하는 역량이다.

마지막으로 공동체 역량이다. 지역과 국가 그리고 세계 공동체의 구성원에게 요구되는 가치와 태도를 가지고 공동체 발전에 적극적으로 참여하는 역량으로서 시민의식, 준법정신, 환경의식, 주인의식, 봉사정신, 규범과 질서 의식, 협동, 갈등관리 등에 해당하는 역량이다.

3. 미래사회와 진로·적성 역량

진로역량은 삶의 지향점을 설계하고 진로를 선택하며 자신이 선택한 진로가 실제로 이루어질 수 있도록 노력하고 준비하는 가운데 필요한 지식과 기술, 태도, 성향을 포괄한다. 진로역량은 다양한 직업과 삶의 맥락에서 공통적으로 발휘되는 능력이라는 점에서 핵심역량이며 진로를 개척하는 과정에서 자신이 가지고 있는 역량을 파악하고 이를 어떻게 활용하고 학습할 것인가를 판단할 수 있는 역량이라는 점에서 메타역량으로 볼 수도 있다. 개인들은 현재 하고 있는 일을 수행하는 동시에 자신의 진로에 의식적으로 투자함으로써 진로역량을 증진시키게 되고, 이렇게 진로역량이 증진되면 진로자본을 창출하게 되어 개인과 조직 모두에게 가치 있는 자원이 될 수 있다.

특히 4차 산업혁명 시대는 어쩌면 자신의 진로적성 탐색 및 준비한 사람이 활약하는 진로자본 시대라고 할 수 있다. 일찍부터 얼마나 자신의 진로 및 적성에 관심을 가지고 역량을 키웠는지가 하나의 자본처럼 막대한 힘을 발휘하게 되는 것이다. 자본은 특성상 누적적이어서 초기자본 누적이 불리할 경우, 이 약점이 지속적으로 영향을 미치기 때문에 진로자본 시대를 대비하기 위해서는 직업 세계 진입 전인 대학시기부터 적합한 진로자본을 지속적으로 개발해 나가는 것이 필요하다. 게다가 진로자본은 어떻게 언제 어떤 조합으로 다양한 상황에 적용하는지에 따라 개인의 고유 능력 혹은 적성이 되어서 급변하는 직업 환경에서 유동적으로 활용 가능한 자산이 될 수 있어 중요하다.

진로자본은 Defillippi와 Arther(1994)의 '경계없는 진로: 통찰력 기반의 역량(The boundaryless career: A competency-based perspective)'의 논문에서 등장하였다. 경계없는 진로란 안정성과 위계를 강조했던 전통적 고용관점에서 벗어나 조직의 경계를 넘어 진로경로가 다양하게 확대되는 것을 의미한다. 진로자본은 이유알기(knowing-why), 방법알기(knowing-how), 사람알기(knowing-whom)로 이루어져 있으며, 이러한 역량들이 결합되어 진로개발에 도움이 될 수 있게 된다(Mark, Cecilia, Spencer, & Manuel, 2012). 이유알기는 개인이 자신의 진로에 대해 갖고 있는 태도와 관점을 뜻하는 것이며, 방법알기는 경험, 소프트 기술, 전문지식을 특정 형태의 진로자본을 의미하며, 사람알기는 인적 연결망 구축과 관련된 것으로 애착, 관계, 명성, 정보자원 및 진로에서 추구하는 상호 간 의무를 말한다. 진로자본은 가치있는 유무형의 자산으로 진로성공을 위해 중요한 기반이 되고 있다. 대학을 다니는 동안 스스로의 자각과 통찰 및 교육과 훈련 그리고 사회적 관계를 맺으면서 진로에 필요한 자본을 잘 구축해야 한다.

〈표 12-4〉 진로자본의 영역

이유알기 (know - why)	방법알기 (know - how)	사람알기 (know - whom)
• 정체성 • 흥미 • 가치	• 지식 • 기술 • 능력	• 대인의 관계 • 전문적 관계 • 사회적 관계

진로자본은 경쟁적인 외부 고용시장, 내부 조직 영입에서 지위와 인정을 얻기 위해 지속적인 향상을 통해 만들어지는 가치이다. 자본의 축적은 시간이 소요되지만 이렇게 향상된 능력은 지속되는 특징을 가지고 있다(Sutherland et al., 2015). 첫째, 진로자본은 다양한 형태를 지니고 있어 여러 방식으로 축적되는 특징을 가지고 있는데, 각자의 시간, 에너지, 관계에 투자하면 투자할수록 축적된다. 대학생으로서 부여받은 의무와 수행하면서 자아실현을 이루기 위해 필요한 교육과정, 경험, 사회적 관계를 맺으며 유무형의 진로자본을 축적하면서 살아야 한다. 둘째, 진로자본의 가치는 관계적이며 상호의존적이다. 한 개인의 어떤 분야의 구성원이 되기 위해서는 그 분야 안에서 작동하는 특정 자본의 형태를 확인하고, 그 분야에 적합한 자본을 소유해야 한다. 진로자본의 가치는 관계적이며 자본이 의도하는 분야에 달려있다고 볼 수 있으므로 관련 분야에서 진로자본의 유효성을 확인하는 것이 중요하다. 현재 소속된 곳에서 그리고 미래 소속되고 싶은 곳이 지향하는 특정 자본의 형태를 파악하고 진로자본을 지속적으로 축적해야 하는지 혹은 다른 진로자본으로 전환할 필요가 있는지 사전 고려가 필요하다. 셋째, 진로자본은 누적적이며 상호연결적이며 재생가능하다. 대학 다니는 동안 진로와 관련된 경험이나 노출 등이 축적되어 새로운 영역으로 초점이 옮겨진 후 더 높은 시장성과 가치가 있어 질 것이며, 진로에 대한 투자는 자기강화로 이어지면서 능력과 역량 및 기

술과 자격 등이 전환된다. 이런 누적된 경험이 새로운 영역으로 연결되어 자본을 더 축적하게 되는 것이다. 넷째, 진로자본은 상황적, 상대적, 가변적인 특징을 지니고 있다. 사회적 지위를 확보하기 위해 경쟁하는 동안 다양한 자본의 형태들이 축적, 전환, 투자가 이루어지게 되어 상황에 따라 가변적이 될 수 있다. 진로자본은 일생에 걸쳐 지속적으로 축적되는 것으로 그 가치와 효과가 변할 수 있기에 생애주기에 따라 자신의 진로자본에 관심을 갖고 개발과 축적을 이루어 나가는 것이 필요하다.

새로운 직업 세계에서 경쟁력을 갖추기 위한 진로자본의 구체적 요인으로는 학자마다 다르게 제시되고 있다. Mayrhofer(2004) 등은 Bourdieu(1986)의 이론을 적용하여 진로자본을 경제적 자본, 사회적 자본, 문화적 자본의 세 가지 유형으로 구분하여 설명하였다. 경제적 자본은 돈, 재산 등 진로자본의 통화적 측면으로, 양도가 용이하며 문화적, 사회적, 상징적 자본으로의 전환이 가능하다. 사회적 자본은 사회적 연결망을 의미하며 경제적 자본과 문화적 자본을 강화시키는데 사용될 수 있다. 문화적 자본은 학습과 문화적 환경에서 축적된 노력의 결과로써 교육과 문화적 지위의 달성을 가리킨다. 예를 들면, 제도화된 문화적 자본은 학위 및 졸업장을 의미하고 객관화된 문화적 자본은 예술작품 혹은 책과 같은 문화 상품을 의미한다. 상징화된 문화적 자본은 개인화되고 장기간에 걸쳐서 나타나는 신체와 마음 등의 지속적인 성향을 가리킨다(Bourdieu, 1986; Eggenhofer-Rehart et al., 2018). Lamb과 Sutherland(2010)는 진로자본의 구성요소를 가져야 하는 자본과 가지면 좋은 자본으로 구분하였다. 가져야 하는 자본은 이유알기, 방법알기, 사람알기, 내용알기, 시기알기, 장소알기를 제시하였으며, 가지면 좋은 자본은 자기알기, 정서지능, 기회확인, 환경관리, 내적 통제소재, 행동지향을 제시하였다. 최은영(2015)은 개인역량, 사회적 관계망, 경제활동능력 등을 제시하였고, 한순옥(2017) 또한 개인역량, 사회적 자본, 경제적 자본을 제시하였다. 진로자본의 구성요소를 통하여 주목해야 할 점은 진로자본이 진로 관련 태도, 지식, 능력의 범위를 넘어서 자기알기와 자기탐색 및 개인역량과 관련이 있다는 점이다. 이는 진로자본을 개발하기 위해서는 직무 관련 객관적 요소뿐만 아니라 자신에 대한 주관적 요소를 조화롭게 살펴봐야 한다. 자신에 대한 주관적 요소는 스스로 주관적으로 인식하고 있는 특성과 객관화시켜 볼 수 있는 특성으로 구성되어 있다. 최근 [대2병]이라는 현상이 나타나고 있다. 대2병은 대학생들이 미래에 대한 불안감으로 무기력증, 우울증 등을 느끼는 현상으로 흔히 알려진 중2병과 달리 자신감과 자존감이 떨어지는 게 특징이다. 대학교 1학년은 대학 생활의 변화와 적응, 다양한 사람들과의 관계 및 대학 내의 다양한 활동 등으로 인해 모르다가 2학년이 되면서 진로 및 적성의 키워드가 등장하면서 나타나는 현상이다. 대2병의 현상을 예방하기 위해서는 개인의 진로 준비를 위해 갖추어야 하는 자본으로서 자신에 대한 주관적 요소에 대한 탐색과 기회 제공이 필요하다. 현재의 모습보다는 더 나은 삶을 살기 위해서는 '진짜 나'를 발견하는 연습이 필요하고, 진짜 나를 발견하는 방법으로는 쓰기가 좋다. 자신에 대한 주관적 요소를 머리속에 있는 생각으로는 알 수 없기에 기록하여 객관화시켜 볼 수 있어야 한다.

21세기가 추구하는 진로는 세계화, 디지털 혁명으로 인해, 유연성, 능동성, 혁신성을 필요로 한다. 미래 환경은 역동적이면서 불안정하며. 진로 진행은 일반적으로 다방향적이며. 직업선택은 어느 연령대나 가능하고 주기적, 반복적으로 변하게 되었다. 이런 상황 속에서 진로자본을 구축하기 위해서 대학생의 발달단계에서 추구해야 하는 것이 진로역량 강화를 위한 진로자기관리이다. 진로자기관리는 개인이 진로를 관리할 때 보이는 사전준비로 자기인식과 적응성에 의해 영향을 받는 독립적인 진로활동이라 할 수 있다. 즉 진로자기관리는 자신의 강점과 약점을 인식하고 고용트랜드에 맞게 자신을 업데이트하며 필요한 기술을 연마하는 것으로 자기모니터링을 의미한다. 진로자기관리는 자기지식과 자기개념 명확성 등의 정체성과 적응성 자원과 낙관성과 유연성의 심리적 자원, 특정 직업관련 지식에 해당하는 인적자본 자원, 네트워킹 행동과 사회적 지지 등의 사회적 자원 그리고 셀프 프리젠테이션 자원으로 구성되어 있다.

〈표 12-5〉 진로자기관리 차원

정체성과 적응성 자원	심리적 자원	인적자본 자원	사회적 자원	셀프 프리젠테이션자원
이유알기 진로적응성, 정체성 진로포부와 가치	낙관성, 개방성 내적통제소재 자기효능감	방법알리 기술과 전문성 교육	사람알기 관계와 명성 사회적 자본	피드백 구하기
자기지식, 자기반영 자기개념명확성 진로탐색 목표설정과 계획 삶의 역할 관리 진로변화, 전환관리 목표일치	유연성 위험감수 호기심 지속성 행운 희망 성격적 특성	인지적 능력 경험 휴대용 기술 직무관련수행	네트워킹 행동 멘토링 관계 사회적지지	셀프 프리젠테이션 행동 영향력(자기홍보, 통합, 위를 향한 영향력) 가시성 위치지정행동

다양한 차원으로 구성된 진로자기관리는 개인의 삶의 주기 동안 지속적이며 정규적으로 발생하는 과정으로 단계로 나누어 접근할 수 있다. 첫 단계는 진로탐색으로 자기탐색(정체성, 흥미, 가치, 기술)과 세계탐색(교육, 트레이닝, 전문성)이며, 두 번째 단계는 명확하고 현실적인 단기중기장기 차원을 고려한 생애 및 진로목표 개발, 세 번째 단계는 진로목표를 이루기 위해서 개인이 사용하는 모든 행동과 전략을 포함하는 설계행동계획 및 수행과정, 네 번째 단계는 진로목표에 대한 과정의 평가를 통하여 모리터링 및 피드백 확보과정이다.

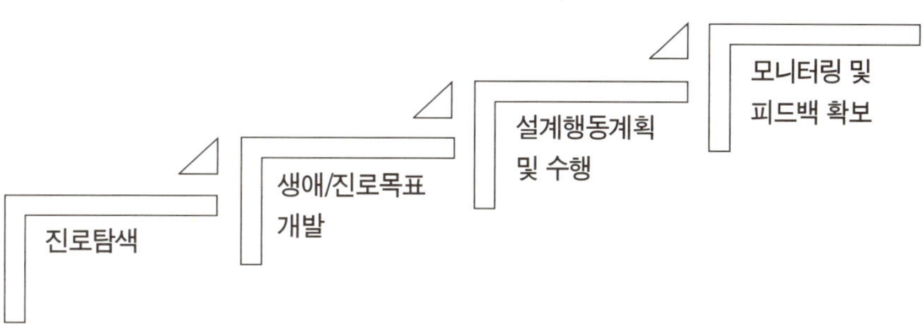

[그림 12-2] 진로자기관리차원

진로자기관리 자원의 구성요인인 정체성과 적응성의 자원과 진로자기관리 차원의 진로탐색인 자기탐색의 공통적 속성으로 제시할 수 있는 것이 바로 나에 대한 인식이다. 진로와 적성을 탐색하여 자기역량을 발휘하면서 살아갈 때, 그 근거가 자기 자신이 되어야 하기에 자신에 대한 인식과 탐색은 무엇보다도 중요하다. 개인의 진로역량을 갖추기 위한 준비과정으로서 자신에 대한 주관적 요소에 대한 탐색과 기회 제공이 필요하다. 자신에 대한 주관적 요소에 대한 탐색은 두 가지로 접근할 수 있을 것이며, 말 그대로 주관적으로 나를 알아보기로 지금까지 살아온 자신의 현상학적 세계에 있는 경험과 사고를 중심으로 정리해 보는 것을 의미하며, 다른 또 하나는 객관적으로 나를 파악하고 확인할 수 있는 정보를 중심으로 정리해 보는 것을 의미한다. 개인의 주관적 요소에 대한 탐색과 활동을 [쓰기] 과정을 통하여 객관화시켜 제3자적 관점에서 해석하고 평가를 할 수 있어야 할 것이다.

〈표 12-6〉 개인의 진로적성역량의 기초 - 나를 알기 위한 시리즈

영역	주	월	화	수	목	금
주관적으로 [나] 알아보기	1주	이름과 뜻				
	2주	좋아하는 색깔과 이유				
	3주	최근 읽은 책과 인상깊은 구절				
	4주	내 삶에서 가장 큰 행복한 순간				
객관적으로 [나] 알아보기	5주	성격검사를 통한 나의 모습 - MBTI				
	6주	흥미검사를 통한 나의 모습 - Holland				
	7주	욕구검사를 통한 나의 모습 - 욕구강도 검사				
	8주	진로장벽검사를 통한 나의 모습 - 진로장벽검사				

주관적으로 나를 알아보기 과정은 개인의 현상학적 세계를 객관화시켜 볼 수 있는 활동으로 쓴다는 것은 머릿속 생각을 무언가로 표현해 내는 것이다. 머릿속에 있는 것은 사실 아무것도 아닐 수 있으며, 머릿속 사실이 어떠한 형태로든 표현이 되어야 존재하는 것이다. 자신에 대한 관심과 이해를 생각으로만 한다는 것은 결국 존재 자체를 인식하기 어려울 수 있기에 표현의 활동으로 이어져야 한다. 개인의 이야기가 글로 쓰여지면서 추상적인 자신의 모습이 구체적으로 정리가 될 수 있을 것이며, 한 개인의 소중한 고유한 자산이 되는 것이다. 개인에 대한 정체성을 확립하는 과정에서 자신에 대한 이야기를 표현하는 작업을 통하여 관심과 이해의 폭이 증대되면, 개인이 갖춘 역량과 능력 등을 발휘하면서 원하는 혹은 뜻하는 바의 삶을 살 수 있게 될 것이다.

객관적으로 나 알아보기 과정은 개인에 대한 객관적이며 측정학적 관점에서 평가하여 그 정보를 습득하여 이해하는 것을 말한다. 진로·적성 역량을 준비하는 과정에서 객관적으로 확인해야 하는 영역은 학자마다 다르겠지만 여기에서는 크게 네 영역으로 살펴본다. 첫 번째로 성격영역이다. 자신의 진로설계에서 적성에 맞는 직업을 선택한다면 같은 직업내에서도 자신의 특성에 맞는 세부적인 일을 찾아 직업활동을 할 때 그 직업수행에 능동적이며, 재미있게 일을 할 수 있는 직업적응이 이루어질 수 있다. 어떤 직업에 잘 적응한다는 것은 결국 진로와 일에 대한 동기가 굳건해져서 삶과 일에 대한 만족도가 높아진다. 또한 어떤 직업에서는 그 직업특성에서 요구되는 직업 조건 환경(작업 조건 환경), 즉 그 직업의 특성상 그 일을 할 수 있는 직업적 직무환경 특성이라는 것이 있다. 그런 직업 환경특성과 자신의 성격특성의 조화가 잘 이루어지는 것은 진로 및 적성역량을 설계하고 준비하는 과정에서 고려되어야 한다. 개인의 객관적 성격적 특성으로 파악하는 MBTI는 칼 융의 성격유형이론을 근거로 개발되어 개인이 타고난 선천적인 기질을 알아봄으로써 개인의 강점과 보완해야 할 성향과 인간관계, 일상생활 및 직업장면에서 대중적으로 활용되고 있다.

두 번째로 흥미가 있다. 진로 및 적성 역량을 설계하고 준비하는 과정에서 무엇보다도 고려해야 하는 것이 자신의 흥미와 관심부터 출발되어야 한다. 단순한 관심과 흥미보다는 시간이 오래 지속되어야 하고, 그 강도도 센 것을 찾으면 좋다. 흥미는 어떤 직업(일)이나 대상을 통해 내적인 동기가 생길 수 있도록 해 주어 그 일을 하고 싶도록 만드는 부분이다. 흔히 모델링을 통해 생성되는 부분으로서 내가 지금하고 있는 학습(공부)에 대한 동기를 강화시켜 주고, 진로와 직업 가치관을 형성하게 되어 자신의 인식을 높이는 부분이다. 또한 어떤 삶의 목표(진로 목표)와 목적을 분명하게 해줌으로서, 내가 무엇을 준비하고 있으며, 공부는 왜 하는지에 대한 자신의 인식을 확고하게 해준다. 따라서 흥미는 관심있는 영역을 통해 진로 비전 과 동기를 제공하며, 자신의 미래 목적 달성을 위한 자아실현을 갖게 해주는 부분이라서 흥미영역에 대해 들여다 볼 필요가 있다.

세 번째로 욕구가 있다. 사람들은 어떤 조건하에서 자신의 욕구를 최대한 충족하기 위한 방향으로 행동한다. 인간은 저마다의 욕구를 가지고 있으며, 자신의 욕구가 채워지지 않으면 불만도 생기면서 화도 나지만 욕구를 충족하거나 채우려고도 한다. 각자의 욕구를 충족하기 위해서 행하게 되는 활동의 일부는 일과 직업으로서 수행되기도 하기 때문에 충족하고 싶은 욕구가 무엇인지를 아는 것도 필요하다.

마지막으로 진로장벽이 있다. 개인의 진로 및 적성 역량을 갖추는 것을 방해하는 요인이 있는데, 이를 진로장벽이라고 한다. 진로장벽이란 개인의 진로선택이나 목표 및 동기에 영향을 미치면서 역할 행동을 방해하는 것으로 개인에게 지각되는 여러 가지 부정적인 사건을 통칭하여 말한다. 개인의 진로 및 적성역량을 준비하는 과정에서 한 개인이 갖춘 강점이나 장점 찾는 것도 필요하지만 역으로 방해하고 있는 불편한 것들이 정확히 무엇인지를 파악하는 것도 필요하다. 진로장벽은 진로결정과 그 수행을 방해한다는 점뿐 아니라 진로목표를 잠정적으로 결정되어 진로장벽을 경험하면서 좌절감과 무망감 등의 부정적 정서를 경험하기도 한다.

주관적으로 나를 알아보는 과정과 객관적으로 알아보는 과정을 통하여 좀 더 자신을 제3자적 관점에서 평가할 수 있어야 하는 것은 4차 사회에서 개개인이 해야 할 몫이다. 과거에는 사회에서 필요한 것을 외부에서 준비하여 제공했지만, 현재 및 앞으로의 사회는 외부에서 개인에게 갖추어야 할 것과 준비해야 할 것을 제공하지 않는다. 그 몫은 이제 개인의 것이다.

활동 1

"트랜지션"은 미국의 트라푸가사가 2006년에 개발을 시작한 스카이 카입니다. 탄소 섬유로 만든 2인승의 차체는 접이식 날개와 꼬래 날개를 정착하고 있으며, 프로펠러 엔진으로 비행합니다. 차량형태에서 비행기의 형태까지 30초 정도면 변형이 가능하며, 차량 형태에서는 후륜 구동으로 105km/h, 비행기 형태에서는 185km/h의 속도를 낼 수 있다고 합니다. 2014년부터 상용화를 시작한 차이다.

☆ 위와 같이 2030년에 현실화 및 상용화가 될 수 있는 기술발달을 상상하여 팀별로 구체화시켜 보자.

☆ 과학기술의 급격한 발달로 인하여 발생할 수 있는 문제나 오류를 생각해 보고, 그 문제를 해결하기 위한 전략이나 대안책을 논의해봅시다.

13장

시 속으로
들어가는 길

학습목표

1. 텍스트의 능동적 수용자가 되자.
2. 자신이 좋아하는 시를 찾아서 낭송해보자.
3. 시를 통해 공감하게 된 부분들에 대한 자신의 생각을 글로 표현하고 발표해보자.

1. 문제제기

대학생이 되기 전까지 문학 텍스트 읽기는 시험을 위한 공부가 대부분이었습니다. 그러므로 문학 텍스트 읽기는 자신의 능동적인 수용이 아니라 수동적이고 의존적일 수 밖에 없었습니다. 그러나 이제는 텍스트의 독자로서 텍스트가 제공하는 다양한 삶의 지평을 받아들이는 능동적 수용자가 되어야 합니다.

대학생은 더 이상 인문학 텍스트의 수동적인 대상이 아니라 능동적 주체가 되어야 합니다. 리쾨르는 “독자가 허구 인물의 정체성을 자기 것으로 만드는 것은 자기 해석 형식들 중의 하나이다.”라고 지적했습니다. 말하자면 “독자에게는, 자기를 이해한다는 것은 곧 텍스트 앞에서 자기를 이해한다는 것이고, 그 텍스트로부터 나와 다른 자기, 즉 독서가 부추기는 나와 다른 자기의 출현 조건들을 받아들이는 것이다.”라는 것입니다. 이제 막 성인이 된 대학생은 아직은 사회적 경험이 많지 않지만, 대신 다양한 작품들을 읽으며 새로운 세계를 접하고 간접적인 경험을 할 수 있습니다. 아울러 이를 통해 타인의 삶을 이해하고 해석하며 자신의 세계를 추구하게 됩니다. 이 모두가 새롭게 자신을 이해하는 길입니다.

아래에 어떤 시인의 시 감상법에 대한 글과 몇 편의 시들을 제시합니다. 시를 짓고 감상한다는 것이 어떤 것인지 시인의 입장에서 소개하고 있습니다. 아울러 시를 접하는 우리 독자들이 어떻게 시에 다가가야 할지도 안내해주고 있습니다. 시인의 안내에 따라서 시인이 추천한 시 몇 편을 능동적으로 감상해보고 적극적으로 생각해봅시다.

2. 시 속으로 들어가는 길

시가 어렵다고 생각하는 사람들이 많습니다. 그들은 대개 국어책 바깥에서는 시를 읽어본 적이 별로 없는 사람들일 겁니다. 국어책에 실린 시들을 선생이 가르치는 대로, 참고서가 일러주는 대로 밑줄 치고 외우고 시험보고 하면서 우리는 시에 대한 첫인상을 망쳤습니다. 한 편의 시에는 우리가 도저히 짐작할 수 없는 엄청난 배경과 원리가 있고, 그것은 누군가가 우리에게 설명해주는 것이라고 생각하게 되었지요. 다른 사람의 도움이 없으면 시를 읽지 못하는 <의존적인 독자>가 양산된 것입니다. 이 대목이야말로 우리의 교육이 학생의 능동성과 주체성을 억누르는 방식으로 이루어져 왔다는 사실의 중요한 증거가 아닐 수 없습니다. 시는 다른 무엇보다도 읽는 사람 스스로가 깊숙이 젖어들어야 맛볼 수 있는 열매입니다. 마음을 열고 시인의 아주 작은 목소리에 귀 기울일 태세가 되어 있지 않으면 그것은 한갓 종잇장 위의 검정 얼룩에 지나지 않지요. 만인이 명시라고 입을 모아 칭송해도, 내 눈에 들지 않고 내 귀를 울리지 않으면 하찮은 쓰레기에 불과할 뿐입니다. 바로 당신이 움직이지 않으면 아무 일도 일어나지 않습니다.

저는 시가 어렵다고 푸념하는 사람들에게 세상에 드물게 있는 값어치 있는 것들은 다 조금씩 어려운 법이 아니냐고 묻고 싶습니다. 좋은 것은 쉽게 얻기 어렵습니다. 시는, 신문에 실린 이런 저런 글을 읽는 눈길로 한번 훑어 읽어서 온전히 내 것이 되지 않습니다. 이런 혼선은, 시가 우리 모두 능숙하게 사용하는 말과 글이라는 도구를 함께 사용하기 때문에 생깁니다. 비록 같은 도구를 사용하기는 하지만 시에서 쓰이는 말과 글은 일상생활에서 쓰는 그것과 많이 다릅니다. 두루 알려져 있다시피 시에서 쓰인 낱말은 아주 공들여 선택한 결과입니다. 한편의 시를 쓰기 위해 시인들은 마음속에서 아주 긴 글을 씁니다. 그러니까 좋은 시 한 줄은 한 문단의 산문과 맞먹는 얘깃거리를 등

뒤에 숨기고 있는 때가 많습니다. 시인들은 직설적으로 풀어 말하는 일을 별로 즐기지 않습니다. 그렇게 말하는 것이 옳지 않다고까지 생각합니다. 말로 다 할 수 없는 곡절도 세상에는 많으니까요. 말로 다 할 수 없는 심사를 굳이 말로 하려는 사람이 시인이고 그러다 보니 어렵게 보이기도 하는 것입니다.

그러므로 우리는 시를 읽을 때 얼마간 대가를 지불하지 않으면 안 됩니다. 우리가 준비할 대가는 마음의 집중입니다. 세상에는 그냥 큰소리로 웃으며 들을 이야기가 있고, 심각하게 들을 이야기도 있습니다. 시는 시인이 오래 고민한 끝에 조심스럽게 꺼내는 이야기를 담고 있습니다. 그리고 좋은 시는 그 고민과 조심스러움이 우리에게 옮아와 자신의 삶과 세상을 새로운 눈으로 둘러보게 해 줍니다. 새로운 것은 늘 조금은 난감한 기분이 들게 합니다. 바람직한 조건에서 이는 우리의 건강한 호기심을 자극하고 스스로 이 난관을 통과하도록 애쓰게 만듭니다. 이 과정을 지난 〈나〉는 〈예전의 나〉와 달라집니다. 이것이 흔히 말하는 내면의 성장이겠지요. 지금 내 수준에 꼭 맞는 것은 나에게 위로는 줄 수 있을지 몰라도 나를 성장으로 이끌기는 어렵습니다. 자신을 편안하게 만드는 친구도 필요하지만 자신의 삶을 돌아보게 하고 분발하게 하는 친구도 필요합니다. 시도 꼭 그렇다고 저는 생각합니다.

많은 사람들이 사랑하는 사람이 생겼을 때 시를 써 본다고 합니다. 이를 혼자 간직하는 사람도 있을 테고 사랑하는 사람에게 전한 사람도 있겠지요. 적지 않은 사람들이 사랑하는 사람의 마음을 움직이는 데 시의 힘을 빌린다는 말을 처음 들었을 때 저는 놀랐습니다. 이것이 우리 모두가 타고날 때부터 가지고 있는 시인의 마음이 아닐까 생각했습니다. 모두가 불심(佛心)을 가지고 있다는 말처럼, 애초 모든 사람의 마음에 시심(詩心)은 깃들어 있는 것인지도 모릅니다. 사람들은 그렇게 사랑하는 사람의 마음을 얻고 결혼에 성공하고 나서, 시인의 마음을 덮어버리고 더 관심을 쏟는 다른 일에 몰두하게 되지만, 시인들은 우리 모두가 가지고 있는 시인의 마음에 아주 단단히 매인 사람들입니다. 그들은 어떤 이유에서든 평생 시를 쓰기로 한 사람들입니다. 그 중에는 시를 쓰지 않고는 못 배기는 사람도 있고, 세상에 남들보다 잘 할 수 있는 일이 시 쓰는 일뿐인 사람도 있고, 시인이라는 〈멋진〉 명패를 가슴에 달고 싶어 하는 사람도 있습니다.

우리 땅에는 만 명이 넘는 시인이 있다고 알려져 있습니다. 그들 모두가 멋진 모자를 쓰고, 파이프를 문 채 〈시인다운〉 특이한 언행을 일삼는 별난 사람들은 아닙니다. 대개의 시인들은 따로 생계를 가지고 있습니다. 그들도 평범한 많은 사람들처럼 직장을 가지고 있어서 출근하고 일하고 퇴근하고 술을 마십니다. 그리고 귀한 시간을 쪼개어 시를 쓰고 발표하고 몇 년에 한 번씩 시집을 냅니다. 사람들이 외국어 학습서와 처세술에 관한 책을 고르거나, 나른한 일상이 싫어 신문 광고에 난 소설책을 구하러 들른 서점 한 구석에 시집들이 꽂혀 있습니다. 화려한 베스트셀러들 너머 눈길 닿지 않는 구석에서 독자들을 기다리고 있습니다.

사람들의 입에 두루 오르내릴 기회를 얻지 못한 좋은 시집들이 많이 있습니다. 기호와 취향이 다르므로 누구에게나 좋은 시집은 아주 드물 수밖에 없습니다. 어떤 시집이 모든 독자들의 입맛에 맞으리라고 장담할 수는 없습니다. 독자에 따라서는 어떤 시집 속의 풍경에 전혀 공감하지 않을 수도, 전혀 다른 매력을 새로 발견할 수도 있을 겁니다. 앞서 썼다시피 자연스럽고 바람직한 일입니다. 누구의 안내도 도움도 없이 시에 이르는 자신의 길을 찾은 것이니까요. 그렇다면 우리는 이제 토론을 시작할 수 있습니다. 토론은 좋은 시가 우리를 이끌고 가는 가장 값진 만남의 자리이며, 가장 고양된 자리입니다. 수많은 시집 가운데 적어도 한 권 정도는 이 가을, 시를 다시 만나는 독자의 책상 위에서 또 그의 호주머니 속에서 제 몫을 다하기를 바랍니다. 그래서 이웃의 시인을 만나고, 마침내 자신의 마음속에 숨죽이고 있던 시인의 마음을 만나고, 시를 사랑하는 동지들을 만나기를 또한 바랍니다.

활동 1

빵집

이면우

빵집은 쉽게 빵과 집으로 나뉠 수 있다
큰길가 유리창에 두 뼘 도화지 붙고 거기 초록 크레파스로
아저씨 아줌마 형 누나님
우리 집 빵 사가세요
아빠 엄마 웃게요, 라고 쓰여진 걸
붉은 신호등에 멈춰 선 버스 속에서 읽었다 그래서
그 빵집에 달콤하고 부드러운 빵과
집 걱정하는 아이가 함께 있는 걸 알았다

나는 자세를 반듯이 고쳐 앉았다
못 만나봤지만, 삐뚤빼뚤하지만
마음으로 꾹꾹 눌러 쓴 아이를 떠올리며

생각해보기

1. 시의 화자(시 속 말하는 사람)가 자세를 반듯이 고쳐 앉은 이유가 무엇일지 생각해 봅시다.

2. '빵집' 식구들의 고민과 걱정이 무엇일지 생각해 봅시다.

활동 2

사람이 죽으면

고형렬

아빠, 사람이 죽으면
다른 세상으로 간단 말이지요?
그래 다른 나라로 간다
그러면 아무데도 안 간단 말이니?
너도 다른 곳에 있다가 여기 온 거야
아빠, 정말?
내가 다른 곳에서 여기 온 거야?
그렇지 엄마 아빠와 만난 거지
또 다른 곳에 가면
다른 사람을 만나 살겠네요?
그래, 모르긴 해도 그럴 게다
너 생각해 보거라
사람이 죽으면 아무데도 안 가겠니?
아무데도 안 가면
사람이 얼마나 우습겠니?
아빠 그게 정말 그렇겠네요 응?
그럼, 사람은
죽으면 다른 곳으로 간단다
너하고 아빠가 이렇게 만난 것처럼
언젠가 헤어진단다
그럼 어떻게 되는 거야?

녀석, 그럼 어떻게 되긴 걱정 말아라
너 어디 가서 살 데 없을까 그러니?
아들은 걱정이 태산 같은가
다리를 무릎에 올리고
팔베개하고 누워 하늘을 보는 게
제법 기특하다
다 한여름밤 꿈같은 이야기지.

생각해보기

1. '아들'은 무엇을 걱정하고 있는지 짐작해 봅시다.

2. 자신이 아버지라면 '아들'의 질문에 어떻게 대답했을지 생각해 봅시다.

활동 3

달팽이의 사랑

김광규

장독대 앞뜰
이끼 낀 시멘트 바닥에서
달팽이 두 마리
얼굴 비비고 있다

요란한 천둥 번개
장대 같은 빗줄기 뚫고
여기까지 기어오는데
얼마나 오래 걸렸을까

멀리서 그리움에 몸이 달아
그들은 아마 뛰어왔을 것이다

들리지 않는 이름 서로 부르며
움직이지 않는 속도로
숨가쁘게 달려와 그들은
이제 몸을 맞대고
기나긴 사랑 속삭인다

짧막한 사랑 담아둘
집 한 칸 마련하기 위하여
십 년을 바둥거린 나에게
날 때부터 집을 가진
달팽이의 사랑은
얼마나 멀고 긴 것일까

생각해보기

1. 마지막 두 줄에서 달팽이의 사랑이 멀고 길다는 말이 무슨 뜻일지 생각해 봅시다.

2. 우리의 생활 속에서 느림과 빠름이라는 속도의 상대성에 대해 생각해 봅시다.

활동 4

형제

김준태

초등학교 1,2학년 애들이려나
광주시 연제동 연꽃마을 목욕탕
키가 큰 여덟 살쯤의 형이란 녀석이
이마에 피도 안 마른 여섯 살쯤 아우를
때밀이용 베드 위에 벌러덩 눕혀 놓고서
엉덩이, 어깨, 발바닥, 배, 사타구니 구석까지
손을 넣어 마치 그의 어미처럼 닦아주고 있었다
불알 두 쪽도 예쁘게 반짝반짝 닦아주는 것이었다

그게 보기에도 영 좋아 오래도록 바라보던 나는
"형제여! 늙어죽는 날까지 서로 그렇게 살아라!"
중얼거려주다가 갑자기 눈물 방울을 떨구고 말았다.

생각해보기

1. 마지막 줄에서 시의 화자(시 속 말하는 사람)가 갑자기 눈물 방울을 떨군 까닭을 생각해 보자.

2. 어린 형이 목욕탕에서 동생의 때를 밀어주게 된 사연을 상상해 봅시다.

활동 5

분홍지우개

안도현

분홍지우개로
그대에게 쓴 편지를 지운다
왕자연필 꽁무니로
분홍지우개 하나로
설레이다 써버린 사랑한다는 말을
ㅅ부터 하나씩 지워나간다.
그래도 빈 자리에 다시 생각나는
그대 보고 싶은 생각
분홍지우개로 지울 수 없는
그리운 그 생각의 끝을
없애려고 조용히 눈감아 본다.
내가 이 세상에서 지워질 것 같다.

생각해보기

1. '사랑한다'는 말을 썼다가 지우는 이 사람의 마음에 대해 생각해 봅시다.

2. '내가 이 세상에서 지워질 것 같다'는 마지막 줄이 어떤 뜻일지 생각해 봅시다.

활동 6

갈대

신경림

언제부턴가 갈대는 속으로
조용히 울고 있었다.
그런 어느 밤이었을 것이다. 갈대는
그의 온몸이 흔들리고 있는 것을 알았다.

바람도 달빛도 아닌 것,
갈대는 저를 흔드는 것이 제 조용한 울음인 것을
까맣게 몰랐다.
—산다는 것은 속으로 이렇게
조용히 울고 있는 것이란 것을
그는 몰랐다.

생각해보기

1. '산다는 것이 속으로 조용히 울고 있는 것'이라고 생각하는 사람의 처지가 되어 생각해 봅시다.

2. '산다는 것이 속으로 조용히 울고 있는 것'이라는 생각을 비판해 봅시다.

활동 7

내 마음 속 당나귀 한 마리

이홍섭

내 마음 속에는
언제부터인가 당나귀 한 마리 살고 있다
귀가 몹시 커다랗고
고개를 잘 숙이는 당나귀

그 당나귀가
잘 우는 당나귀인지, 잘 안 우는 당나귀인지
나는 모른다 그러나 오랜 친구를 찾아가거나
한없이 느린 걸음으로
이 도시의 외곽을 배회할 때
어느덧 내 마음 속에 들어와
커다란 눈망울을 굴리는 당나귀 한 마리

나는 이 당나귀가 좋아
풀만 먹고 하루를 보낼 때가 많다

생각해보기

1. 이 시에서 '당나귀'를 대신할 수 있을만한 시어가 어떤 것들이 있을지 생각해 봅시다.

2. 내 안의 또 다른 나를 불러내어 칭찬과 격려를 해 봅시다.

활동 8

내 품에 그대 눈물을

이정록

내 가슴은 편지 봉투 같아서
그대가 불면 하얀 속이 다 보이지

방을 얻고 도배를 하고
주인에게 주소를 적어와서
그 주소로 편지를 보내는 거야
소꿉장난 같은 살림살이를 들이는 사이
우체부 아저씨가 우리를 부르면
봉숭아 씨처럼 달려나가는 거야

우리가, 같은 주소를 갖고 있구나
전자레인지 속 빵봉지처럼
따뜻하게 부풀어오르는 우리의 사랑

내 가슴은 포도밭 종이봉지야
그대 슬픔마저 알알이 여물 수 있지
그대 눈물의 향을 마시며 나는 바래어가도 좋아
우표를 붙이지 않아도 그대 그늘에 다가갈 수 있는
내 사랑은 포도밭 종이봉지야

그대의 온몸에, 내 기쁨을

주렁주렁 매달고 가을로 갈 거야

긴 장마를 건너 햇빛 눈부신 가을이 될 거야

생각해보기

1. 누군가를 사랑하는 사람의 마음에서 일어나는 평범하지 않은 변화에 대해 생각해 봅시다.

2. 시의 화자(시 속 말하는 사람)가 봉투와 봉지를 자꾸 이야기하는 까닭을 생각해 봅시다.

활동 9

긍정적인 밥

함민복

시 한 편에 삼만 원이면
너무 박하다 싶다가도
쌀이 두 말인데 생각하면
금방 마음이 따뜻한 밥이 되네

시집 한 권에 삼천 원이면
든 공에 비해 헐하다 싶다가도
국밥이 한 그릇인데
내 시집이 국밥 한 그릇만큼
사람들 가슴을 따뜻하게 덥혀
줄 수 있을까
생각하면 아직 멀기만 하네

시집이 한 권 팔리면
내게 삼백 원이 돌아온다
박리다 싶다가도
굵은 소금이 한 됫박인데 생각하면
푸른 바다처럼 상할 마음 하나 없네

생각해보기

1. 우리가 이 시인의 친구라면 어떻게 대꾸해 주어야 할지 생각해 봅시다.

2. 교환 가치로서만 따질 수 없는 소금, 국밥, 쌀의 의미에 대해 생각해 봅시다.

활동 10

상가에서

이희중

사랑하는 사람들을 위해서라면
오래오래 살아야 한다

오래오래 살아서
내가 그들 곁에 있다는 사실이
대수롭지 않은 일이 되고
그보다 더 오래오래 살아서
지긋지긋한 일이 될 때까지
견뎌야 한다
그러고도 더 오래 살아서
내게도 그들이 지긋지긋한 존재가
될 때까지
더 견뎌야 한다
그래야 순순히 작별할 수 있다

유족과 조객들이
영안실에서 밤새 웃고 떠들며 논다
고인도 그 사이에 언뜻언뜻 보인다

생각해보기

1. 사랑하는 가족들을 떠나보내는 마음이 어떨 것인지 자신의 입장에서 생각해 봅시다.

2. '고인도 그 사이에 언뜻언뜻 보인다'는 구절은 무슨 의미일지 생각해 봅시다.

활동 11

인연

이희중

씨를 뿌리면 묶인다

땅을 놓아두면
바람 속에 살던 풀씨들이 내려
와서
제 마음대로 자란다

땅을 만지고 내 씨를 뿌리면
자꾸 그 자리를 쳐다보게 된다
싹이 텄는지, 가물지는 않은지
바람이 불면 어떻게 흔들리는지
누가 갉아먹지는 않는지
거름 없이 어떻게 자랄지
걱정이 새끼를 치면서 슬슬 더 단단
히 묶인다

그러므로 씨를 뿌리기 전에
오래 생각해 보아야 한다

생각해보기

1. 씨앗을 뿌려 싹을 틔우는 행위와 인연을 맺는다는 것과의 관계에 대해 생각해 봅시다.

2. '묶인다'는 표현이 주는 여러 의미에 대해 나의 인간관계를 중심으로 생각해 봅시다.

단행본

강대기(2004), 현대사회에서 공동체가 가능한가, 아카넷.

고용노동부 · 한국고용정보원(2014), 청년층 CAP+ 직업지도프로그램, 한국고용정보원.

교육부(2013), 인성교육의 7대 핵심 덕목에 대한 고찰.

교육부(2014), 인성 덕목을 활용한 융합형 인성교육 프로그램 개발 연구, 2014년 정책연구개 발사업.

권석만(1997), 젊은이를 위한 인간관계의 심리학, 학지사.

김광수 외 4인(2003), 대학생과 리더십, 학지사.

김상환(2002), 니체, 프로이트, 맑스 이후, 창비.

김성호(2015), 기독교 사회복지의 정체성과 나아갈 방향연구: 미래지역사회 공동체개념을 중심으로, 기독교사회윤리.

김영인 · 설규주(2017), 시민교육론, 한국방송대학교 출판문화원.

김유정(2016), 미디어 폭력, 커뮤니케이션북스.

김종운(2013), 학교현장에 맞춘 학교폭력의 예방과 대책, 학지사.

김창민 외 6인(2011), 대학생과 리더십, 홍룡과학출판사.

박호성(2009), 공동체론, 효형출판.

배한동(2008), 민주시민교육론, 경북대학교출판부.

서울대학교 역사연구소(2015), 역사용어사전, 서울대학교 출판문화원.

송길연. 유봉현(2009), 바로 사용할 수 있는 폭력예방기술, 시그마프레스.

신군재(2017), 글로벌 다문화 이해, 무역경영사.

심영희(1998), 위험사회와 성폭력, 나남출판.

양정하 외(2008), 지역사회복지론, 공동체.

유시민(2011), 국가란 무엇인가, 돌베개.

유영달 외 10인(2013), 인간관계의 심리-행복의 열쇠, 학지사.

이규미 외 14인(2014), 학교폭력 예방의 이론과 실제, 학지사.
이동수(2017), 한국 대학 시민교육의 매뉴얼. 인간사랑.
이병도(2008), 세계인의 에티켓 문화. 한국외국어대학교 출판부.
이종수(2015), 공동체, 박영사.
이지선(2003), 지선아 사랑해, 이레출판사.
장성익(2015), 내이름은 공동체, 풀빛.
정용교(2015), 세계시민교육: 국민을 넘어 세계시민으로, 교육과학사.
진중권(2009), 미학 오디세이 1, 휴머니스트.
최창욱 · 임영식 · 이인재 · 박균열 · 박병기 · 조혜영(2011), 청소년 도덕성 진단 검사도구 표준화 연구 I, 한국청소년개발원.
추병완(2011), 다문화 사회와 글로벌 리더, 대교.
한국교육개발원(1994), 민주사회 민주시민, 한교과서.
한국청소년정책연구원(2015), 청소년 역량지수 측정 및 국제비교 연구: 청소년의 사회참여 역량 측정도구 개발 및 분석 연구, 한국청소년정책연구원 · 한국교육개발원.
한동승 외 4인(2011), 의사소통의 리더십, 홍릉과학출판사.
한상진(2012), 공동체화: ECO의 확장을 위한 개념화와 사례들, UUP 울산대학교 출판부.
한유경 외 13인(2014), 학교폭력과 괴롭힘 예방, 학지사.
허영식(1994), 세계화 · 정보화시대의 민주시민교육 어떻게 할 것인가?, 원미사.
홍성우(2015), 존 롤즈의 정의론 읽기, 세창출판사.
홍이화(2011), 하인즈 코헛의 자기심리학 이야기 1, 한국심리치료연구소.
황영모 · 김수은 · 강지현(2017), 전라북도 사회적 경제 실태와 활성화 방안 연구, 전북연구원.

데카르트, R.(1997), 방법서설(*Discours de la Méthode*): 제4부(1637), 문예출판사.
로버트 베르나코니(2006), How to Read 사르트르, 웅진지식하우스.
루소, J.-J.(2003), 에밀, 교육에 관하여(*Emile, ou de l'Education*)(1762), 한길사.
미드, G.-H.(2010), 나은영 옮김, 정신, 자아, 사회. 사회적 행동주의자가 분석하는 개인과 사회, 한길사.
비스와바 쉼보르스카(2016), 끝과 시작, 문학과지성사.
사르트르(2008), 박정태 옮김, 실존주의는 휴머니즘이다, 이학사.
슬라보예 지젝(2005), How to Read 라캉, 웅진지식하우스.
프랭클, V.(2005), 이시형 옮김, 삶의 의미를 찾아서, 청아출판사.
프로이트, G.(2014), 이환 옮김, 꿈의 해석, 돋을새김.

논문 및 보고서, 학술지

김기봉 · 최태정(2014), 미NIC Global Trends 2030 주요내용 및 시사점, 한국과학기술기획평가원 조사자료.

김지현(2016), 합의지향 논쟁문제수업이 공동체 의식에 미치는 효과, 한국교원대학교 석사학위논문.

김진하(2017), 제4차 산업혁명 시대, 미래사회 변화에 대한 전략적 대응 방안 모색, KISTP InI 15.

김혜진(2010). 도덕적 민감성의 역할과 도덕교육적 함의 연구, 서울대학교대학원 석사학위청구논문.

남궁지영(2015), KEDI 학생역량 조사 연구: 조사도구 개발 및 타당화, 한국교육개발원.

서울시 마을공동체 종합지원센터(2010), 마을공동체사업 사례.

심성보(2002), 인권교육 프로그램의 인지, 정서요인에 관한 실험연구, 서울대학교 박사학위논문.

여성부(2008), 여성 폭력 종식-담론에서 행동으로, 여성부.

연경남 외(2017), 미래 사회 변화 대응 과학기술인재 육성 방안 연구, 미래창조과학부 정책연구 최종보고서.

윤성혜(2017), 대학생용 세계시민의식 척도 개발, 이화여자대학교 박사학위논문.

이경연(2014), 도덕성 4요소 이론에 기초한 선택형 문항 개선 방안, 한국교원대학교 석사학 위논문.

이경화(2011), 학교차원의 창의적 인재 양성 지표. 21세기 창의적 인재 양성 전략, 한국교육개발원 연구자료 RRM 2011-20.

이명호(2017), 4차 산업혁명의 미래사회 시나리오, See Futures 15.

이민화(2011), 21세기 기업의 인재상과 창의적 인재 양성 산 · 학 파트너십 구축 전략, 21세기 창의적 인재 양성 전략, 한국교육개발원 연구자료 RRM 2011-20.

이정모(2010), 창의성 개념의 재구성, 한국교육개발원 미래교육위원회 발표 원고.

임영식 외(2012), 청소년 도덕성 감수성 및 도덕적 판단력 검사도구 개발, 한국청소년정책 연구원 보고서.

정성진(2012), 유아교사의 다문화교육 역량강화 집단상담 프로그램 개발 및 효과 검증, 전북대학교 박사학위논문.

정은지(2015), 감성지능 향상을 위한 자연친화적 미술교육 프로그램 연구, 단국대학교 석사학위논문.

정지형(2014), 기술, 인문, 사회가 함께 바라보는 미래사회와 유망기술, 한국전자통신연구원.

최상덕 외(2011), 21세기 창의적 인재 양성을 위한 교육의 미래전략 연구, 한국교육개발원 연구보고서.

최상덕 외(2013), 미래 인재 양성을 위한 핵심역량 교육 및 혁신적 학습생태계 구축, 한국교육개발원 연구보고서.

한국의 폭력문화와 폭력성 범죄(1991), 제4회 형사정책 세미나, 한국형사정책연구원.

황현주(2017), 일본, 과학기술예측조사에서 본 2030년 미래 사회 시나리오, 한국정보화진흥원.

강선보 · 박의수 · 김귀성 · 송순재 · 정윤경 · 김영래 · 고미숙(2008), 21세기 인성교육의 방향설정을 위한 이론적 기초 연구, 교육문제연구, 30, 1-38.

권양순 · 송정아(2010), 영적 건강과 자아존중감이 노인의 삶의 만족에 미치는 영향, 한국기독교상담학회지, 20(1), 6216(1), 25-38.

김경준 · 김성수(1998), 지역사회 주민의 공동체 의식에 관한 연구, 한국지역사회개발학회, 23(2), 211-232.

김낙구(1997), 한국전통윤리사상의 재인식, 대구대학교 논문집, 32, 1-18.

김용훈(2015), 인사청문회의 헌법적 의의와 제도적 개선 쟁점, 미국헌법연구, 26권 2호.

김재광(2008), 한국의 고위공직자에 요구되는 청렴성, 도덕성의 기준, 공법학연구, 9권 3호, 3-30.

노대명(2014), 사회적경제와 지역재생, 보건&복지 Issue&Focus, 263, 1-8.

문창재(2002), 이중국적을 보는 언론의 시각, 관훈저널, 43(3), 178-184.

박병기(2008), 도덕교육에서 도덕성 발달의 의미와 지향, 윤리철학교육, 183-200.

이상기(2014), 이중 잣대와 한국 언론: 인사청문회 보도에 나타난 이중 잣대(진영 논리)에 대한 비판적 고찰, 커뮤니케이션 이론, 10권 2호, 2014년 여름호.

이승하 · 김영한(2013), 한국 청소년 도덕성 검사도구 연구(2차년도): 표준화 및 유형화를 위한 기초연구=A Study of the Development of the Korean Youth Moral Test -Standardization of the test and Categorization of Moral Type, 한국윤리교육학회지, 237-259.

이승훈(2014), 도덕적 자아, 창조적 주체, 사회이론, 제46집.

임연기 · 문미희(2007), 예비교사를 위한 도덕성 함양 프로그램 개발과 효과 검증, 한국교원 교육연구, 24(2), 119-141.

전종윤(2015), 이웃에서 얼굴 없는 제3자에게로, 해석학연구, 36권.

전종윤(2010), 대화철학과 대화주의, 해석학연구.

전종윤(2015), 독서공동체. 자기 정체성 확립을 위한 인성교육 실천의 장, 대동철학.

정수복(1998), 경제위기와 생태주기의 시민운동, 기독교 사상, 41(2), 29-38.

조연순 · 김아영 · 임현식 · 신동주 · 조아미 · 김인정(1998), 정의교육과 인성교육 구현을 위한 기초연구 1, 교육과학연구, 28(1), 131-152.

조홍석(2011), 선진국 진입 전제로서의 신뢰와 원칙, 공법학연구, 12권 4호, 331-351.

최재호(2014), 기업과 사회적기업 연계 사례 및 활성화 연구, 사회적기업연구, 7(1), 117-149.

최지영(2010), 딜레마 토론을 활용한 협동학습에서 도덕적 민감성 연구, 열린교육연구, 18(4), 171-194.

편집부(2016), 병역기피목적의 외국국적취득자에 대한 입국금지의 위헌성, 고시계, 61(10), 277-286.

한은영 · 김미강(2013), 청소년의 사회참여활동이 공동체 의식에 미치는 영향, 한국아동복 지학, (43), 95-124.

한종혜(1996), 교사 및 또래 집단과의 사회적 관계망에 따른 아동의 자아존중감, 미래유아 교육학회지,

3(1), 158.
허환주(2007), 싸이 사태로 바라본 병역특례의 문제, 월간 말, 9, 78-81.
홍이화(2010), 나르시시즘, 지독한 자기 사랑?, 기독교사상, 2010(6).

고등교육법(법률 제13217호) 제28조(2011).
한국민족문화대백과사전. http://100.daum.net/encyclopedia/view/14XXE0004262.
한국사회적기업진흥원. http://www.socialenterprise.or.kr.

외국도서

A. Compte-Sponville(1998), *Pourquoi y a-t-il quelque chose, plutôt que rien?*, Thierry Magnier.

Akira(2004), The Development of brief and objective method for evaluating moral sensitivity and reasoning in medical students, BMC medical ethics.

Aronson, E.(1988), Social Animals, New York, NY: Freeman.

Bandura, A.(1977), Self-efficacy: Toward a unifying theory of behavior change, Psychological Review, 84(2), 191-215.

Bebeau, M. J., Rest, J. R., & Yamoor, C. M.(1985), Measuring Dental Student's Ethics Sensitivity. Journal of Dental Education, 49(4), 225-235.

Branden, N.(1969), The Psychology of Self-esteem, New Your: Bantam.

Brownfain(1952), Stabity of the Self-Concept as a Dimension of Personality, Journal of Abnormal and Social Psychology, 132-135.

Coopersmith, S.(1967), The Antecedents of Self-Esteem, San Francisco and London: W. H. Freeman and Company.

Cormier, W. H., & Cormier, L.S.(1985), Interviewing strategies for helpers: Fundamental skills and cognitive behavioral interventions (2nd ed), Monterey, CA: Brooks/Cole.

Csikszentmihalyi, M.(1996), Creativity: Flow and the psychology of discovery and invention, New York: Harper Collins.

E. Lévinas(1971), *Autrement qu'être ou au-delàde l'essence*, Gallimard.

Festinger, L.(1950), A theory of social comparison process, Human relations, 7(2), 117-140.

Francis Jacques(1979), *Dialogiques. Recherches logiques sur le dialogue*, P.U.F.

Francis Jacques(1982), *Différence et Subjectivité*, Editions Aubier Montaigne.

G.-H. Mead(2002), *The Philosophy of the Present*, New York: Prometheus Books.

Gilmore, J. V.(1974), The Productive Personality, Albison-Pub Company.

Glăeanu, V.(2010), Paradigms in the study of creativity: Introducing the perspective of cultural psychology, New Ideas in Psychology, Vol.28, No.1, 79-93.

Glynn, T. J.(1981), Psychological sense of community: Measurement and application, Human Relations, 34, 789-818.

Goleman, D.(1995), Emotional Intelligence, Bantam Books.

Izard, C. E., Kagan, J. & Zajonc, R. B.(1984), Emotions, Cognition, and Behavior, Cambridge University Press.

J. Lacan(1973), *Le Séminaire livre XI, les quatre concepts fondamentaux de la psychanalyse*, Seuil.

Kalman Yaron(1993), "Martin Buber", in Perspectives: *Revue trimestrielle d'éducation comparée*(Paris: Unesco, Bureau internationl d'éducation), vol.XXIII, n°-2.

Lickona, T.(2011), Character education: Seven crucial issues. In J.L. DeVitis & T. Yu(Eds.). Character and moral education(pp.23-29), NY: Peter Lang.

Long, B. H., Henderson, E. H. & Ziller, R. C.(1968), Developmental Changes in the Self-Concept during Middle Childhood, Aerrill-Palmer Quaterly, 13, 201-215.

M. Buber(1947), *Between man and man*, Kegan Paul.

Martin Buber(1969), *Philosophie de la volont*, Aubier.

Maruyama, G., Fraser, S. C., & Miller, N.(1982), Personal responsibility and altruism in children. Journal of Personality and Social Psychology, 42(4), 658.

Mayer, J. & Salovey, P.(1996), Emotional Intelligence and the identification of emotion, Intelligence, 245-267.

McMilan, D., & Chavis, D.(1986), Sense of Community: A definition and theory, Journal of Community Psychology, 14, 6-23.

Myyry, L., & Helkama, K.(2002), The role of value priorities and professional ethics training in moral sensitivity, Journal of Moral Education, 31(1), 35-50.

Narvaez, D. & Endicott, L.(2009), Ethical sensitivity: Nurturing character in the classroom, EthEx series book 1, Alliance for Catholic Education Press.

P. Ricoeur(1950), *Philosophie de la volontéI*, Seuil.

P. Ricoeur(1995), *Réflexion faite, autobiographie intellectuelle*, Esprit.

P. Ricœur(1990), *Soi-même comme un autre*, Seuil.

Paul Ricoeur(1988), L'identiténarrative, *Esprit*.

Pearson, Quinn, & Nicholson, Janice(2000), Comprehensive character education in the elementary school, Journal of Humanistic Counseling, 38(4), 243-251.

Rest, J., Bebeau, M., & Volker, J.(1986), An Overview of the psychology of Morality, in Rest, J. R., & Barnett, R.(1986), Moral Development, New York: Praeger.

Rest, J. R.(1986), Background: Theory and research. In J. R. Rest & D. Narvaez(Eds.), Moral development in the professions: Psychology and applied ethics(pp.1-26). Hillsdale, NJ: Lawrence Erlbaum Associates.

Rest, J. R.(1983), Morality. In J. H. Flavell & E. M. Markman(Eds.), Handbook of child psychology, vol.III: Cognitive development(pp.55-621), New York: John Wiley & Sons.

Rest, J. R.(1986), Moral development: Advances in research and theory, New York: Praeger.

Rest J. R., Narvaez, D., Bebeau, M., & Thoma, S. J.(1999a), A Neo-Kohlbergian Approach: The DIT and Schema Theory. Educational psychology Review, 11(4), 291-324.

Rest J. R., Narvaez, D., Bebeau, M., Thoma, S. J.(1999b), Postconventional moral thinking: A New-Kohlbergian approach, Lawrence Erlbaum: London.

Rogenberg, M.(1965), Society and the Adolescent Self-image, Princeton, NJ: Princeton University Press.

Sadler, T. D.(2004), Moral sensitivity and its contribution to the resolution of socioscientific issues, Journal of Moral Education, 33(3), 339-358.

Sarason, S. B.(1974), The psychology sense of community: Prospect for a community psychology, San Francisco: Jossey-bass.

Schnall, S., Harber, K. D., Stefanucci, J. K., & Proffitt, D. R.(2008), Social support and the perception of geographical slant, Journal of Experimental Social Psychology, 44(5), 1246-1255.

Tirri, K. & Nokelainen, P.(2011), Measuring Multiple Intelligences and Moral Sensitivities in Education, Rotterdam: Sense Publishers.

Turner, S., Norman, E., & Zunz, S.(1995), Enhancing resiliency in girls and boys: A case for gender specific adolescent prevention programming, Journal of primary prevention.

UNESCO(2013), Global citizenship education: An emerging perspective, Paris, France: UNESCO.

Volker, J. M.(1984), Counseling Experience, Moral Judgement, Awareness of Consequence, and Moral Sensitivity in Counseling Practice, Doctoral dissertation, Minneapolis, MN: University of Minnesota.

Zhong, C. B., & Leonardelli, G. J.(2008), Cold and Lonely Does Social Exclusion Literally Feel Cold?, Psychological Science, 19(9), 838-842.